相続の手続き一覧

手続きが済んだらチェックを入れましょう

区分	✓	手続きの種類		手続き窓口	期限
直ちに行う諸手続き		死亡届、埋火葬許可証交付申請		死亡地または本籍地の市区町村役場	7日以内
		世帯主変更届		住所地の市区町村役場	14日以内
		電気、ガス、水道	契約名義変更、支払方法の変更	最寄りの各営業所	すみやかに
		NHK受信料		NHK	すみやかに
		購読新聞		最寄りの営業所	すみやかに
		固定電話		電話会社	すみやかに
		携帯電話の解約		携帯電話会社	すみやかに
		クレジットカードの退会届		クレジットカード会社	すみやかに
		生命保険金（死亡保険金）の請求		生命保険会社	すみやかに（3年で時効）
社会保険に関する手続き		葬祭費支給申請（国民健康保険など）		住所地の市区町村役場	葬儀を行ってから2年以内
		埋葬料(費)支給申請（健康保険）		全国健康保険協会または健康保険組合	死亡日から2年以内
		健康保険証の返却・変更		市区町村役場または事業主など	すみやかに
		被扶養者の国民健康保険加入		住所地の市区町村役場	すみやかに
		年金受給権者死亡届		最寄りの年金事務所	10日（基礎年金は14日）以内
		未支給年金の請求		最寄りの年金事務所	すみやかに
		加給年金額対象者不該当届		最寄りの年金事務所	10日（基礎年金は14日）以内
		配偶者の国民年金加入		住所地の市区町村役場	すみやかに
		遺族基礎年金・遺族厚生年金の裁定請求		住所地の市区町村役場など＊	すみやかに（5年で時効）
		寡婦年金の裁定請求（国民年金）		住所地の市区町村役場	すみやかに（5年で時効）
		死亡一時金の裁定請求（国民年金）		住所地の市区町村役場	すみやかに（2年で時効）
遺産相続・その他の手続		遺言書検認の申立て		遺言者の住所地の家庭裁判所	すみやかに
		相続放棄または限定承認の申述		被相続人の住所地の家庭裁判所	相続開始を知った日から3か月以内
		特別代理人選任の申立て		未成年者の住所地の家庭裁判所	遺産分割協議の開催まで
		所得税の準確定申告		被相続人の納税地の税務署	4か月以内
		不動産の所有権移転登記		不動産の所在地の法務局	遺産分割後すみやかに
		預金の解約など		預入先の金融機関	遺産分割後すみやかに
		電話加入権の名義変更		NTT	遺産分割後すみやかに

最新 一番よくわかる

遺産相続と諸手続き

野田裕美

西東社

までのスケジュール

相続開始後は、いろいろな手続きを手順よく行わなければなりません。全体の流れを把握しましょう。

「相続の手続き」については➡第2章

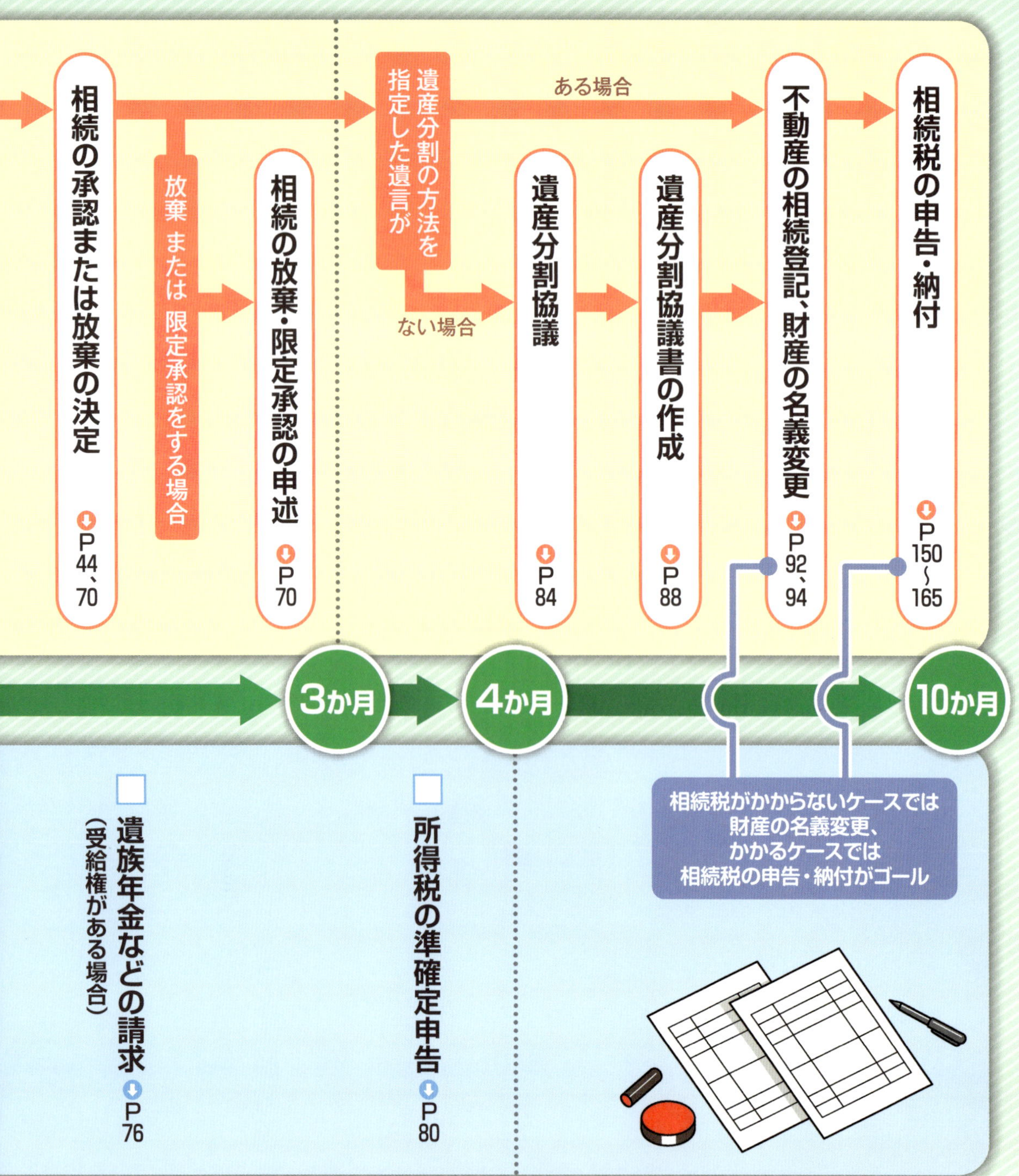

注：図中の手続きの時期は目安です。正確な期限は➡第2章および見返しの「相続の手続き一覧」。

相続開始から相続税の申告

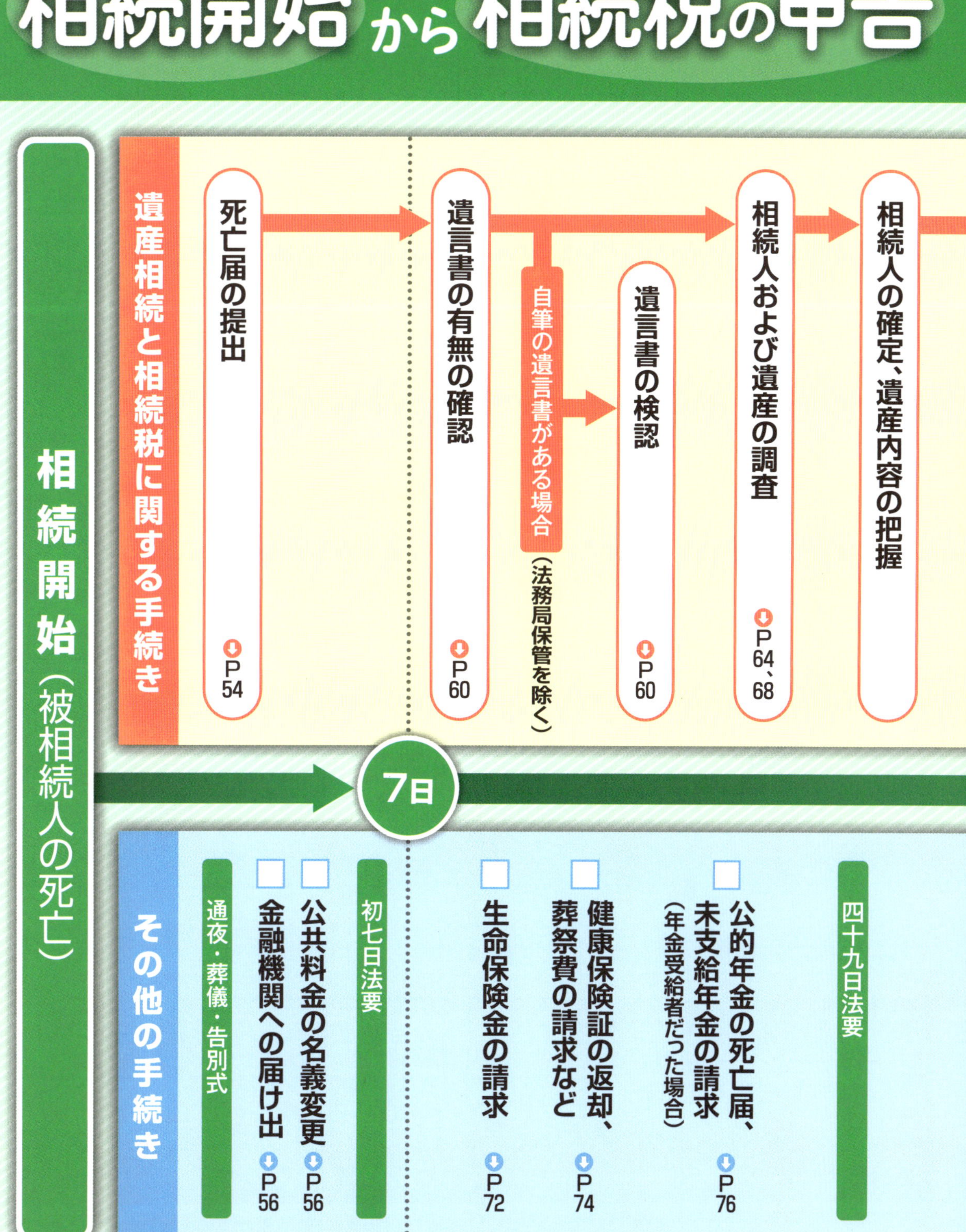

相続開始（被相続人の死亡）
遺産相続と相続税に関する手続き
死亡届の提出
P54
遺言書の有無の確認
P60
自筆の遺言書がある場合
（法務局保管を除く）
遺言書の検認
P60
相続人および遺産の調査
P64、68
相続人の確定、遺産内容の把握
7日
その他の手続き
通夜・葬儀・告別式
金融機関への届け出
P56
公共料金の名義変更
P56
初七日法要
生命保険金の請求
P72
健康保険証の返却、葬祭費の請求など
P74
公的年金の死亡届、未支給年金の請求
（年金受給者だった場合）
P76
四十九日法要

はだれ？

- 相続関係図を作成して、
- あなたの家族の相続の法定相続人と、
- その法定相続分を把握しましょう。

「相続に関する民法の決まり」については➡第1章

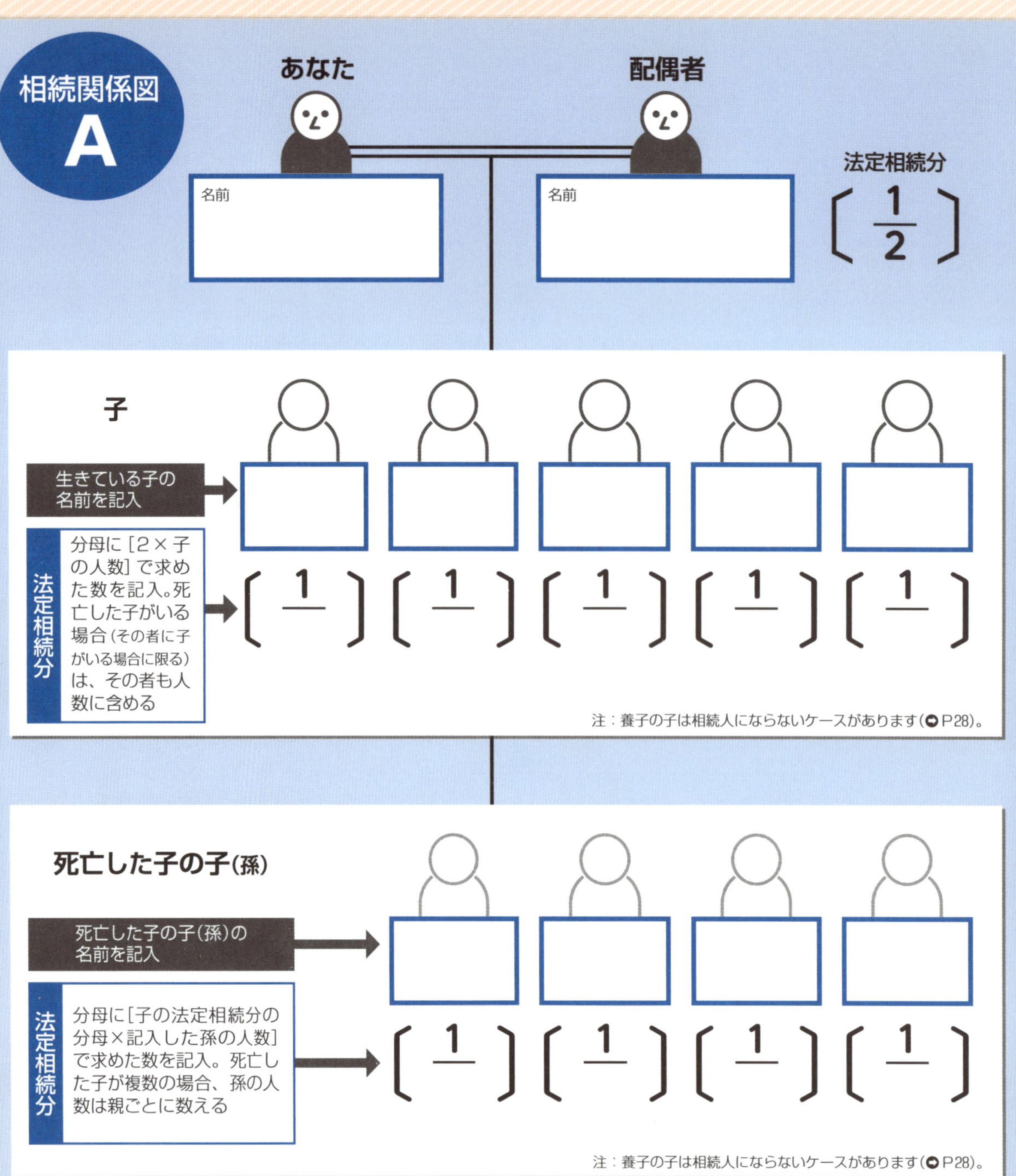

相続関係図
A
あなた
配偶者
名前
名前
法定相続分
1/2
子
生きている子の名前を記入
法定相続分
分母に［2×子の人数］で求めた数を記入。死亡した子がいる場合（その者に子がいる場合に限る）は、その者も人数に含める
1
1
1
1
1
注：養子の子は相続人にならないケースがあります（➡P28）。
死亡した子の子（孫）
死亡した子の子（孫）の名前を記入
法定相続分
分母に［子の法定相続分の分母×記入した孫の人数］で求めた数を記入。死亡した子が複数の場合、孫の人数は親ごとに数える
1
1
1
1
注：養子の子は相続人にならないケースがあります（➡P28）。

あなたの法定相続人

相続関係図のつくり方

まず、下のチャートであなたの法定相続人を確認しましょう。
法定相続人が確認できたら、それぞれA～Dの相続関係図に進み、

- 該当する相続人の名前を記入し、その人形を塗る
- 説明にしたがい法定相続分を記入する

の手順で相続関係図を完成させます。

相続人判定チャート

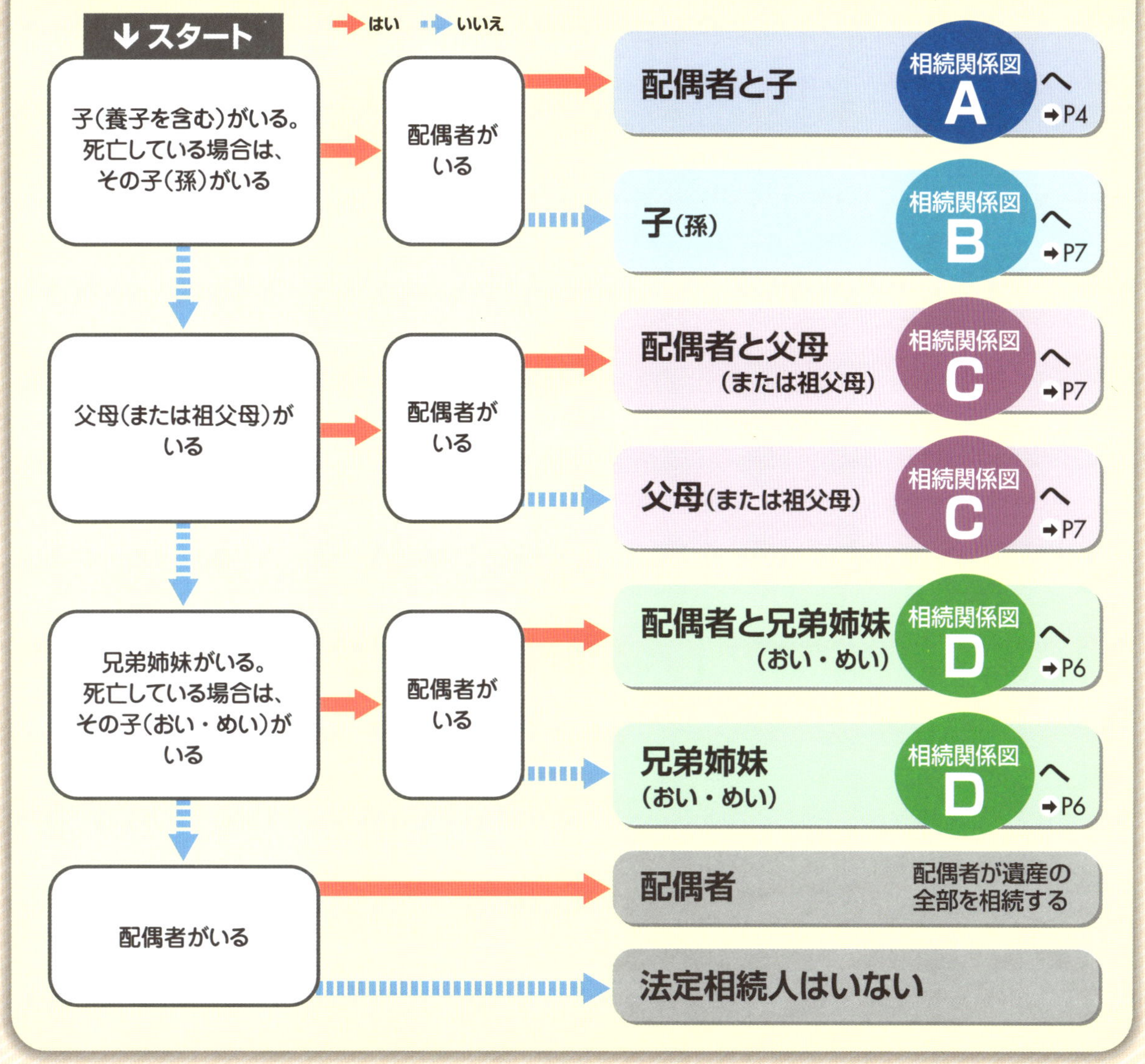

→はい　⇢いいえ

↓スタート

子（養子を含む）がいる。死亡している場合は、その子（孫）がいる	配偶者がいる →はい	配偶者と子　相続関係図Aへ ➡P4
	⇢いいえ	子（孫）　相続関係図Bへ ➡P7
⇣いいえ：父母（または祖父母）がいる	配偶者がいる →はい	配偶者と父母（または祖父母）　相続関係図Cへ ➡P7
	⇢いいえ	父母（または祖父母）　相続関係図Cへ ➡P7
⇣いいえ：兄弟姉妹がいる。死亡している場合は、その子（おい・めい）がいる	配偶者がいる →はい	配偶者と兄弟姉妹（おい・めい）　相続関係図Dへ ➡P6
	⇢いいえ	兄弟姉妹（おい・めい）　相続関係図Dへ ➡P6
⇣いいえ：配偶者がいる	→はい	配偶者　配偶者が遺産の全部を相続する
	⇢いいえ	法定相続人はいない

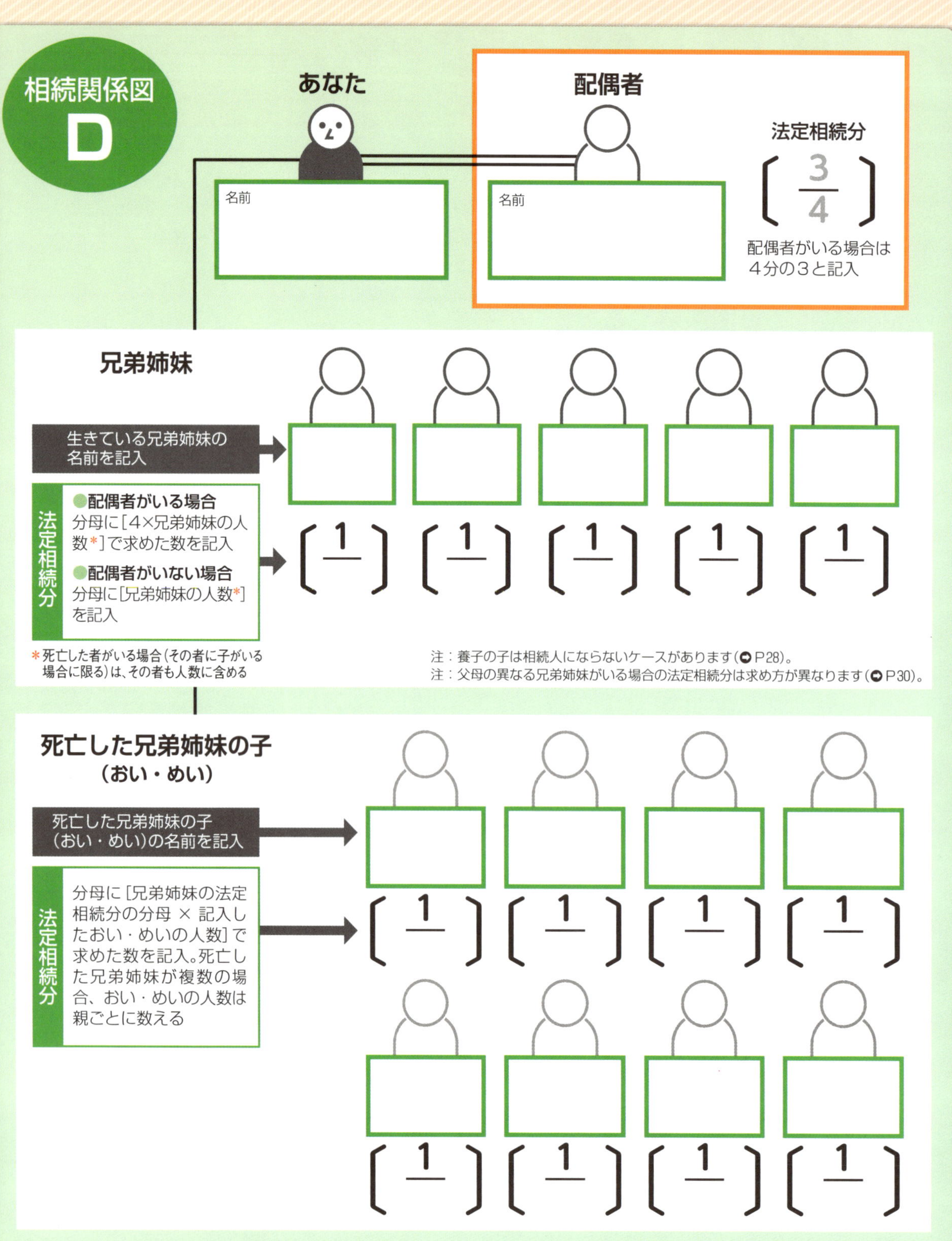
相続関係図
D
あなた
配偶者
名前
名前
法定相続分
3/4
配偶者がいる場合は
4分の3と記入
兄弟姉妹
生きている兄弟姉妹の
名前を記入
法定相続分
●配偶者がいる場合
分母に[4×兄弟姉妹の人数*]で求めた数を記入
●配偶者がいない場合
分母に[兄弟姉妹の人数*]を記入
1
1
1
1
1
*死亡した者がいる場合(その者に子がいる場合に限る)は、その者も人数に含める
注：養子の子は相続人にならないケースがあります(➡P28)。
注：父母の異なる兄弟姉妹がいる場合の法定相続分は求め方が異なります(➡P30)。
死亡した兄弟姉妹の子
(おい・めい)
死亡した兄弟姉妹の子
(おい・めい)の名前を記入
法定相続分
分母に[兄弟姉妹の法定相続分の分母 × 記入したおい・めいの人数]で求めた数を記入。死亡した兄弟姉妹が複数の場合、おい・めいの人数は親ごとに数える
1
1
1
1
1
1
1
1

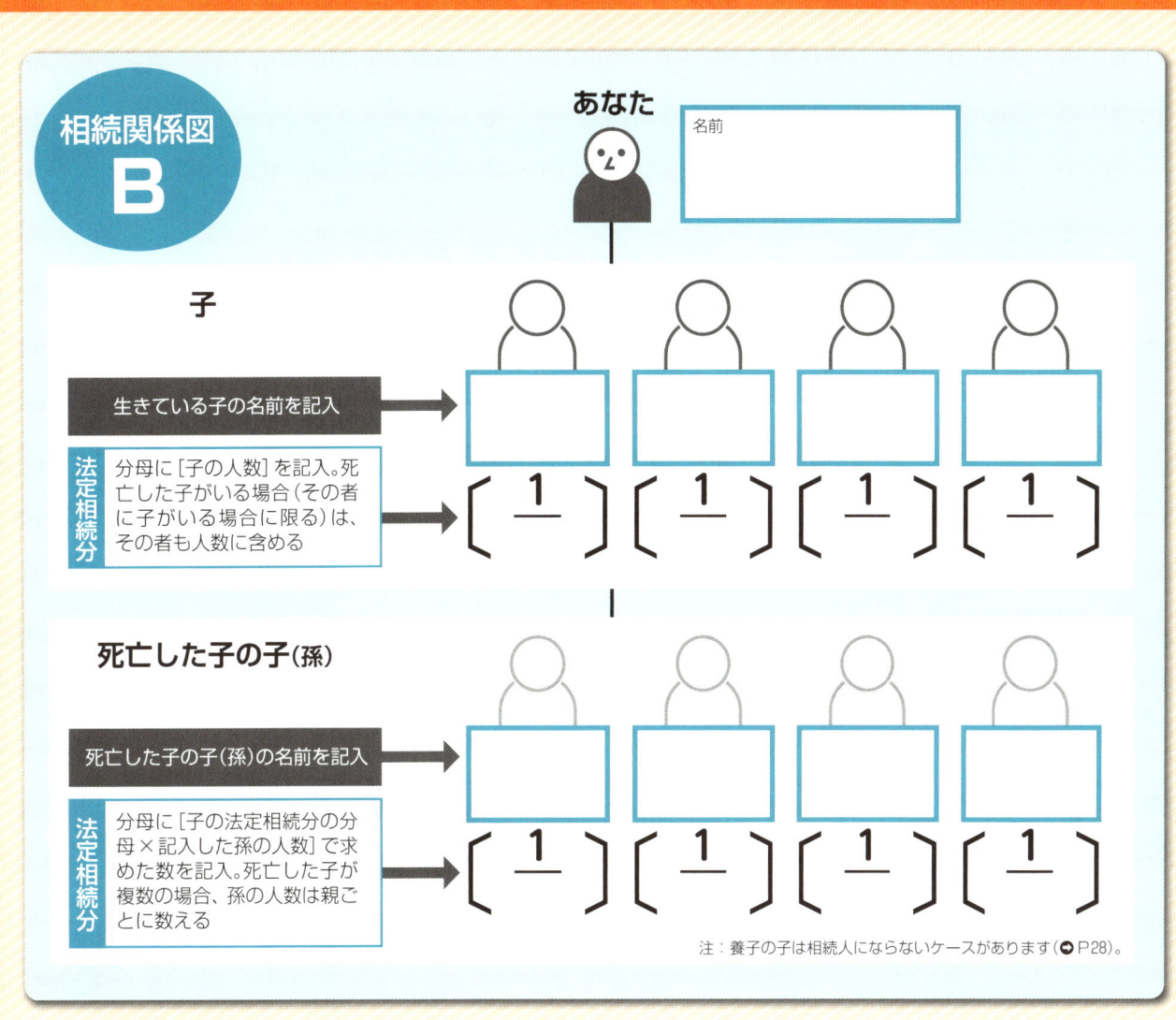

相続関係図 B

あなた

名前

子

生きている子の名前を記入

法定相続分
分母に［子の人数］を記入。死亡した子がいる場合（その者に子がいる場合に限る）は、その者も人数に含める

［ $\frac{1}{\ }$ ］［ $\frac{1}{\ }$ ］［ $\frac{1}{\ }$ ］［ $\frac{1}{\ }$ ］

死亡した子の子（孫）

死亡した子の子（孫）の名前を記入

法定相続分
分母に［子の法定相続分の分母×記入した孫の人数］で求めた数を記入。死亡した子が複数の場合、孫の人数は親ごとに数える

［ $\frac{1}{\ }$ ］［ $\frac{1}{\ }$ ］［ $\frac{1}{\ }$ ］［ $\frac{1}{\ }$ ］

注：養子の子は相続人にならないケースがあります（➡P28）。

相続関係図 C

配偶者　あなた

名前　名前

［ $\frac{2}{3}$ ］

法定相続分
配偶者がいる場合は
3分の2と記入

父母

生きている父母（ともに死亡の場合は祖父母）の名前を記入

［ $\frac{1}{\ }$ ］［ $\frac{1}{\ }$ ］

法定相続分

●**配偶者がいる場合**
分母に［3×父母の人数］で求めた数を記入

●**配偶者がいない場合**
分母に［父母の人数］を記入

注：養父母がいる場合は養父母と実父母

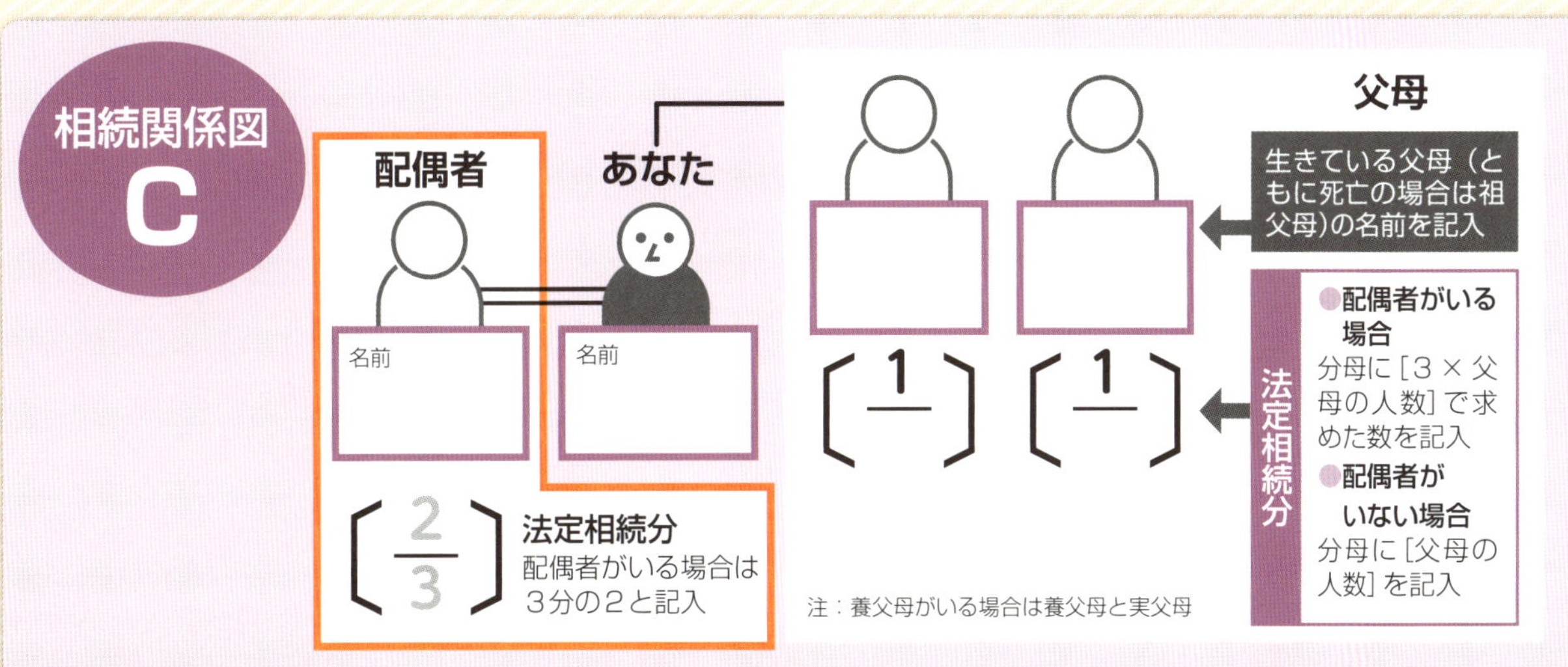

かかる?

- 相続財産の概算額を把握して、
- 相続税がかかるのか、
- かからないのかを確認しましょう。

「財産の評価方法」については➡第3章

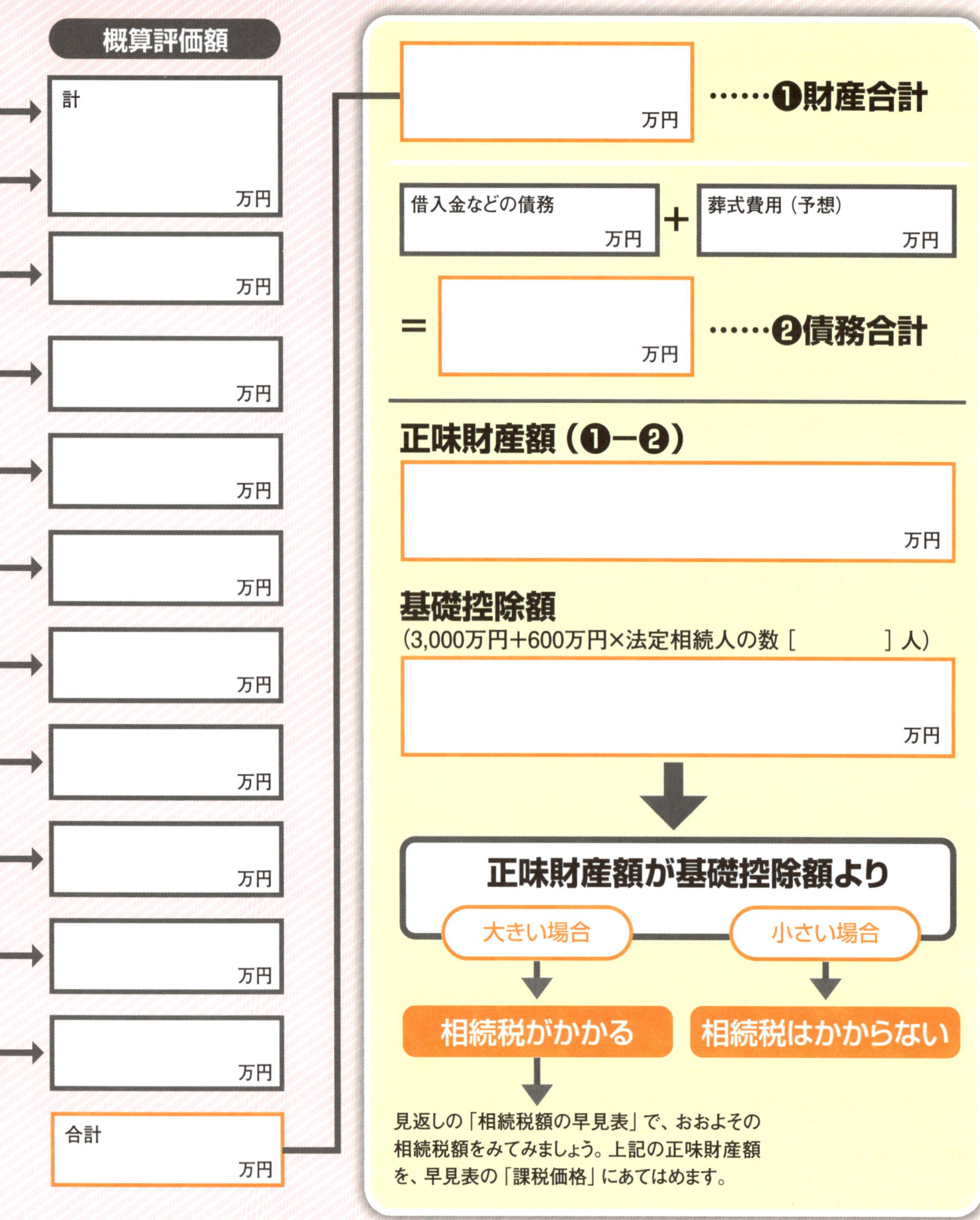

概算評価額
計
万円
万円
万円
万円
万円
万円
万円
万円
万円
万円
合計
万円
万円
……❶財産合計
借入金などの債務
万円
＋
葬式費用（予想）
万円
＝
万円
……❷債務合計
正味財産額（❶－❷）
万円
基礎控除額
（3,000万円＋600万円×法定相続人の数［　　　］人）
万円
正味財産額が基礎控除額より
大きい場合
小さい場合
相続税がかかる
相続税はかからない
見返しの「相続税額の早見表」で、おおよその
相続税額をみてみましょう。上記の正味財産額
を、早見表の「課税価格」にあてはめます。

あなたは相続税が

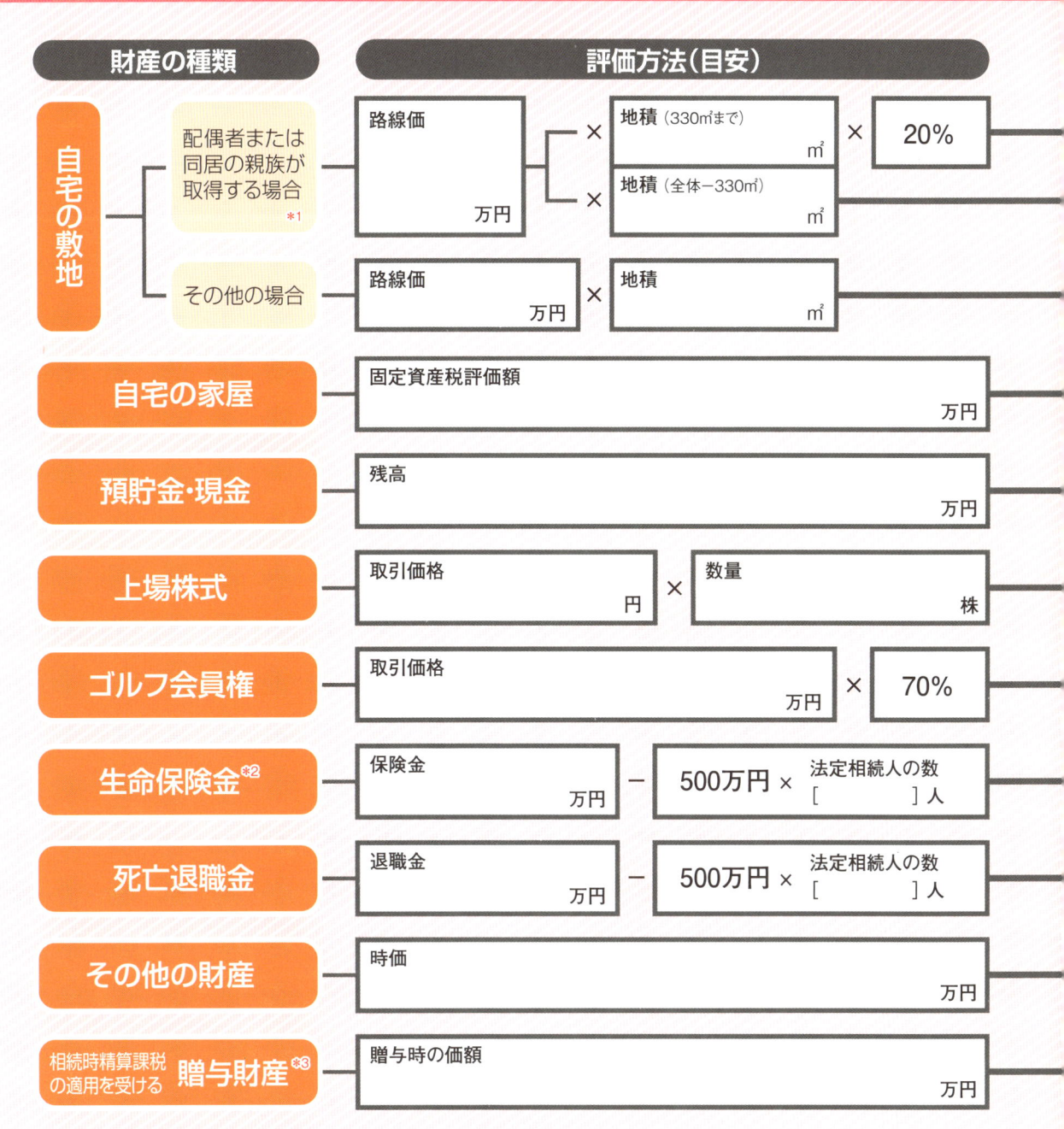

財産の種類		評価方法(目安)				
自宅の敷地	配偶者または同居の親族が取得する場合*1	路線価　万円	×	地積(330㎡まで)　㎡	×	20%
			×	地積(全体−330㎡)　㎡		
	その他の場合	路線価　万円	×	地積　㎡		
自宅の家屋		固定資産税評価額　万円				
預貯金・現金		残高　万円				
上場株式		取引価格　円	×	数量　株		
ゴルフ会員権		取引価格　万円	×	70%		
生命保険金*2		保険金　万円	−	500万円 × 法定相続人の数 [　　] 人		
死亡退職金		退職金　万円	−	500万円 × 法定相続人の数 [　　] 人		
その他の財産		時価　万円				
相続時精算課税の適用を受ける 贈与財産*3		贈与時の価額　万円				

*1 このほかにも20%(80%引き)の評価になるケースがある。詳しくは➡P112
*2 相続税の課税対象となる死亡保険金で、相続人が受取人になっているもの(➡P130、204)
*3 相続時精算課税については➡P186

- 遺産額が基礎控除額を超える場合は、相続税がかかります。
- 相続税の計算方法をみてみましょう。

「相続税の詳しい計算方法」については➡第4章

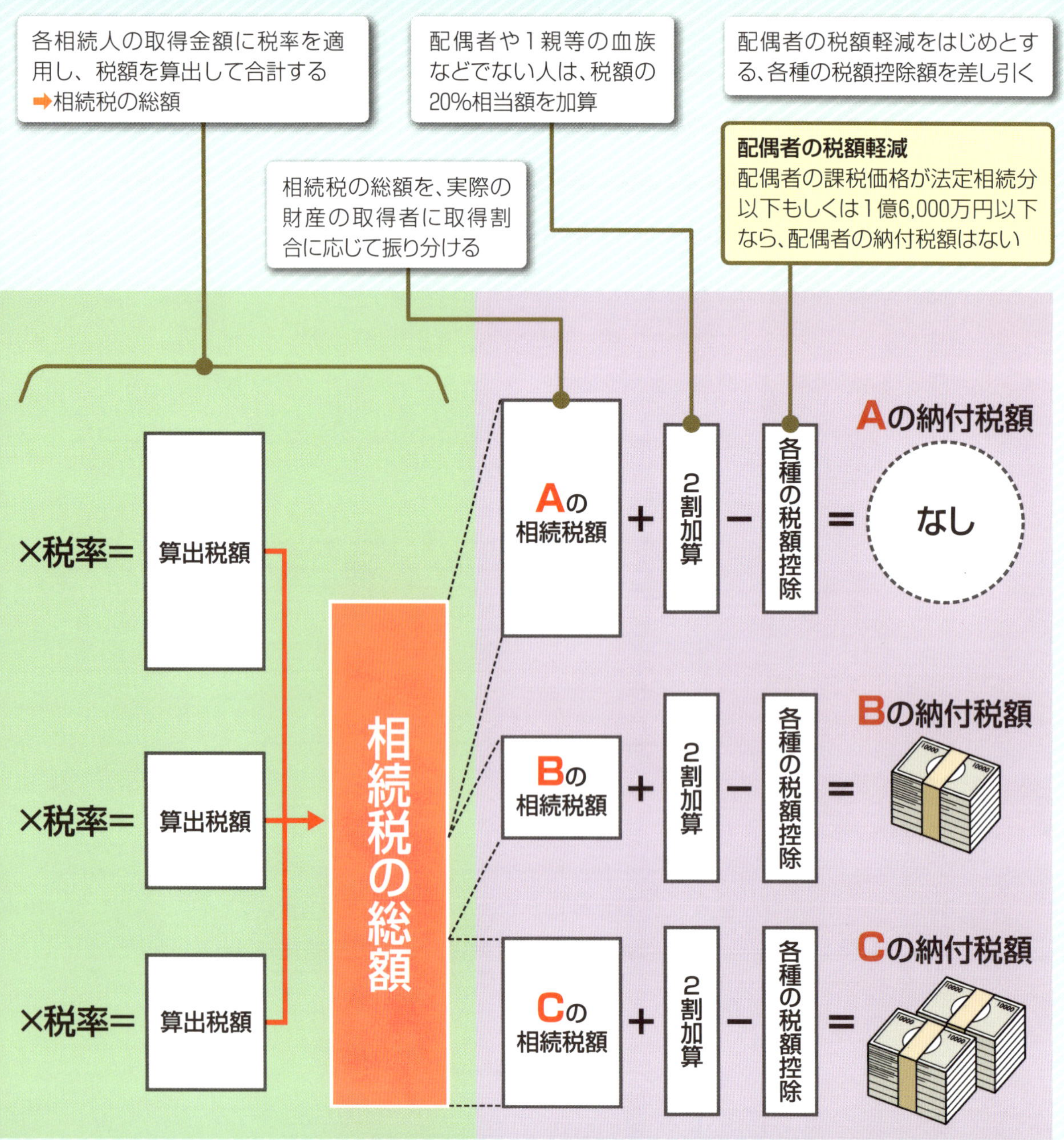

総額の計算 ➡P140

ステップ3 各人の納付税額の計算 ➡P142

相続税はこうして計算する

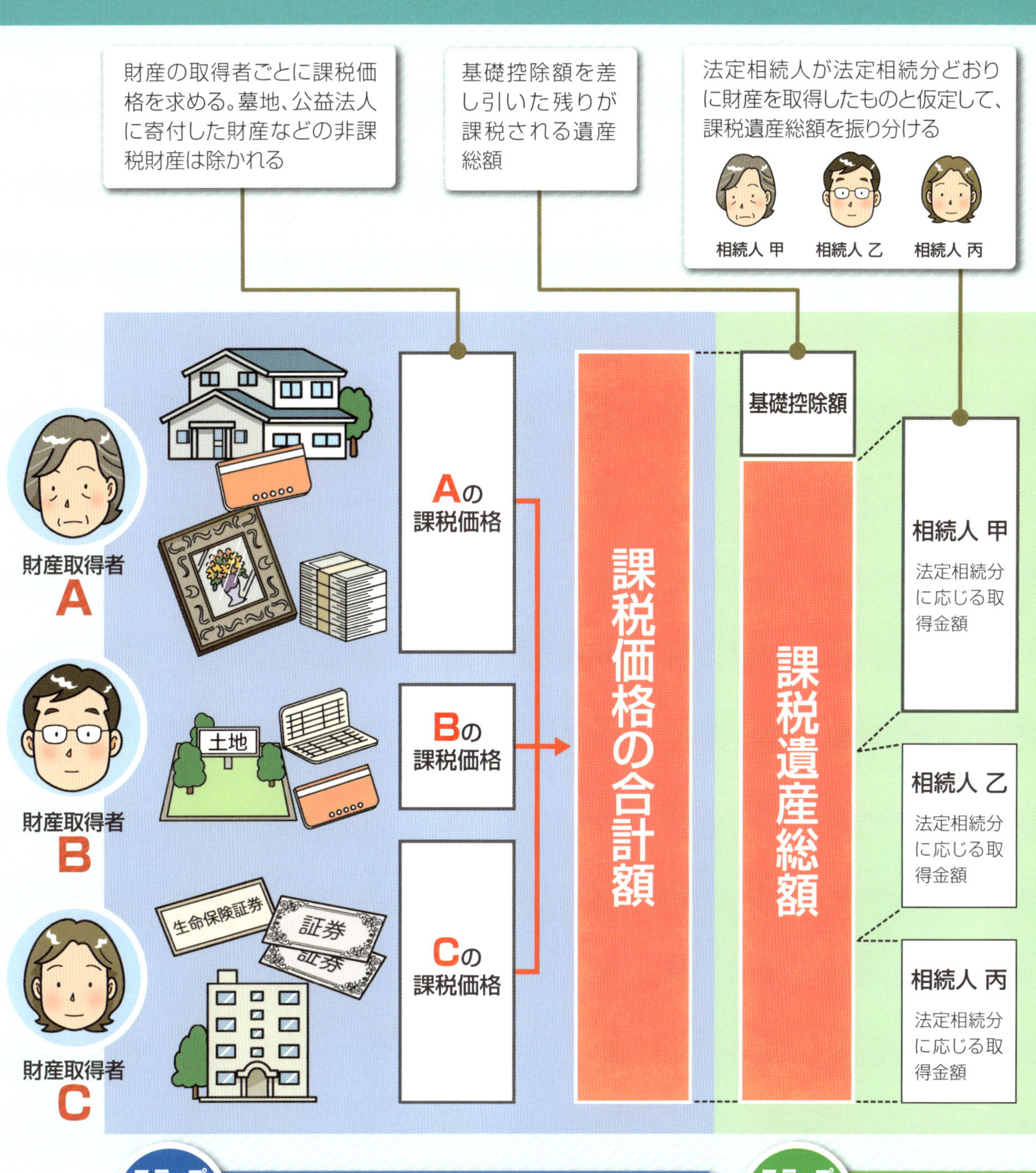

ステップ1 課税価格の計算 ➡P138

ステップ2 相続税の

すべての人が遺言をするのが理想ですが、
ここではとくに必要と思われるケースを
あげてみましょう。

「遺言の基礎知識や作成方法」については➡第5章

音信不通の子どもがおり どこにいるのか わからない

遺言がないと

そのままでは遺産分割協議(➡P84)ができず、不在者財産管理人の選任などの手続きが必要

▶ 遺産の分け方を遺言しておけば、財産の承継がスムーズに

相続人がいないので 遺産を社会のために 役立ててほしい

遺言がないと

債権者への清算後、残った財産は国のものになる

▶ 遺言で特定の団体に寄付したり、どのように使ってほしいかを指定したりすることができる

●遺産分けで、もめそうなケース●

- 家族(相続人)の仲が悪い
- 今、暮らしている家族のほか、先妻との間の子どももいる
- 家族に内緒で認知した子どもがいる
- 相続人の数が多い
- 自宅以外、これといった財産がない

遺言がないと

相続人全員の話し合いで遺産の分け方を決めることになるが、このようなケースでは紛争に発展する危険度が大きい

▶ 遺言で遺産の分け方を指定しておけば、相続人同士が話し合う必要がなく、醜い争いを防ぐことができる

遺言の主な方式は2種類

ルールを守って
自分で書く
自筆証書遺言
➡P172

費用はかかるが
安全・確実な
公正証書遺言
➡P178

＊その他に、秘密証書遺言や特別方式の危急時遺言、隔絶地遺言がある

それぞれの事情に合った方式を選ぼう

こんな人はぜひ遺言を！

夫婦の間に子どもがいない

遺言がないと

配偶者とともに親やきょうだいが相続人となり、配偶者が遺産の全部を相続することができない

▶配偶者に全部を相続させる旨を遺言しておけば安心*

*ただし親が相続人の場合には遺留分がある（➡P36）

長年連れ添った妻がいるが婚姻届けを出していない

遺言がないと

相続人となるのは法律上の配偶者だけ。このままでは、妻は遺産を相続できない

▶遺言で妻に財産を遺贈（➡P34）することができる

よく尽くしてくれた息子の嫁に財産をあげたい

遺言がないと

嫁は相続人ではないので、相続することができない。友人などに財産をあげたい場合も同様

▶遺言で息子の嫁に財産を遺贈（➡P34）することができる

事業を継ぐ長男に事業用の財産を相続させたい

遺言がないと

長男が事業用財産を相続できるとは限らず、事業の継続がむずかしくなるおそれも

▶遺言で各相続人が取得する財産を指定しておけば安心

障害のある子どもの将来が心配

遺言がないと

ほかの子や施設などが、ちゃんと面倒をみてくれるか心配

▶遺言で負担付きの遺贈（➡P35）をしたり、一定の場合は後見人を指定したりすることができる

暴力をふるうドラ息子に財産をわたしたくない

遺言がないと

ドラ息子にも、ほかの相続人と同じように相続する権利がある

▶遺言で非行のある相続人の相続権を奪うことができる（相続人の廃除➡P48）*

*遺言によらず手続きをすることも可能

- 相続対策は、遺産分割対策、節税対策、納税資金対策の3つからなっています。

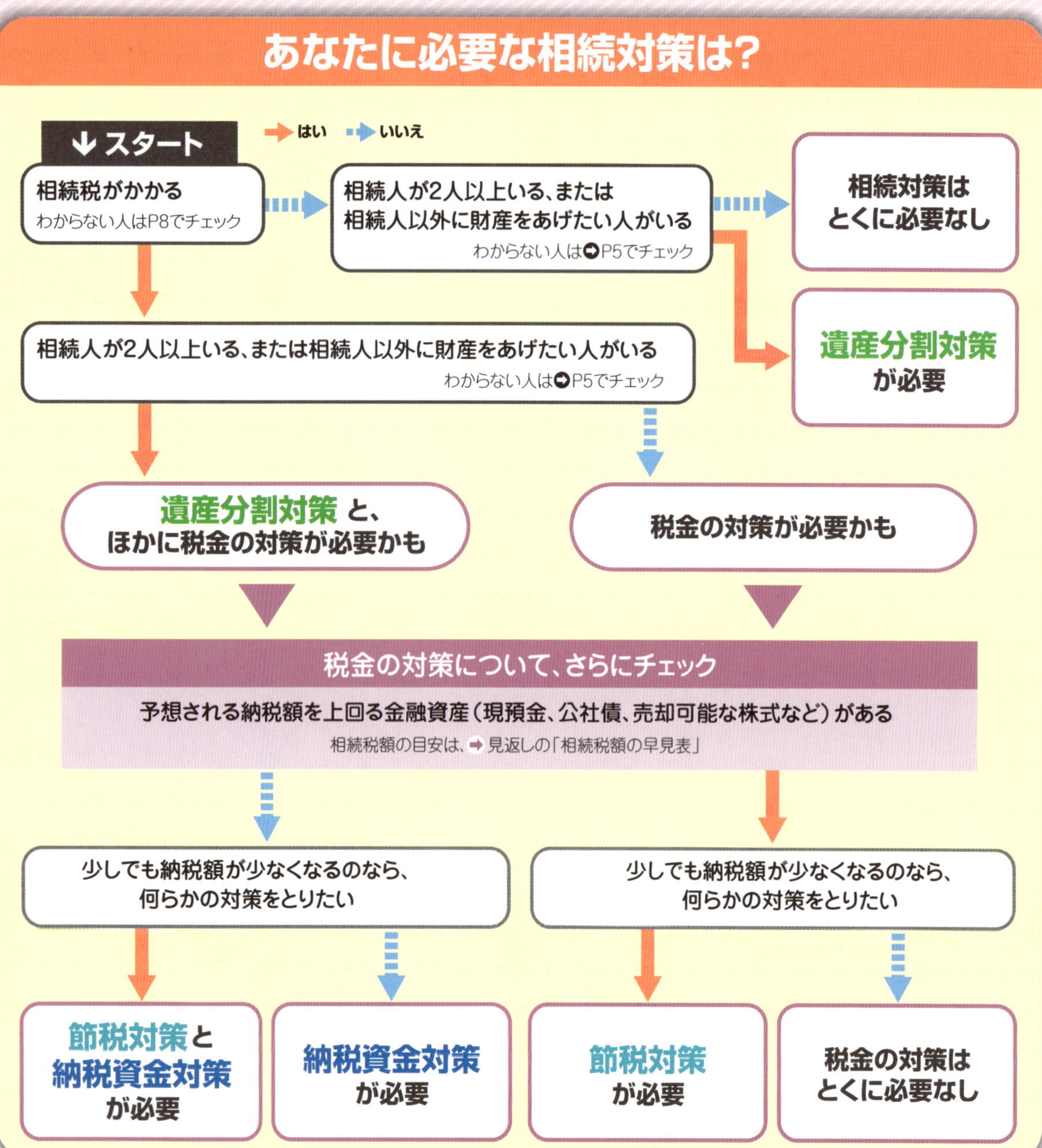

あなたに必要な相続対策は?
はい
いいえ
↓スタート
相続税がかかる
わからない人はP8でチェック
相続人が2人以上いる、または
相続人以外に財産をあげたい人がいる
わからない人は➡P5でチェック
相続対策は
とくに必要なし
遺産分割対策
が必要
相続人が2人以上いる、または相続人以外に財産をあげたい人がいる
わからない人は➡P5でチェック
遺産分割対策 と、
ほかに税金の対策が必要かも
税金の対策が必要かも
税金の対策について、さらにチェック
予想される納税額を上回る金融資産(現預金、公社債、売却可能な株式など)がある
相続税額の目安は、➡見返しの「相続税額の早見表」
少しでも納税額が少なくなるのなら、
何らかの対策をとりたい
少しでも納税額が少なくなるのなら、
何らかの対策をとりたい
節税対策と
納税資金対策
が必要
納税資金対策
が必要
節税対策
が必要
税金の対策は
とくに必要なし

▶▶▶ P16であなたに必要な対策が講じられているかチェックしましょう

相続対策の柱はこの3つ

1 遺産分割対策

遺産争いは、資産家の専売特許ではありません。わずかな財産をめぐって家族が対立したり、それを機に家族がバラバラになってしまうこともあります。

このような悲しい争いを防ぐための手だてが、遺言です。各家庭、各相続人の事情を考慮した遺産の分け方を遺言しておけば、家族を無用なトラブルに巻き込むこともありません。

「遺言」については➡第5章

2 節税対策

遺産が多額になるほど相続税の負担は大きくなります。家族にできるだけ多くの財産を残してあげるため、現行法に適合した方法で、それぞれの家庭の事情に合った対策を講じましょう。

節税対策には、被相続人が主体となって行う生前対策と、相続人が行う相続後対策の2つがあります。

「節税対策」については➡第6章

3 納税資金対策

相続税の納税資金が不足している場合、生前に何らかの対策を講じておかないと、残された家族が資金繰りに苦労することになります。

とくに財産が不動産ばかりという場合には、物納の利用を含め、早急に検討しましょう。

「納税資金対策」については➡第6章

相続対策チェック表

遺産分割対策

- □ 遺産相続について家族で話し合いをもっていますか
- □ 残される配偶者の住居や生活費などは、保障されていますか
- □ 遺言は用意してありますか
- □ むかし書いた遺言がある場合、内容が現在の財政事情や家族関係などに合っていますか、見直しの必要はありませんか
- □ 遺言がある場合、遺留分(➡P36)が侵されている相続人はいませんか
- □ 法定相続分と大きく異なる遺産分けをする場合、家族は納得していますか

節税対策

- □ 相続財産の内容と概算額、相続税の概算額を把握していますか
- □ 相続人などへの少額贈与(➡P198)は実行していますか
- □ 少額贈与を実行している場合、贈与を受けた子どもなどはその事実を知っていますか、贈与者が通帳を管理したりしていませんか
- □ 贈与税の配偶者控除(➡P200)を利用した自宅の贈与は実行しましたか
- □ 遊休地の有効活用はできていますか
- □ 墓地や仏壇の購入は済んでいますか

納税資金対策

- □ 納税額の概算を把握していますか
- □ 納税資金の不足を補うための生命保険に加入しましたか
- □ 財産が不動産ばかりの場合、不動産の売却について検討しましたか
- □ 物納する予定の場合、物納財産や候補地の選定は済んでいますか
- □ 物納候補地の調査や要件の整備は行いましたか(➡P166)

“そのとき”に慌てないために

あなたの家庭では、相続について話し合ってみたことがありますか。

何となく気にはなるけど、具体的に口にするのは不吉な感じがして――。そんなふうに思っている方が多いのではないでしょうか。ましてや子どもなど相続する側からは、たしかにいいだしにくい話題ではあります。

しかし、“そのとき”は、いつか必ずやってきます。そしていざ相続が開始すると、葬儀の準備や香典返し、関係各所への届け出や細々とした手続きなど、しなければならないことが山のように押し寄せてきます。これらのことを、遺産をどう分けようか、相続税はかかるのだろうか――などと不安を抱えながらこなしていく状況では、故人を悼む心の余裕もなくなってしまいます。

相続の対策というと、相続税を思い浮かべる方が多いと思います。国税庁の発表によると、2001年以降5%を切り横ばいだった相続税の課税割合(亡くなった人のうち課税対象となった人の割合)が、2015年8・0%、2016年8・1%と、2014年の4・4から急増。とくに東京都に限ると、2016年の課税割合は15・8%(2014年7・5%)で、もはや一部の富裕層だけの問題と油断できない状況となっています。

これは2015年1月1日から相続税の基礎控除額の大幅な引下げが実施されたことの影響であり、かねてから課税の裾野を広げることを目指してきた政府の税制抜本改革が実現したかっこうです。これまで相続税など無縁と思っていた方や、課税のシミュレーションをしたことのある方も、いま一度、遺産額や相続税対策について確認したほうがよいでしょう。

他方で、どの家庭でももっと関心を寄せていただきたいのが遺産分割についてです。相続をめぐるトラブルの多くは、相続開始後の遺産分けの場で起こっています。どんなに仲のよい家族でも、ちょっとしたことをきっかけに、それぞれが自分勝手なことをいいだして、感情的な争いに発展するケースはいくらでもあります。相続についての正しい知識が不足していたための、不用意な発言がその引き金になることもあるでしょう。

無理もありません。相続など一生にそう何度も経験することではないのですから、戸惑うことばかりで、みな不安なのです。だからこそ、生前からの準備が大切です。相続や遺言の正しい知識を身につけることはもちろん、家族にとってもっともよいと思われる遺産の分け方を、財産を残す人が率先して考え、ことばにして伝える。これが、相続トラブルを未然に防ぐための最善の策といえます。

本書が、相続に関する理解の一助となり、また、家族で話し合いをもっていただくきっかけになれば幸いです。

野田裕美

もくじ

相続開始から相続税の申告までのスケジュール……2
いますぐチェック　あなたの法定相続人はだれ？……4
いますぐチェック　あなたは相続税がかかる？……8
相続税はこうして計算する……10
こんな人はぜひ遺言を！……12
相続対策の柱はこの3つ……14

第1章 相続の基本をおさえておこう 23

相続とは　人の死亡によって財産が移転する……24
こんなときは？　生死がわからない……24
法定相続人　相続人になれる人は民法で決められている……26
代襲相続　相続人が死亡していたら代襲相続される……28
こんなときは？　養子の子は代襲できる？……28
相続分　遺産分けの割合はこうして決められる……30
こんなときは？　孫であり、養子であるとき……31
遺贈　相続人でない人にも財産をあげられる……34
遺留分　相続人には最低限の遺産が保障されている……36
こんなときは？　遺留分を放棄したい……38
特別受益　生前贈与を受けた人の相続分は減額される……40
こんなときは？　持戻しをせず余分にあげたい……40
寄与分　財産形成に貢献すると寄与分が認められる……42
相続の放棄・限定承認　相続したくなければ放棄することもできる……44
熟慮期間の伸長　相続を検討する期間を伸ばしたいとき……46
相続欠格・相続人の廃除　相続権を奪われるケースもある……48
Column●相続人がいないとき、遺産はどうなる？……50

第2章 相続の手続き完全ガイド 51

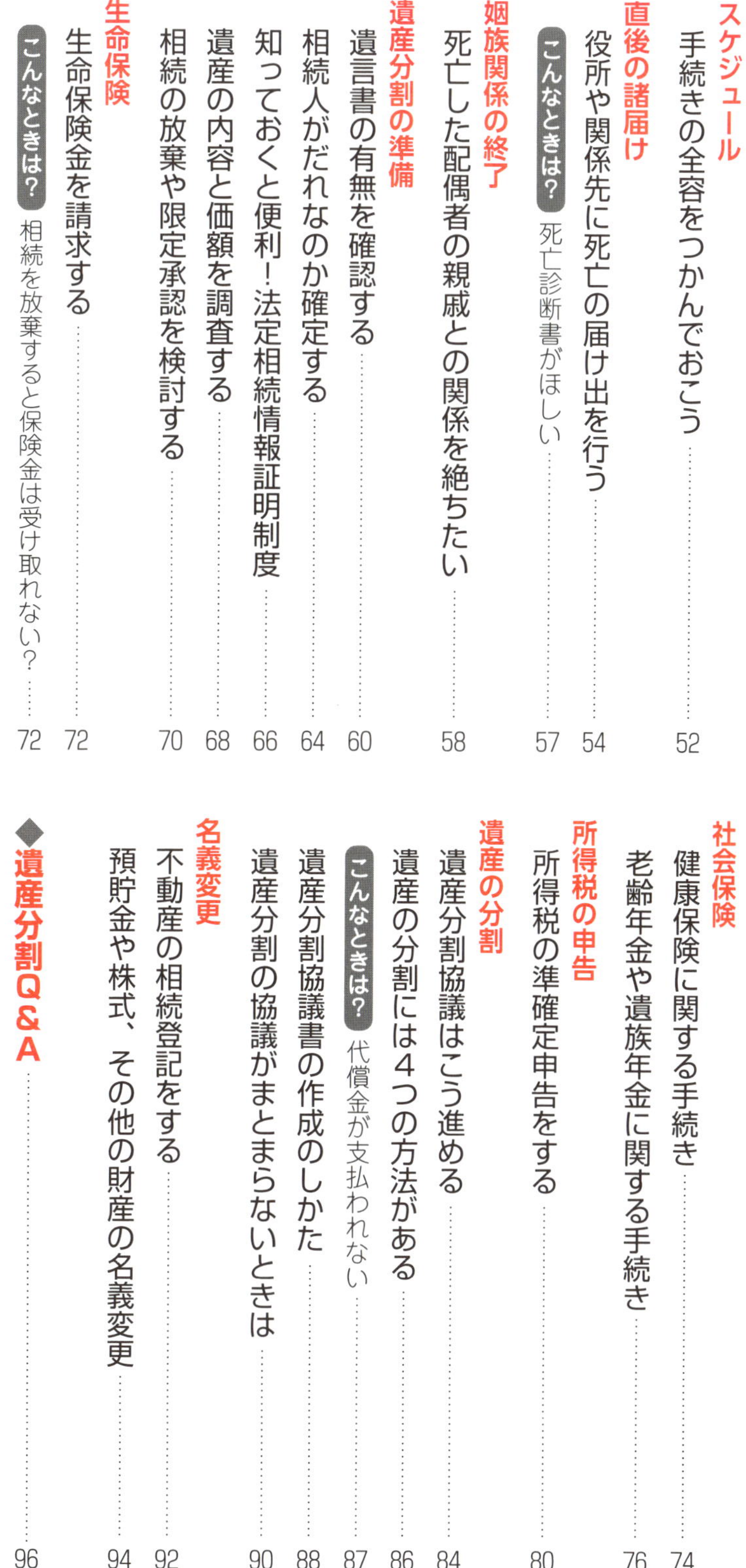

スケジュール
手続きの全容をつかんでおこう……52

直後の諸届け
役所や関係先に死亡の届け出を行う……54
こんなときは? 死亡診断書がほしい……57

姻族関係の終了
死亡した配偶者の親戚との関係を絶ちたい……58

遺産分割の準備
遺言書の有無を確認する……60
相続人がだれなのか確定する……64
知っておくと便利! 法定相続情報証明制度……66
遺産の内容と価額を調査する……68
相続の放棄や限定承認を検討する……70

生命保険
生命保険金を請求する……72
こんなときは? 相続を放棄すると保険金は受け取れない?……72

社会保険
健康保険に関する手続き……74
老齢年金や遺族年金に関する手続き……76

所得税の申告
所得税の準確定申告をする……80

遺産の分割
遺産分割協議はこう進める……84
遺産の分割には4つの方法がある……86
こんなときは? 代償金が支払われない……87
遺産分割協議書の作成のしかた……88
遺産分割の協議がまとまらないときは……90

名義変更
不動産の相続登記をする……92
預貯金や株式、その他の財産の名義変更……94

◆**遺産分割Q&A**……96

第3章 相続財産がいくらなのか知っておこう 99

遺産額とその評価
どれくらい財産があると相続税がかかるのか …… 100

課税財産の範囲
相続税のかかる財産、かからない財産 …… 102

財産評価
宅地（自用地）の評価方法 …… 106
こんなときは？ セットバックが必要な宅地 …… 110
居住用・事業用の宅地には大幅な評価減がある …… 112
借地権、定期借地権の評価方法 …… 114
こんなときは？ 親の土地に家を建てた …… 114
貸宅地、貸家建付地の評価方法 …… 116
農地、山林の評価方法 …… 118
家屋、貸家の評価方法 …… 120
上場株式、気配相場等のある株式の評価方法 …… 122
取引相場のない株式の評価方法 …… 124
預貯金などの金融資産の評価方法 …… 128
生命保険金、死亡退職金の課税価格 …… 130
こんなときは？ 契約上の受取人でない相続人が保険金を取得した …… 130
その他の財産の評価方法 …… 132

第4章 相続税の計算と申告・納付 135

相続税の計算
相続税は3ステップで計算できる …… 136
[ステップ1] 課税価格を求める …… 138
こんなときは？ 遺産分割が済んでいない …… 139
[ステップ2] 相続税の総額を求める …… 140
[ステップ3] 各人の納付税額を求める …… 142
相続税の計算シート …… 146

申告
相続税の申告のしかた …… 150
こんなときは？ 還付を受けられる …… 151
申告書の種類と記入のしかた …… 152

納付
相続税の納付と延納の方法 …… 162
こんなときは？ 延納期間中に税金を納められなくなった …… 162
物納の要件と申請手続き …… 164

Column● 物納の賢い活用法 …… 166

第5章  相続争いを防ぐ 上手な遺言の残し方 167

基礎知識
家族のために遺言を残しておこう……168
自分に適した方式で遺言を作成しよう……170

自筆証書遺言
自筆証書遺言の作成のしかた……172

ケース別 すぐに使える遺言文例……176

公正証書遺言
公正証書遺言はこうして作られる……178

Column●遺言を取り消したいときは?……182

第6章 財産を守る 賢い節税&納税資金対策 183

基礎知識
税金対策の考え方と成功のポイント……184
贈与税のしくみをおさえておこう……186

生前対策
教育資金の贈与税を非課税にする……190
結婚・子育て資金の贈与税を非課税にする……194
贈与税の基礎控除を活用する……198
配偶者控除を利用して自宅を贈与する……200
相続時精算課税を利用する……202
生命保険を効果的に活用する……204
空き地にアパートなどを建築する……208
こんなときは? 貸駐車場を経営する……208
宅地の用途を分け、評価の区画を変える……210
ほかにもある生前対策のいろいろ……212

相続後対策
相続開始後でも対策はいろいろある……214
小規模宅地等の特例を最大限に活用する……216
資産運用について知っておくべきこと……218

巻末資料

全国の家庭裁判所……220
全国の税理士会……223

◆本書は特記しない限り、2025年4月1日現在の法令等にもとづいています。

これだけは知っておきたい

相続の関連用語25

あ・か行

遺産分割協議
遺産の分け方を決めるための相続人全員による話し合い

遺贈（いぞう）
遺言により財産を他人に無償で与えること

遺留分（いりゅうぶん）
相続財産のうち相続人が請求すれば必ずもらうことのできる財産の割合

共同相続人
相続人が複数いる場合の、ともに相続する人

血族相続人
配偶者以外の相続人。被相続人の直系卑属、直系尊属、兄弟姉妹

限定承認
相続した財産の範囲内でのみ被相続人の債務と遺贈を履行することを条件に相続を承認すること

公正証書遺言
遺言の方式のひとつ。遺言内容を公証人が筆記して作成する遺言

さ行

指定相続分
被相続人が遺言により指定する、相続人の相続割合↔法定相続分

自筆証書遺言
遺言の方式のひとつ。遺言者が自分で書いて作成する遺言

受遺者（じゅいしゃ）
遺贈により財産をもらう人

受贈者
贈与により財産をもらう人

推定相続人
将来相続が起こった場合に最優先で相続人となる人

相続人
故人の財産を受け継ぐ一定の身分関係にある人↔被相続人

相続の放棄
相続人の地位承継を放棄すること

た行

代襲相続（だいしゅう）
本来相続人になるはずであった者が先に死亡しているときに、その者の子が相続すること

嫡出子（ちゃくしゅつし）
婚姻している夫婦の間に生まれた子↔非嫡出子

直系尊属（そんぞく）
直系の血族のうち本人より上の世代の者。父母、祖父母など

直系卑属（ひぞく）
直系の血族のうち本人より下の世代の者。子、孫など

特別受益
贈与や遺贈などにより相続人が被相続人から受けた一定の利益

な行〜

被相続人
相続される人。相続財産を所有していた故人↔相続人

非嫡出子（ひちゃくしゅつし）
婚姻していない男女の間に生まれた子↔嫡出子

包括受遺者（ほうかつじゅいしゃ）
財産の割合を示して遺贈をされた人。相続人と同じ権利義務がある

法定相続人
民法の規定により相続人となるべき人

法定相続分
民法に規定された相続人の相続割合↔指定相続分

遺言執行者
遺言の内容を実現する人。相続財産の管理など遺言の執行に必要な一切の行為をする権利義務を有する

第1章

相続の基本をおさえておこう

相続の正しい知識がなかったために、失敗したり、相続人同士のトラブルに発展するケースも少なくありません。
相続の基本的な決まりを知っておきましょう。

相続の基本

相続とは

人の死亡によって財産が移転する

相続とは、死亡した人の**財産上の権利義務**が相続人に移転すること

相続、遺贈（いぞう）、贈与は似ているようで性質が異なる

死亡によりそのときに始まる

相続とは、人が死亡したときに、その人が所有していた財産を家族などが受け継ぐことをいいます。財産を有していた人を**被相続人**、受け継ぐ人を**相続人**と呼んでいます。

財産には家や土地といった形のあるものだけでなく、さまざまな権利も含まれます。またプラスの財産だけでなく、借金などのマイナスの財産もあります。こうした**財産上の権利義務**が、人が亡くなった瞬間に、まるごと相続人に移転するのです。

相続と遺贈、贈与はどう違うのか

相続は、財産をあげる人やもらう人の意思とはかかわりなく、人が亡くなると自動的に始まります。被相続人がその時期を決めたり、相続人を選んだりすることはできません。

では、被相続人は自分の財産を自由に処分できないのかというと、そうではありません。被相続人は遺言によって、だれにでも財産を与えることができます。これは相続ではなく**遺贈（いぞう）**（➡P34）といい、被相続人の意思による一方的な行為です。

また、**贈与**という方法もあります。贈与が相続や遺贈と大きく違うのは、ひとつは生前の行為であり、随時に行えること。そしてもうひとつは、財産をあげる人（**贈与者**という）ともらう人（**受贈者（じゅぞうしゃ）**という）双方の合意にもとづく契約であることです。＊

このように、財産を無償で移転させる行為（事象）には、おもに相続、遺贈、贈与があります。この3つは相続にまつわるいろいろな場面で相互に関係しています。それぞれの特徴や相違点を理解しておきましょう。

こんなときは

？ 生死がわからない

相続開始の原因は死亡だけですから、たとえば夫が失踪して生死不明のままだと、妻はいつまでたっても夫の財産を相続できません。

そこで、不在者の生死不明の状態が一定の期間（失踪期間）を過ぎた場合、家族などの利害関係人は、家庭裁判所に「失踪宣告」の申立てを行えることになっています。失踪期間は、普通の失踪の場合は7年、戦争や海難事故など特別の場合は1年で、失踪宣告を受けた者は法律上死亡したものとみなされます。

■相続開始と財産の移転

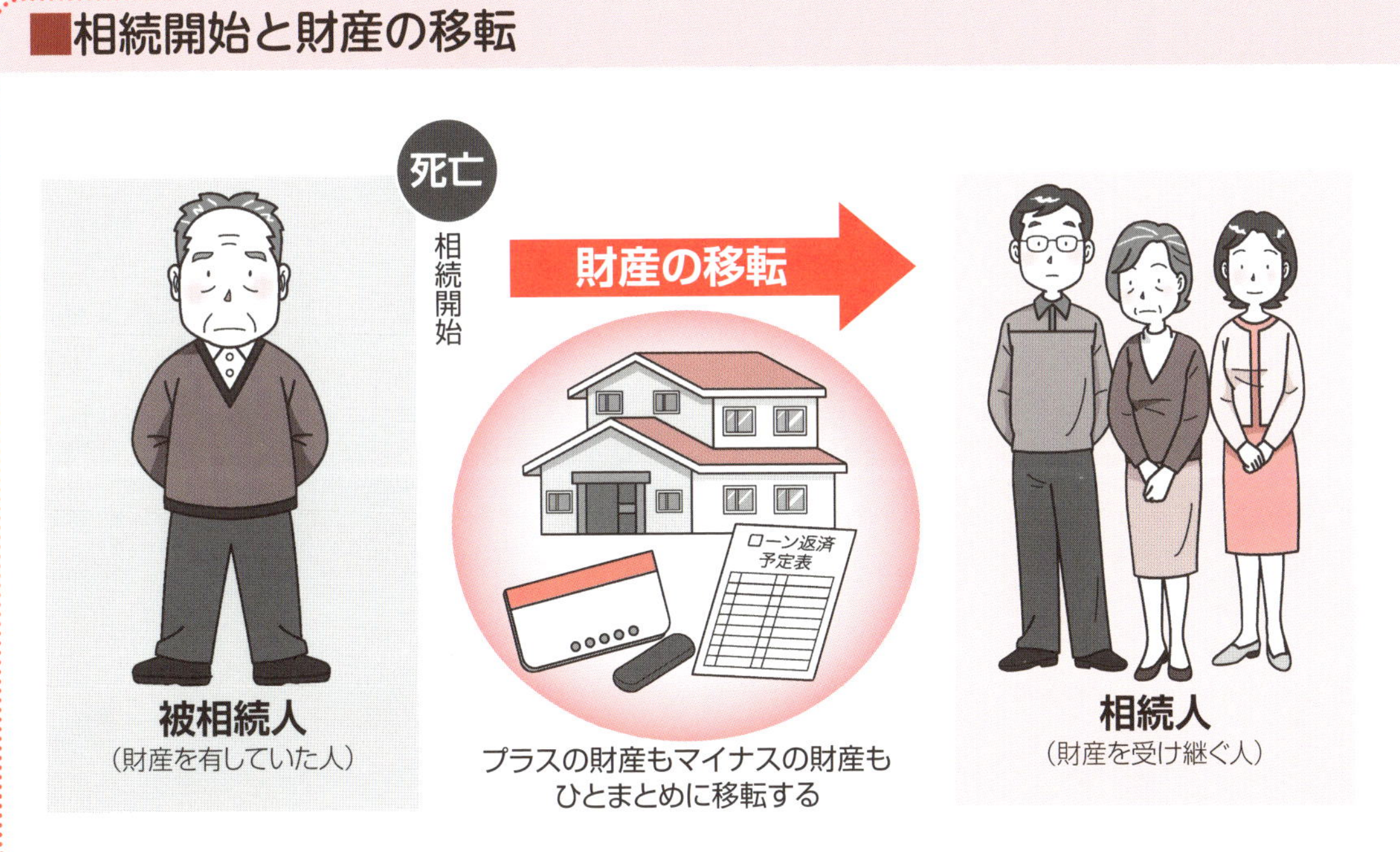

●相続、遺贈、贈与の比較

	相　続	遺　贈	贈　与
内　容	人の死亡を原因として、財産が一定の親族に移転すること 被相続人 財産→ 相続人 当事者の意思によらない事象	遺言によって財産を他人に無償で与えること 遺言書 遺贈者 財産→ 受遺者 一方的な行為	契約にもとづいて財産を相手方に無償で与えること 贈与者 財産→ 受贈者 契約 あげます　もらいます
財産をもらう人の範囲	一定の親族関係にある人	だれでも	だれでも
財産移転の時期	被相続人の死亡時	遺贈者の死亡時	随時*
課税される税金の種類	相続税	相続税	贈与税

*贈与には、ほかに死因贈与という方法もある（➡P 34）

相続の基本

法定相続人

相続人になれる人は民法で決められている

相続人になる人は配偶者と一定範囲の血族

相続があったとき、だれが相続人となるのかは民法で決められています。この民法の定める相続人を**法定相続人**といいます。

法定相続人は、**配偶者相続人**と**血族相続人**の2本立てで構成されます。

配偶者相続人とは、被相続人の妻または夫です。**配偶者は常に相続人となり**、血族相続人がいればその者と共同で、血族相続人がいなければ単独で相続人になります。

血族相続人には、被相続人の子、直系尊属(そんぞく)、兄弟姉妹が該当します。血族相続人には次のような順位があって、その順位の者がひとりもいない、または全員が相続を放棄(➡P44)した場合に、はじめて次順位の者が相続権を得ます。

第1順位：子(およびその直系卑属)

被相続人に子がいれば、最優先で相続人になります。子がすでに死亡しているときは、その者の子(孫)が代わりに相続人になります(代襲相続➡P28)。

第2順位：直系尊属

第1順位の相続人がいない場合は、父母などの直系尊属が相続人となります。被相続人と親等の近い順に、まず父母、父母がいなければ祖父母、祖父母もいなければ曾祖父母……というように相続権が移っていきます。

第3順位：兄弟姉妹(およびその子)

第1順位・第2順位ともいないときは、被相続人の兄弟姉妹が相続人になります。兄弟姉妹で死亡している者がいる場合は、その者の子(おい・めい)が代わりに相続人になります。

ここが大切！

相続人には**配偶者相続人**と**血族相続人**の2つがある

配偶者は常に相続人だが、血族相続人には**順位**がある

法律上の妻や子でなければ相続人になれない

相続権が認められるかどうか、注意が必要なケースもあります。

たとえば、最近では婚姻の届をしない事実婚の夫婦も増えていますが、相続に関しては、このような内縁の妻や夫は配偶者として認められません。

子については、実子や養子、嫡出子(ちゃくしゅつし)(法律上の夫婦の間の子)や非嫡出子(婚姻していない男女の間の子)の区別なく、等しく相続人となります。ただし非嫡出子は、母親の相続については当然に相続人となりますが、父親の相続については認知された子でなければ相続人になれません。

一方で、胎児に関しては、相続に関

■相続人の範囲と順位

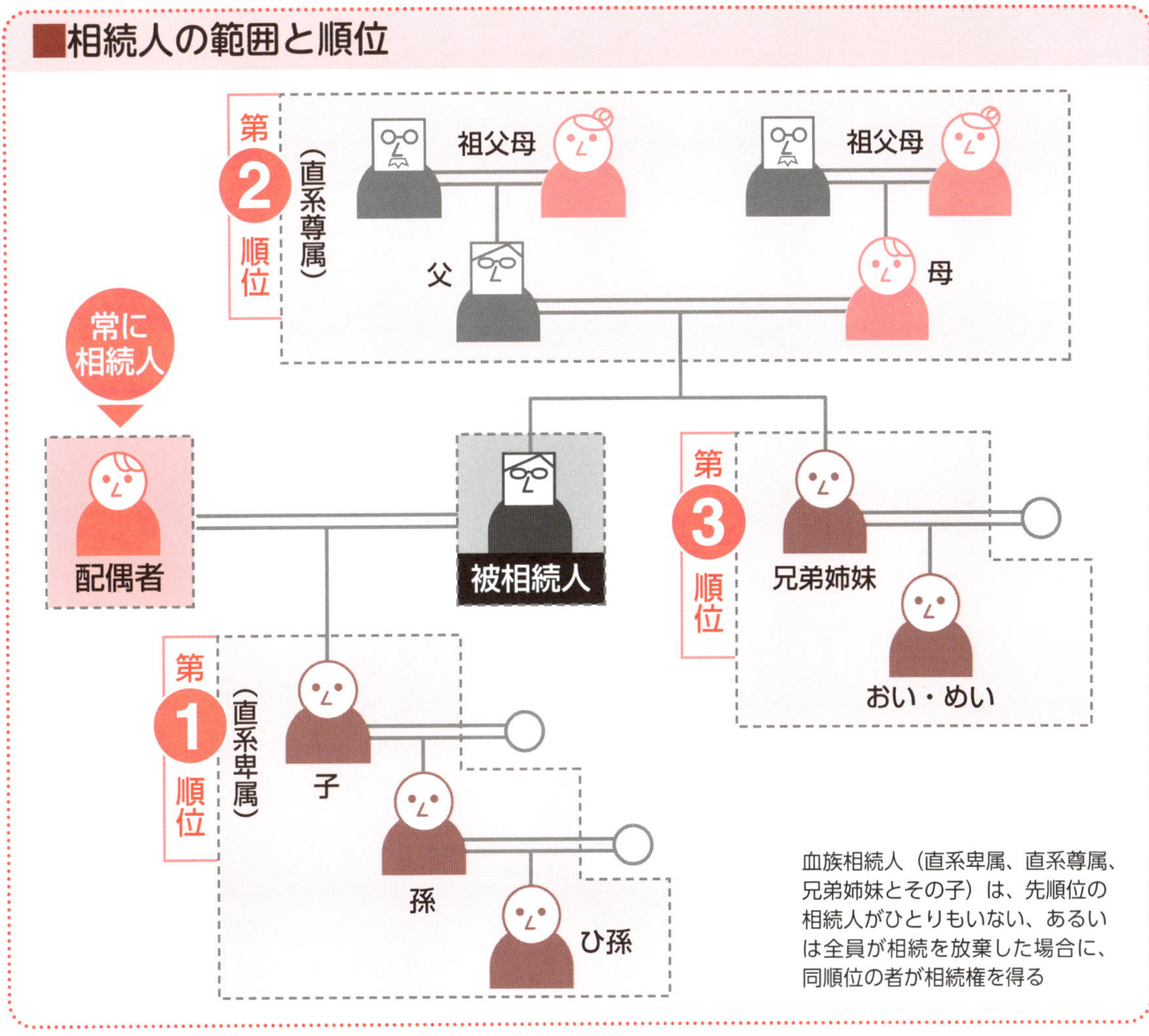

してはすでに生まれたものとみなされ、一人前の相続権があります。ただし、死産の場合は最初からいなかったものとされます。

●相続人になる人、ならない人

	相続人になる	相続人にならない
配偶者	法律上の妻や夫	内縁の妻や夫
子	実子、養子、嫡出子、非嫡出子、他家に普通養子として出した子、胎児（死産の場合を除く）	義理の子（婿、嫁）、配偶者の連れ子、他家に特別養子として出した子
直系尊属	実父母、養父母など	義理の父母（しゅうと、姑）
兄弟姉妹	全血兄弟、半血兄弟 （➡P 30）	義理の兄弟姉妹

相続の基本

代襲相続

相続人が死亡していたら代襲相続される

子が死亡していたら孫が代わりに相続する

相続法は、財産は親から子へ、子から孫へと直系の子孫に受け継がれる、という考えを基本にしています。

自然の順序で人が亡くなれば、親の財産は子を通じていずれ孫のものになります。しかし、親より先に子が亡くなった場合、故人である子はもう相続することができません。結果、孫も財産を承継できないとなると、孫にとっては酷な話です。

そこで、被相続人の死亡以前に、相続人となるはずだった子が死亡や一定の理由で相続権を失ったときは、その者の子、つまり孫が代わって相続できることになっています。これを**代襲相続**（だいしゅう）といい、代わりに相続人になる人を**代襲相続人**といいます。

代襲相続の原因は、**相続開始以前の相続人の死亡**、**相続欠格**（➡P48）、**相続人の廃除**（➡P48）の3つです。相続放棄（➡P44）は代襲相続の原因になりません。

代襲相続できるのは直系卑属と兄弟姉妹だけ

代襲相続は、血族相続人のうち、子と兄弟姉妹に認められた制度です。

子については、子が死亡しているときは孫、孫も死亡しているときはひ孫……というように、直系卑属のラインで何代でも代襲することができます。

一方、兄弟姉妹については、死亡した兄弟姉妹に代わってその者の子が相続できますが、代襲は一代限り。つまり、代襲相続人になれるのはおい・めいまでで、それ以降に再代襲されることはありません。

ここが大切！

死亡した相続人に代わって子が相続することを**代襲相続**（だいしゅう）という

直系卑属は**何代でも**、兄弟姉妹は**おい・めい**まで

こんなときは

養子の子は代襲できる？

民法は、被相続人の子を代襲する子は被相続人の直系卑属（つまりは孫）でなければならない、としています。「養子の子だって孫なのだから……」と考えるのは間違い。孫でないケースもあるのです。

たとえば、すでに子を持つ人が養子になった場合、養子の子と養親との間に親族関係は発生しません。したがって養子の子は養親の直系卑属ではないので、代襲相続できません。

これに対し、養子縁組後に生まれた養子の子は養親の直系卑属になるため、代襲することができます。

なお、兄弟姉妹の子が代襲相続する場合にも、同様に被相続人との親族関係が要求されます。

なお、直系尊属と配偶者には代襲相続が認められていません。したがって、たとえば被相続人より先に死亡した妻の連れ子が、亡き母に代わって相続することはできません。

■代襲相続が起こる原因

相続人の死亡

相続開始以前に相続人が死亡している

相続欠格

欠格により相続人が相続権を失った(➡P48)

廃除により相続人が相続権を失った(➡P48)

■代襲相続の代表的なケース

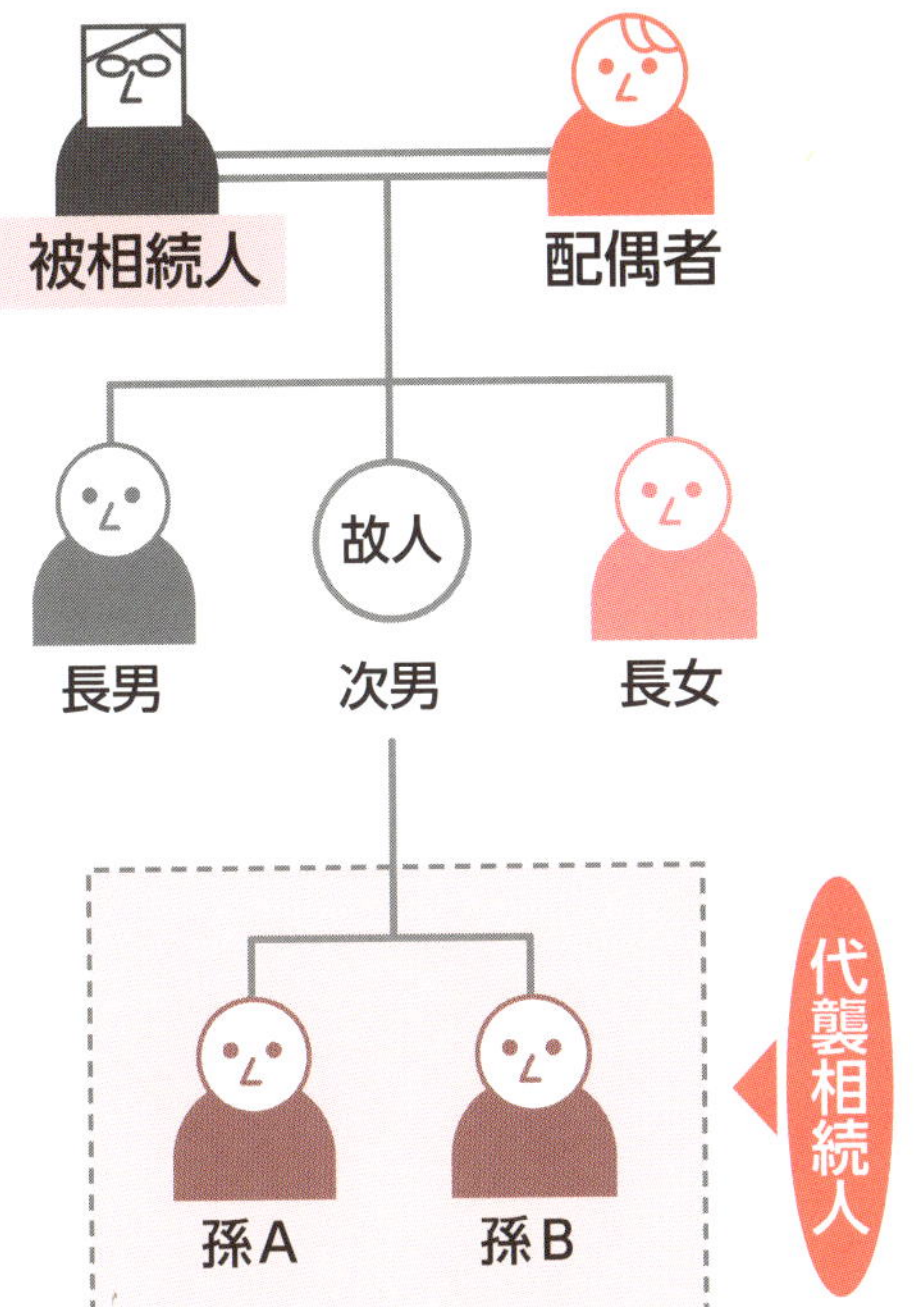

すでに死亡した次男を、次男の子が代襲する

▶相続人は、配偶者、長男、長女、孫A、孫Bの5人

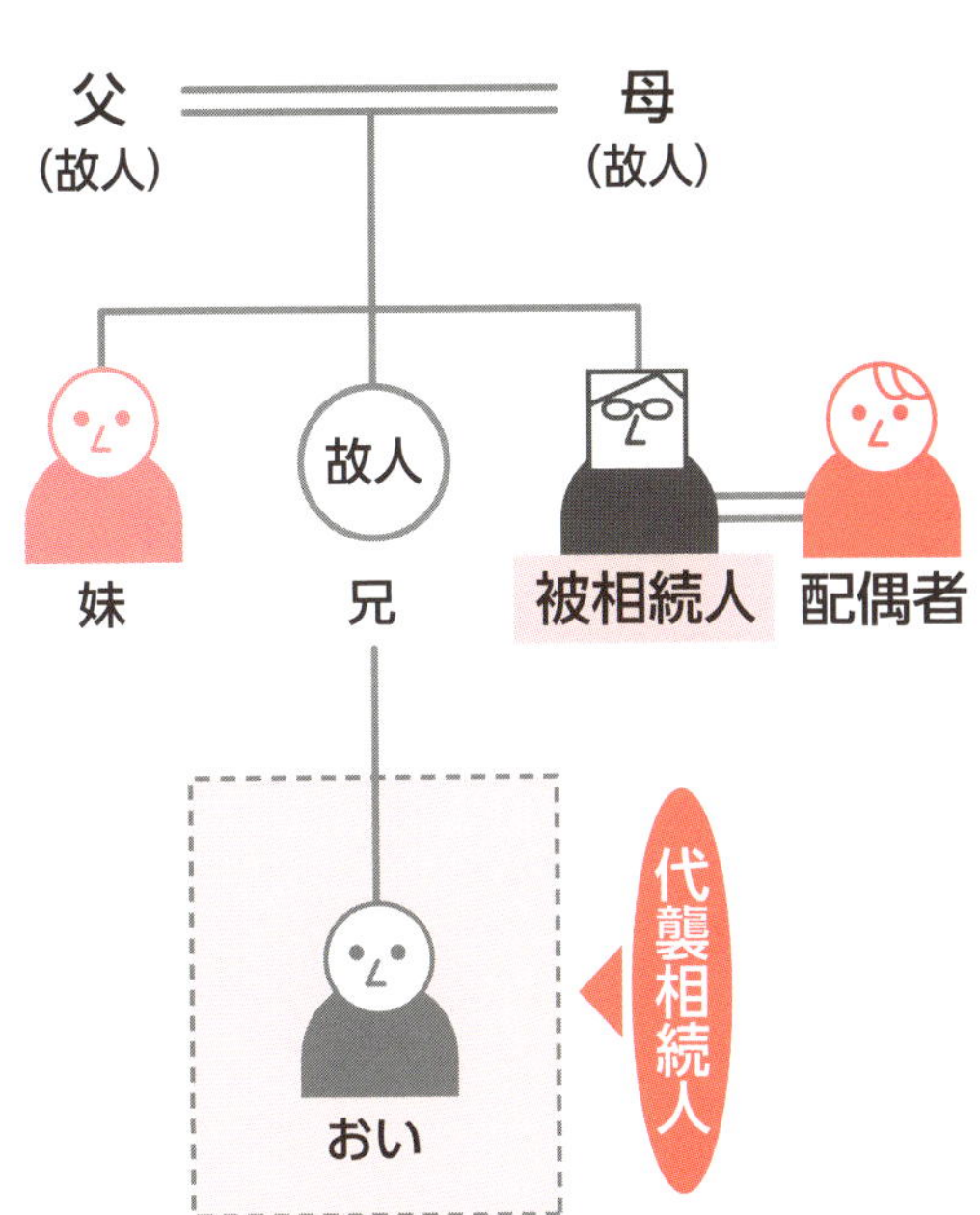

すでに死亡した兄を、兄の子が代襲する

▶相続人は、配偶者、妹、おいの3人

相続の基本

相続分

遺産分けの割合はこうして決められる

基準となる相続分が民法に定められている

相続人が何人かいる場合、だれがどのような割合で財産を取得するのか、つまり**相続分**が問題になります。

相続分は被相続人が遺言で指定することができますが、指定がなければ、相続人の話し合いで決めることになります。そのときに基準となるのが、民法の定める相続分です。これを**法定相続分**といいます。

法定相続分は、相続人の組み合わせによって次のように異なります。

●配偶者と子が相続人の場合

配偶者が2分の1で、残りの2分の1を子が頭数で均等に分けます。

なお、子のなかに嫡出子と非嫡出子（➡P26）がいる場合、以前は非嫡出子の相続分は嫡出子の2分の1とされていましたが、2013年9月4日の最高裁判所の違憲決定を受けて民法が改正され、嫡出子と非嫡出子の相続分は同等となりました。この新しい決まりは2013年9月5日以後の相続について適用されます*。

●配偶者と直系尊属が相続人の場合

配偶者が3分の2で、残りの3分の1を直系尊属が頭数で均分します。

●配偶者と兄弟姉妹が相続人の場合

配偶者が4分の3で、残りの4分の1を兄弟姉妹が頭数で均分します。ただし、兄弟姉妹のなかに全血兄弟（父母の双方が同じきょうだい）と半血兄弟（父母の一方のみが同じきょうだい）がいるときは、半血兄弟の相続分は全血兄弟の2分の1です。

●配偶者のみ、子のみ、直系尊属のみ、兄弟姉妹のみが相続人の場合

配偶者のみならひとりで全部、血族

*改正法適用前の相続についても、2001年7月1日以後の相続で最高裁の本決定後に遺産の分割をする場合は、嫡出子と非嫡出子の相続分は同じものとして扱われる

ここが大切！

相続分には、民法が定める**法定相続分**と、被相続人が遺言で決める**指定相続分**の2つがある

法定相続分より指定相続分が**優先**される

遺言に書かれた相続分が優先。遺言がなければ法定相続分が適用される

●相続人の組み合わせで決まる法定相続分

相続人の組み合わせ		法定相続分	
配偶者相続人＋血族相続人	配偶者と子	配偶者 1/2、子 1/2	●子が複数いれば2分の1を頭割りする
配偶者相続人＋血族相続人	配偶者と直系尊属	配偶者 2/3、直系尊属 1/3	●直系尊属が複数いれば3分の1を頭割りする
配偶者相続人＋血族相続人	配偶者と兄弟姉妹	配偶者 3/4、兄弟姉妹 1/4	●兄弟姉妹が複数いれば4分の1を頭割りする ●半血兄弟の相続分は全血兄弟の半分
配偶者のみ		配偶者 全部	●配偶者がひとりで全部を相続する
血族相続人のみ ①子のみ ②直系尊属のみ ③兄弟姉妹のみ		血族相続人 全部	●同順位の者が複数いれば頭割りする ●半血兄弟は全血兄弟の半分

の場合はひとりで、あるいは頭数で均分します。ただし、前述の半血兄弟の相続分の決まりが適用されます。

代襲相続がある場合の相続分はどうなるのか

代襲相続人の相続分は、親がもらうはずだった相続分と同じです。

たとえば、死亡した子が生きていればもらえるはずだった相続分が3分の1なら、代襲相続人である孫の相続分も3分の1です。このとき孫が何人いようと3分の1を頭数で等分するだけであって、ほかの相続人の相続分に影響することはありません。兄弟姉妹の子が代襲する場合も同じです。

孫であり、養子であるとき

ひとりの人間が、相続人の地位を重複して持つことがあります。

たとえば、被相続人が自分の孫を養子にすることがよくあります。このようなケースで孫の親（被相続人の子）が被相続人より先に死亡した場合、孫は養子としての相続分と、親の代襲相続人としての相続分の両方を有することができます。

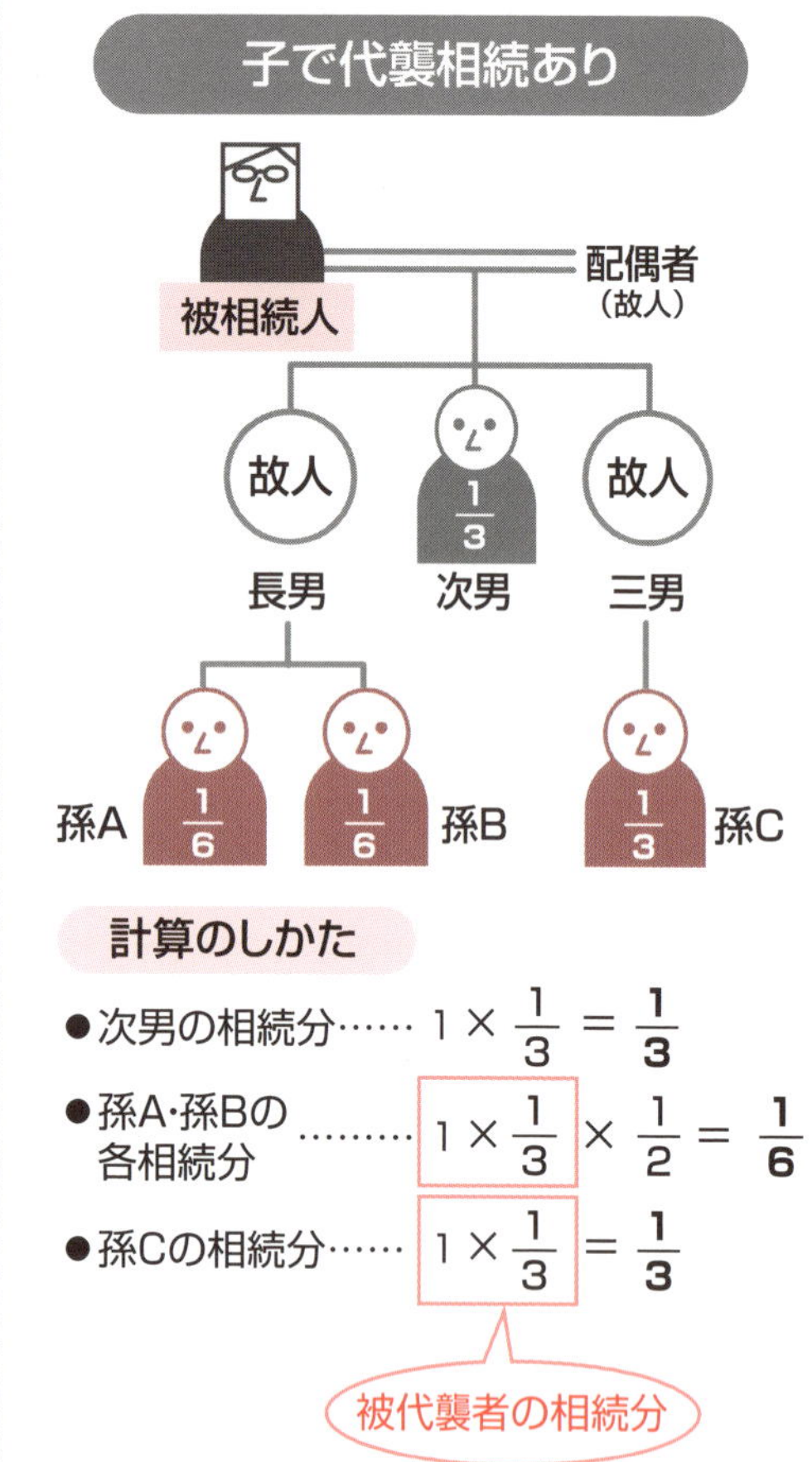

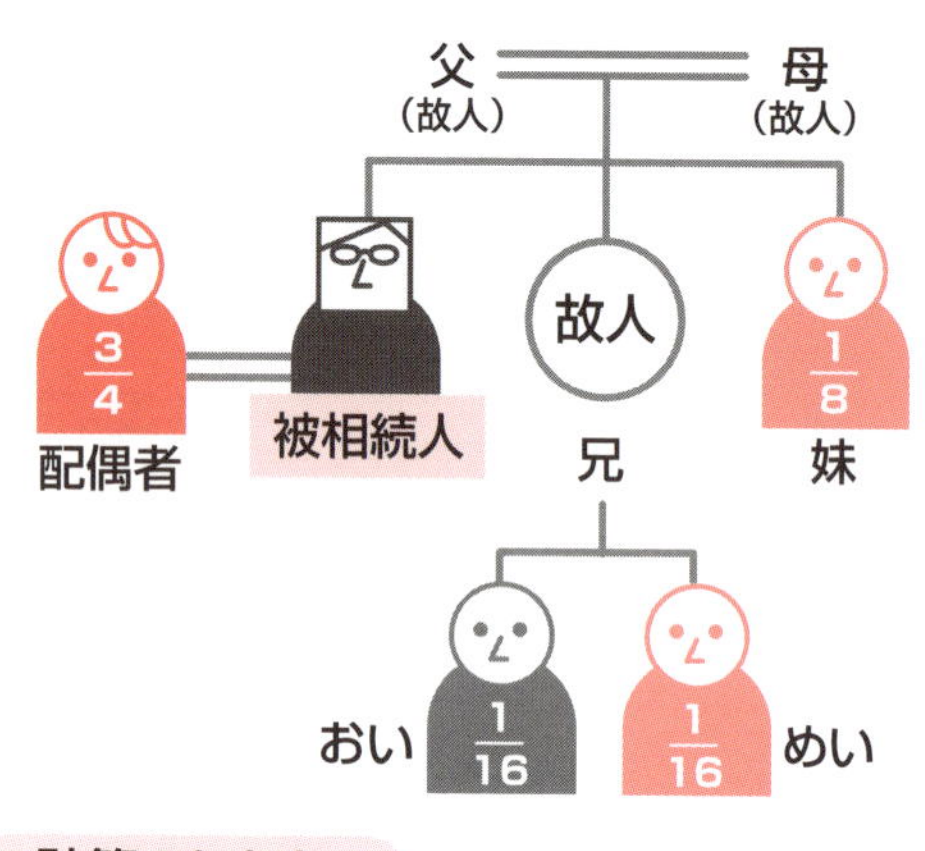

計算のしかた

- 配偶者の相続分……$\frac{3}{4}$
- 妹の相続分…………$\frac{1}{4}\times\frac{1}{2}=\frac{1}{8}$
- おい·めいの各相続分……$\frac{1}{4}\times\frac{1}{2}\times\frac{1}{2}=\frac{1}{16}$

被代襲者の相続分

遺言に書かれた指定相続分が優先する

はじめにふれたように、被相続人は自分の意思で相続分を決めることができます。また、信頼できる第三者に相続分を決めてくれるよう委託することもできます。これを**指定相続分**といい、法定相続分に優先します。

自分の財産をどう処分するかは、原則として本人の自由です。これは相続財産についても同じで、被相続人の意思が尊重されるのです。

ただし、いくら自由といっても無制限には通用できません。法定相続人には**遺留分**（いりゅうぶん）という最低限保障された遺産の取り分があり、この部分に食い込むような相続分の指定は遺留分侵害額請求の対象となります（➡P36）。

相続分の指定は、必ず遺言の形式によることが必要です。相続人全員の分を指定してもいいですし、一部の相続人だけ指定しても有効です。

一部の相続人だけ指定された場合、ほかの相続人の相続分は、通常は残りの財産を法定相続分で配分するものとされています（➡左図）。

■法定相続分の計算例

配偶者と子（すべて嫡出子）

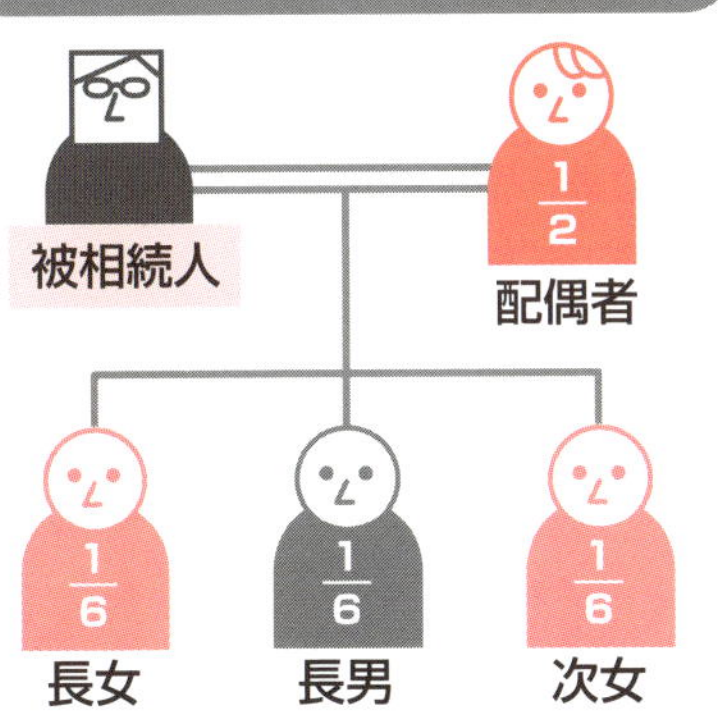

計算のしかた

- 配偶者の相続分…… $\frac{1}{2}$
- 子1人あたりの相続分 …… $\frac{1}{2} \times \frac{1}{3} = \frac{1}{6}$

3人で均等分割

配偶者と子（嫡出子と非嫡出子）

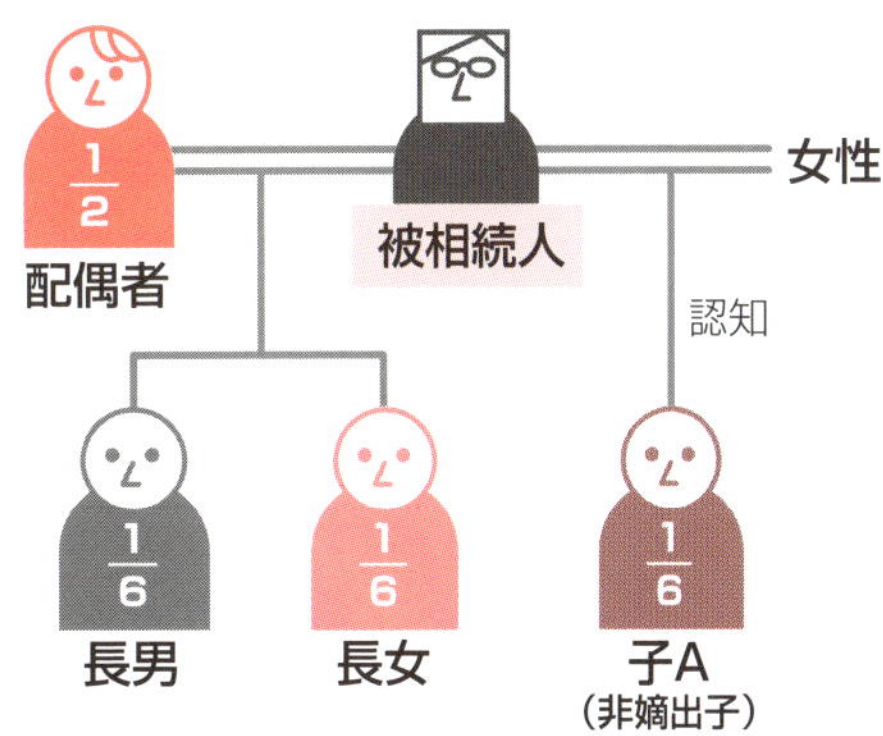

計算のしかた

- 配偶者の相続分…… $\frac{1}{2}$
- 長男·長女·子Aの各相続分 …… $\frac{1}{2} \times \frac{1}{3} = \frac{1}{6}$

非嫡出子も含めて3人で均等分割*

＊ただし2013年9月4日（最高裁違憲決定の日）以前の相続（2001年7月1日以後の相続で違憲決定後に遺産の分割をする場合を除く）については、非嫡出子の相続分は嫡出子の半分とされる。したがって長男・長女の各相続分は5分の1、子Aの相続分は10分の1となる

■指定相続分があるときの計算例

●一部の相続人だけに指定がある場合

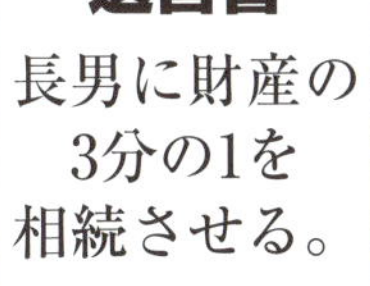

遺言書

長男に財産の
3分の1を
相続させる。

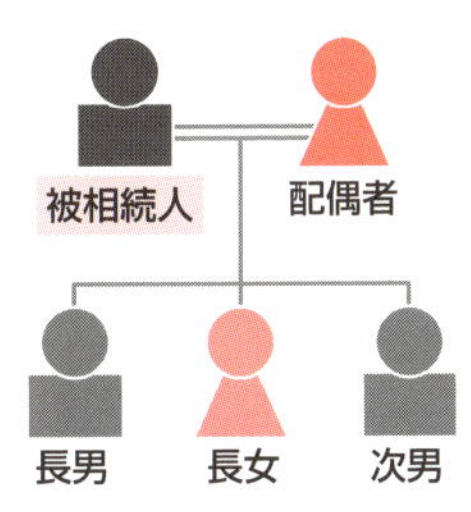

各人の相続分

長男	$\frac{1}{3}$
配偶者	$\frac{2}{3} \times \frac{1}{2} = \frac{1}{3}$
長女・次男各	$\frac{2}{3} \times \frac{1}{2} \times \frac{1}{2} = \frac{1}{6}$

残りの3分の2を法定相続分で配分

相続の基本

遺贈

相続人でない人にも財産をあげられる

遺贈であれば他人への財産分与も可能

遺言がなければ、被相続人の財産は法定の相続人が法定相続分で相続します。そうではなく、被相続人が自分で財産の承継者などを決め、遺言によって与えることを**遺贈**（いぞう）といいます。

遺贈を受ける人を**受遺者**（じゅいしゃ）と呼びますが、受遺者は、相続人でも相続人でなくてもかまいません。したがって、息子の嫁や友人など相続権のない人にも財産をあげることが可能です。また特定の相続人に遺贈をし、「この財産はこの人に」といった希望をかなえることもできます。

このように、被相続人が死後においても自由に財産を処分することを認めているのが遺贈の制度といえます。しかし、相続人の遺留分を侵すことはできません（⬇P36）。

なお、遺贈と似たものに**死因贈与**があります。死因贈与とは「自分が死んだら○○をあげます」というように、贈与者の死亡により効力を生ずる贈与契約をいい、契約である以上、当事者双方の合意が必要です。

これに対し、遺贈は遺言者の一方的な意思表示であり、受遺者の承諾を必要としません。ただし、受遺者がその遺贈を受けたくなければ放棄することもできます。

包括受遺者は債務も受け継ぐ

遺贈には、**特定遺贈**と**包括遺贈**の2つの方法があります。

特定遺贈とは、「○○の家屋を与える」というように具体的な財産を示して行う遺贈をいいます。

一方、「財産の3分の1を与える」というように割合を示してするのが包括遺贈です。

この場合、受遺者はプラスの財産だけでなく、同じ割合で債務も承継します。そのため包括受遺者は相続人と同じ扱いとなり、遺産分割協議（⬇P84）にも参加します。

包括遺贈を受けたくなければ放棄することもできますが、その場合にも相続人と同様の方法で手続きを行うことが必要です（⬇P44）。

特定遺贈の受遺者は、特に債務を負担する義務はありません。また、放棄の方法も意思表示をするだけでかまいません。

ここが大切！

遺言で財産を与えることを**遺贈**（いぞう）という

相続人でない人にも遺贈することができる

包括遺贈をされた人は相続人と同じ立場になる

●特定遺贈と包括遺贈の違い

	特定遺贈	包括遺贈
内容	「○○の家屋」とか「株式全部」というように財産を特定してする遺贈 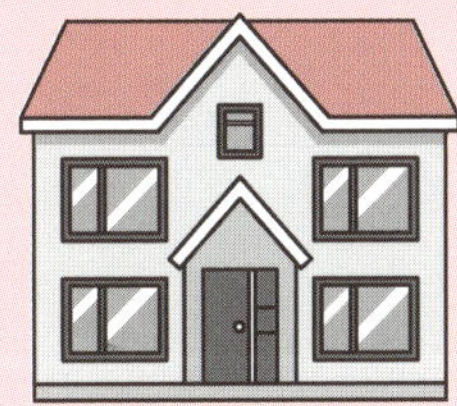  特定受遺者	財産を特定せず、「全財産の3分の1」というように割合を示してする遺贈 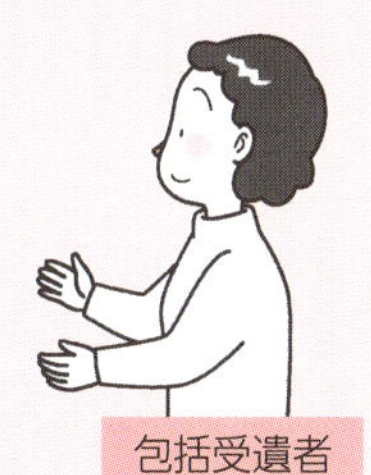 包括受遺者
受遺者の権利義務	●債務を承継しない ●遺産分割協議に参加しない (いずれも相続人である受遺者を除く)	相続人と同一の権利義務を持つ ●遺贈財産の割合に応じて債務も承継する ●相続人と同じ資格で遺産分割協議に参加する
遺贈の放棄	遺贈義務者(相続人など)に対して意思表示をすることで、いつでも放棄することができる	自分のために遺贈があったことを知ったときから3か月以内に、遺贈の放棄または限定承認(➡P 44)をすることができる

■いろいろな遺贈のパターン

相続人への遺贈

遺言書

次男に土地Aを遺贈する。

特定の相続人に特定の財産を承継させたいとき。相続人への遺贈は特別受益(➡P40)にあたる

相続人でない人への遺贈

遺言書

息子の嫁の花子に財産の2分の1を遺贈する。

相続権のない息子の嫁や世話になった知人などに財産をあげたいとき

負担付きの遺贈

遺言書

長男に家屋Bを遺贈する。ただし長男は遺言者の妻を看護すること。

財産を与える代わりに、受遺者に一定の義務を負担させたいとき

相続の基本

遺留分

相続人には最低限の遺産が保障されている

相続分とは違う遺留分とは何だろう

遺言で財産を、だれに、どれだけ与えるかは自由です。しかし、全財産を他人に与えることなどが許されれば、残された家族は困窮してしまいます。

そのため民法は、一定の範囲の相続人に、最低限これだけは相続できるという部分を保障することにしました。これを**遺留分**（いりゅうぶん）といい、侵害された相続人は侵害額を請求することができます。

遺留分が認められているのは、配偶者、子とその代襲者、直系尊属です。**兄弟姉妹には遺留分がありません。**

遺留分の割合は、相続人全員で被相続人の**財産の2分の1**です。ただし、相続人が直系尊属のみのときは**財産の3分の1**になります。いずれの場合も、これを法定相続分で配分したものが各人の遺留分となります。

生前に贈与された財産も遺留分の対象になる

前述の遺留分算定のもとになる財産とは、被相続人が死亡時に持っていた財産に**贈与した財産（相続開始時の価額で評価）を加え**、負債を差し引いたものをいいます。

遺留分の対象は生前に贈与した財産にまで広げられています。まず、相続開始前1年間になされた贈与は無条件で対象財産に取り込まれます。そして1年より前の贈与でも、贈与者・受贈者の双方が遺留分を侵すだろうと承知のうえで(悪意で)行ったものは、相続開始時から10年間は対象になります。

また、相続人のうちのだれかが被相続人から**特別受益**（➡P40）にあたる贈与を受けていた場合は、相続の開始前10年以内の婚姻もしくは養子縁組のため、または生計の資本として受けた贈与が対象財産になります。

なお、2009年3月1日施行の民法特例により、経営者から後継者に生前贈与された自社株については、相続人全員の合意によって遺留分算定基礎財産から除外したり、基礎財産に算入する価額を合意時の価額に固定したりすることができます。この特例を受けるには、合意についての経済産業大臣の確認と家庭裁判所の許可が必要です。

実際の相続額が遺留分に満たないときは

遺贈または贈与により遺留分を侵害された相続人は、侵害額を限度に、その遺贈や贈与から財産を取り戻すこと

ここが大切！

兄弟姉妹を除く相続人には**遺留分**（いりゅうぶん）がある

遺留分を侵害されたら1年以内であれば**侵害額請求**で取り戻せる

■遺留分の割合

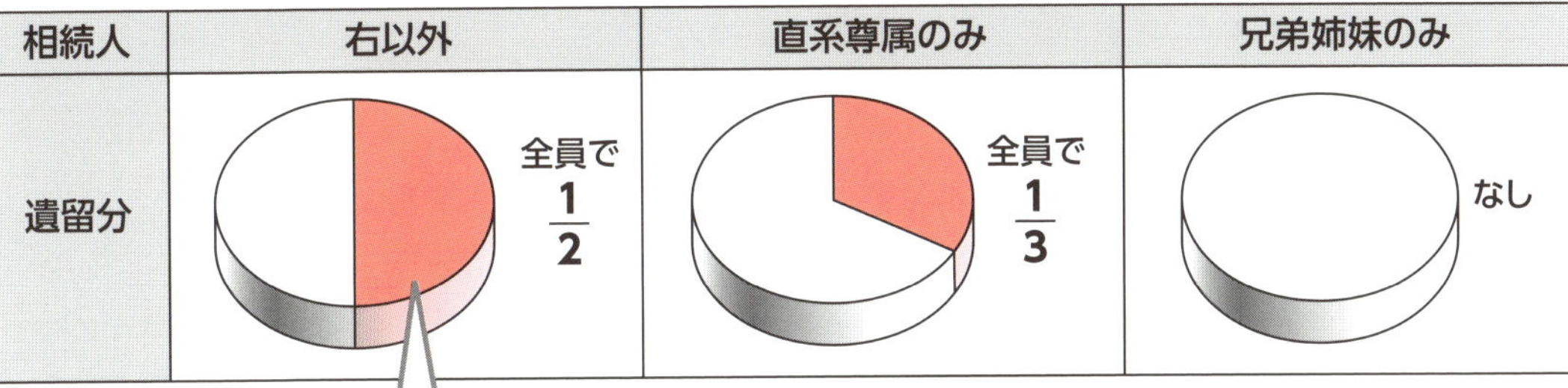

相続人	右以外	直系尊属のみ	兄弟姉妹のみ
遺留分	全員で $\frac{1}{2}$	全員で $\frac{1}{3}$	なし

相続人の組み合わせによる内訳（法定相続分による配分）

配偶者のみ　配偶者……$\frac{1}{2}$

子のみ　子……$\frac{1}{2}$

配偶者と兄弟姉妹　配偶者……$\frac{1}{2}$

配偶者と子
- 配偶者……$\frac{1}{2} \times \frac{1}{2} = \frac{1}{4}$
- 子……$\frac{1}{2} \times \frac{1}{2} = \frac{1}{4}$

配偶者と直系尊属
- 配偶者……$\frac{1}{2} \times \frac{2}{3} = \frac{1}{3}$
- 直系尊属…$\frac{1}{2} \times \frac{1}{3} = \frac{1}{6}$

■遺留分の対象となる財産額の求め方

遺留分の対象となる財産 ＝ 相続開始時の財産 ＋ 生前に贈与した財産 － 債務

遺贈された財産も含まれる

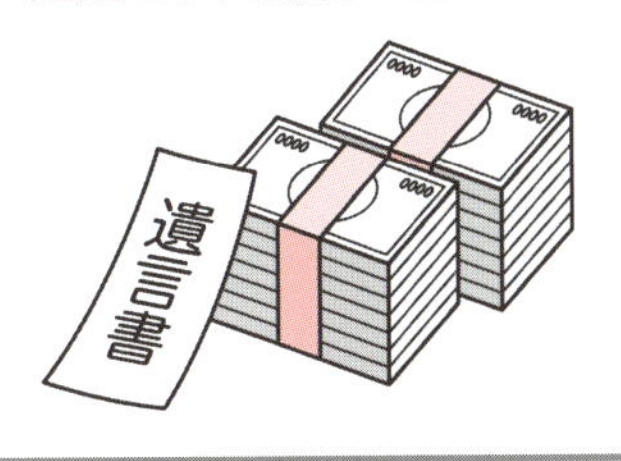

こんな贈与が該当する
- 相続開始前1年間にした贈与
- 遺留分を侵害することを双方が承知でした贈与*
- 10年以内の特別受益にあたるもの (➡P40)

*不当に安い金額で売却したケースも含む

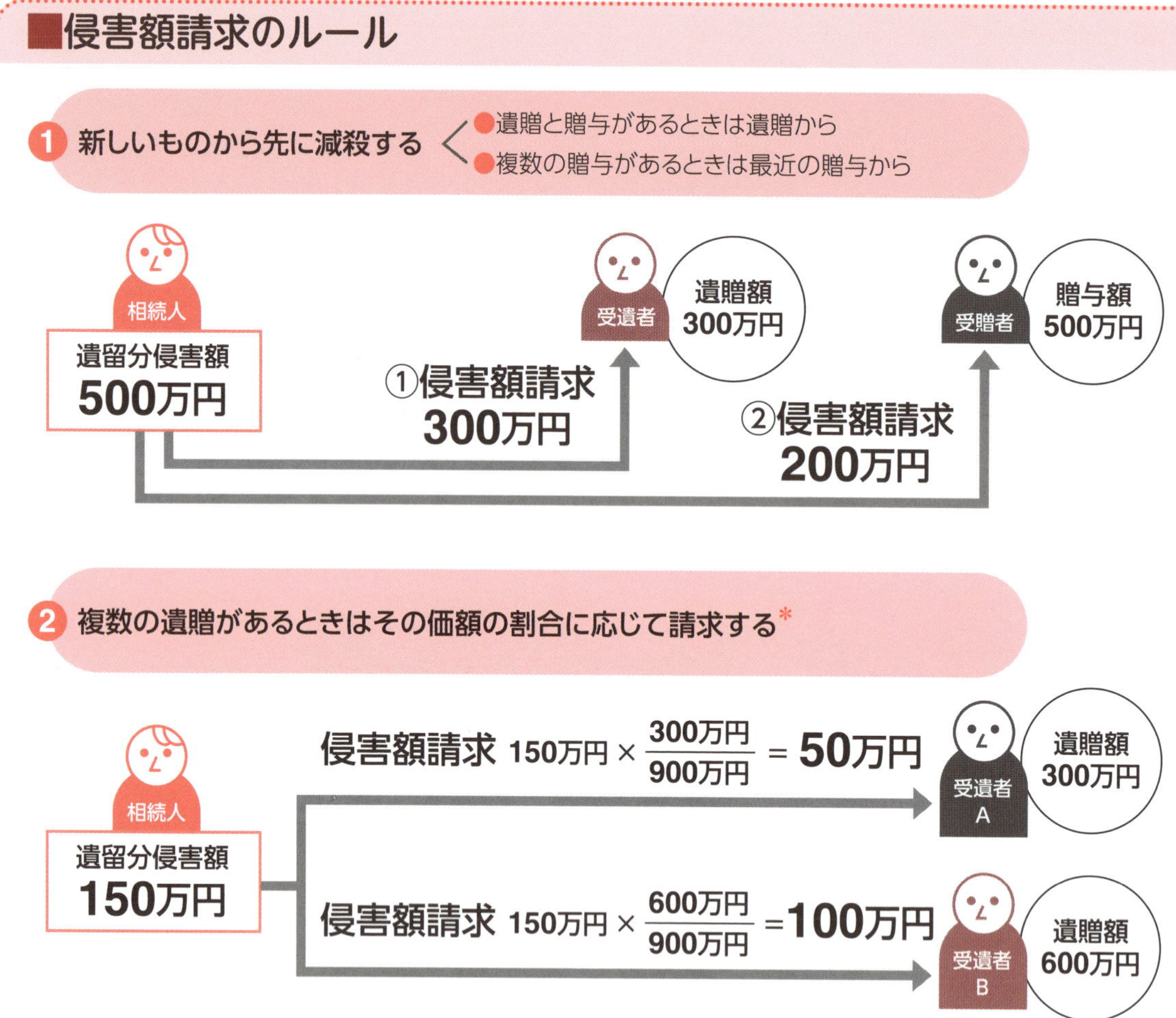

ができます。これを**遺留分の侵害額請求権**といいます。侵害額請求をされた受遺者や受贈者は、遺留分侵害額を支払わなければなりません。

侵害額請求の方法は簡単で、相手方に意思表示をすればよいことになっています。しかし相手がこれに応じなければ、家庭裁判所の調停などを利用して解決を図ることになります。

このように遺留分制度は、遺留分に違反する遺贈や贈与が無効になるのではなく、侵害額請求権を行使して侵害分を取り戻すかたちをとっています。

侵害額請求権は、相続の開始および遺留分の侵害を知った日から**1年以内**ま**たは相続開始から10年以内**に行使しないと時効により消滅します。

こんなときは

遺留分を放棄したい

相続開始後に遺留分を放棄するのは自由で、侵害額請求をせず放っておくだけです。しかし相続開始前に遺留分を放棄するには、家庭裁判所の許可が必要です。

なお、相続人のひとりが遺留分を放棄しても、ほかの相続人の遺留分が増えることはありません。

■遺留分の侵害と侵害額請求の例

- 被相続人である夫が死亡し、相続人は妻、長女、長男
- 相続財産は7,000万円だが、4,000万円を知人Aに遺贈する旨の遺言があった
- 被相続人は死亡する半年前に知人Bに1,000万円を贈与していた

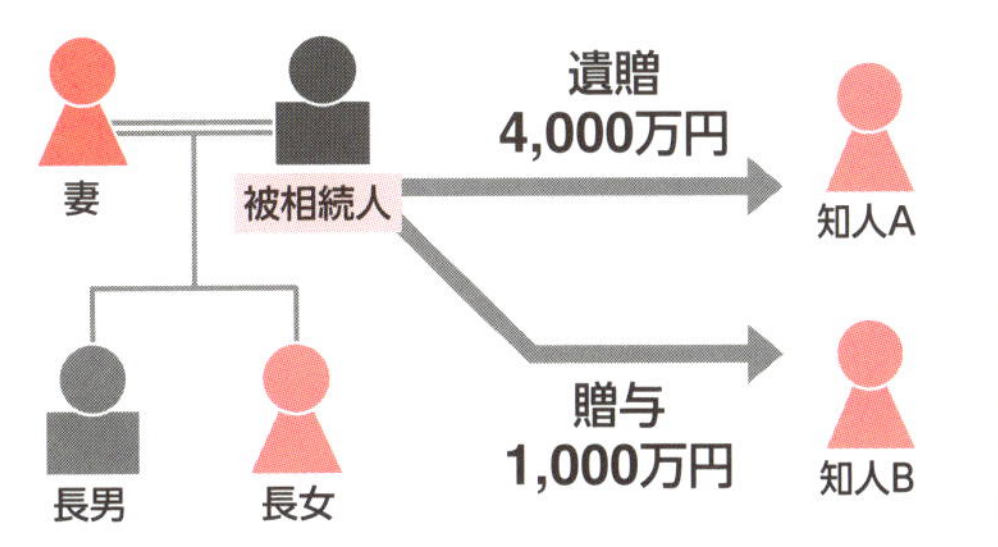

① 遺留分の対象となる財産の額を計算する

7,000万円（相続開始時の財産） ＋ 1,000万円（贈与財産） ＝ 8,000万円

② 相続人ごとに遺留分の侵害額を計算する

遺留分の額（遺留分の対象財産×遺留分割合） − 取得した財産額（遺贈後の財産×相続分） ＝ 遺留分の侵害額

	遺留分割合	遺留分の額	取得した財産額	遺留分の侵害額
妻	$\frac{1}{4}$	8,000万円 × $\frac{1}{4}$ ＝ 2,000万円	3,000万円 × $\frac{1}{2}$ ＝ 1,500万円	(2,000万円－1,500万円) ＝ 500万円
長女	$\frac{1}{8}$	8,000万円 × $\frac{1}{8}$ ＝ 1,000万円	3,000万円 × $\frac{1}{4}$ ＝ 750万円	(1,000万円－750万円) ＝ 250万円
長男	$\frac{1}{8}$	8,000万円 × $\frac{1}{8}$ ＝ 1,000万円	3,000万円 × $\frac{1}{4}$ ＝ 750万円	(1,000万円－750万円) ＝ 250万円

侵害額請求の順序は遺贈が先なので、遺贈を受けた**知人A**に対して、**妻は500万円、長女と長男は**それぞれ**250万円**の侵害額請求を行うことができる

相続の基本

特別受益

生前贈与を受けた人の相続分は減額される

ここが大切！

相続人が受けた遺贈や一定の贈与を**特別受益**という

特別受益の分だけその人の**相続分は減る**

遺産の前渡しとして相続分が調整される

被相続人からマイホームの頭金を出してもらったり、開業資金を援助してもらうなど、特別の利益を受けている相続人を**特別受益者**と呼びます。

このような生前の贈与は、「遺産の前渡し」と考えられます。これを無視して単純に遺産を分けてしまうと、特別受益者とそうでない相続人との公平が保てません。そこで、特別受益者が受けた贈与の額を相続財産に加え（**持戻し**という）、その額をもとに各相続人の相続分を決めることになっています。

特別受益にあたるのは、婚姻や養子縁組のため、もしくは生計の資本としての贈与です。生計の資本とは、前述の住宅資金や開業資金、あるいは農家における農地などを指し、通常の生活費や学費などは含まれません。

また、相続人が受ける遺贈はすべて特別受益になります。

なお、2019年7月1日より、婚姻期間20年以上の夫婦の居住用不動産の贈与は、原則として持戻しの対象外になりました。

特別受益者がいるときの相続分の計算方法

特別受益者がいる場合の相続分は、次のように算出します。

まず、相続開始時の財産に特別受益分（＝贈与の額）を加算します。これをみなし相続財産とし、法定相続分または指定相続分で各相続人に配分します。さらに特別受益者は、ここから特別受益分（＝遺贈および贈与の額）を差し引いたものを具体的相続分とします。

計算の結果、特別受益者の相続分がマイナス（もらいすぎ）になることもあります。このような場合は相続分が「なし」になるだけで、もらいすぎの分を返す必要はありません（10年以内の遺留分の侵害がある場合を除く）。

持戻しをせず余分にあげたい

被相続人が、生前の贈与を相続分とは無関係にしたいと思うなら、遺言などでその旨の意思表示をしておけばよいことになっています。遺贈についても同様です。

これを「特別受益の持戻しの免除」といいます。ほかの相続人より余分にあげたい、という被相続人の意思が尊重されるわけです。

ただし、ほかの相続人の遺留分を10年以内に侵害しているときは侵害額請求の対象になります。

こんなときは

■特別受益になるおもなケース

遺贈を受けた

結婚に際し持参金や支度金をもらった

独立開業するための資金を援助してもらった

住宅の取得資金を援助してもらった

■特別受益者がいる場合の相続分の計算例

- 相続人は妻、長男、長女、次女
- 相続開始時の財産は8,500万円
- 長男は1,000万円の遺贈を受けた
- 長女は500万円の住宅取得資金の贈与を受けている

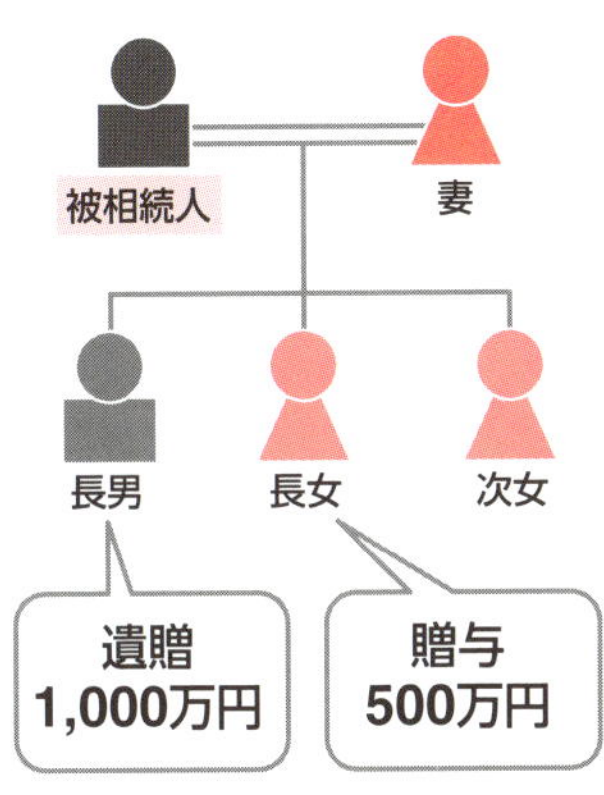

① みなし相続財産の額を計算する

相続開始時の財産 **8,500万円** ＋ 長女への贈与 **500万円** ＝ みなし相続財産 **9,000万円**

特別受益の持戻し

遺贈は相続開始時の財産に含まれているので加算しない

② 各人の相続分を計算する

みなし相続財産を法定相続分で分け、長男と長女については特別受益分を差し引く

妻	9,000万円 × $\frac{1}{2}$	＝ **4,500万円**
長男	9,000万円 × $\frac{1}{6}$ **－1,000万円**	＝ **500万円***
長女	9,000万円 × $\frac{1}{6}$ **－500万円**	＝ **1,000万円**
次女	9,000万円 × $\frac{1}{6}$	＝ **1,500万円**

*長男はほかに遺贈1,000万円を取得する

相続の基本

寄与分

財産形成に貢献すると寄与分が認められる

被相続人の財産形成に特別の貢献をした相続人については、その度合いに応じて相続分が増加することになっています。これを**寄与分**（きよぶん）といいます。

寄与分が認められるのは相続人だけでしたが、2019年7月1日からは、相続人でない親族でも、「特別の寄与」が認められれば、相続の開始後、相続人に対して金銭の支払を請求できるようになりました。また「特別の寄与」でなければならないので、夫婦間あるいは親子間の通常の助け合いは対象になりません。

寄与分が認められるのはどんな人か

たとえば、父親の営む商売を無報酬で手伝ってきた長男と、そうでない次男が、同じ相続分というのではバランスがとれません。父親が築いた財産には、長男の無償の労働の成果が含まれていると考えられるからです。

そこで、被相続人の事業の手伝いや資金援助、また療養看護などにより、

相続人全員で協議
（遺産分割協議）

寄与分の有無、適正な額を話し合う。寄与分の額は、相続財産から遺贈を引いた額が上限

協議が成立

協議、調停、審判にしたがって遺産分け

ここが大切！

寄与分（きよぶん）が認められた相続人は**相続分が増える**

寄与分の額は**相続人の協議**で決まる

寄与分があるときの遺産分けの方法

寄与者がいるときは、はじめに相続財産から寄与分の額を除き、残りを法定または指定相続分で分けます。そして寄与者に寄与分を加算します。

さて、ここで問題になるのが寄与分の額ですが、相続人の話し合いで決めることになっています。現実的には、遺産分割協議（➡P84）の場で寄与分を考慮した遺産分けがなされることが多いようです。

協議がととのわないときは、寄与者の請求にもとづいて家庭裁判所が定めることになります。

■寄与分があるときの遺産分けの流れ

寄与分が認められる人は?

次の方法により、被相続人の**財産の維持・増加**に貢献した**相続人**と**親族**

①被相続人の事業に関する労務の提供または財産上の給付をした
②被相続人の療養看護をした
③その他

- 農業を営む父(被相続人)のもとで長年無償で働いた
- 父(被相続人)の事業が経営難に陥ったとき、資金援助をした

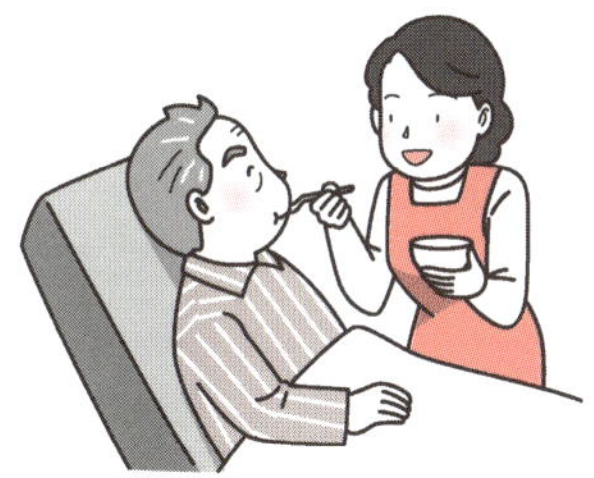

- 寝たきりになり、自宅療養していた父(被相続人)の看護に努めた

＊親族は、相続人に金銭の支払が請求できる

原則として本人が寄与分を主張する

↓ 協議が不成立

家庭裁判所に申立て

↓

調停または審判
寄与の時期、方法および程度、相続財産の額その他一切の事情を考慮して寄与分を決める

■寄与分がある場合の相続分の計算例

- 相続人は長女、長男
- 相続財産は6,000万円
- 長女の寄与分400万円

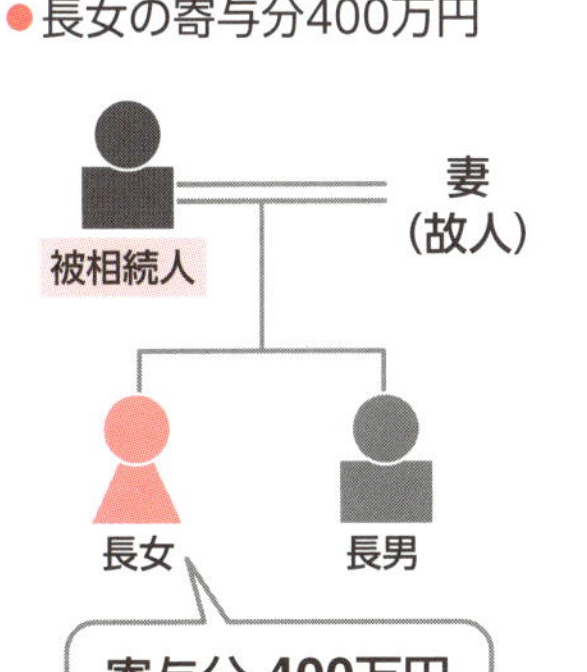

長女	5,600万円 × $\frac{1}{2}$ ＋ 400万円 ＝ 3,200万円
長男	5,600万円 × $\frac{1}{2}$ ＝ 2,800万円

相続の基本

相続したくなければ放棄することもできる

ここが大切！

被相続人の債務を免れるには**相続放棄**と**限定承認**の方法がある

相続を放棄するなら**3か月以内**に手続きが必要

多額の借金があるときは相続権の放棄も

相続とは、被相続人の権利も義務もひとまとめに受け継ぐということです。ほしい財産だけもらって借金はいらない、というわけにはいきません。

では、多額の借金を残して亡くなった父に代わり、子が必ずその借金を抱え込まなければならないのかというと、そうではありません。相続人は相続をする（承認）、しない（放棄）を選択することができるのです。

プラスの財産より債務のほうが明らかに多いときは、**相続放棄**をするのが賢明といえるでしょう。相続を放棄すると、その人ははじめから相続人でなかったことになります。よって、プラスの財産もマイナスの財産も一切承継することはありません。

限定承認なら清算後の財産を相続できる

プラスの財産と債務のどちらが多いのかはっきりせず、相続放棄をすべきかどうか判断に迷うこともあります。こんなときに便利なのが**限定承認**という方法です。

限定承認とは、相続財産の範囲内でのみ債務を弁済することを条件に、相続を承認するものです。

つまり、どんなに借金が多額になろうと相続人がもともと持っていた財産から支払う必要はなく、損をすることがありません。反対に、債務の弁済後に財産が残っていれば、相続人のものになります。

こんなに有利な制度であるにもかかわらずあまり普及していないのは、財産目録の作成や一連の清算手続きが面倒という側面があるためでしょう。

また、限定承認は相続人全員が共同でしなければならないので、ひとりでも反対する者がいれば行えません。

3か月を過ぎると単純承認とみなされる

相続放棄や限定承認をするには、いずれも、自分が相続人になったことを知った日から**3か月以内**に、家庭裁判所にその旨を申述することが必要です（➡P70）。この期間を過ぎると**単純承認**したものとみなされますが、期間中の申立により延長ができます。

また、相続財産を一部でも処分（売却、贈与、消費など）した場合は単純承認したとみなされ、相続放棄ができなくなってしまうので要注意です。

■相続の放棄・承認までの流れ

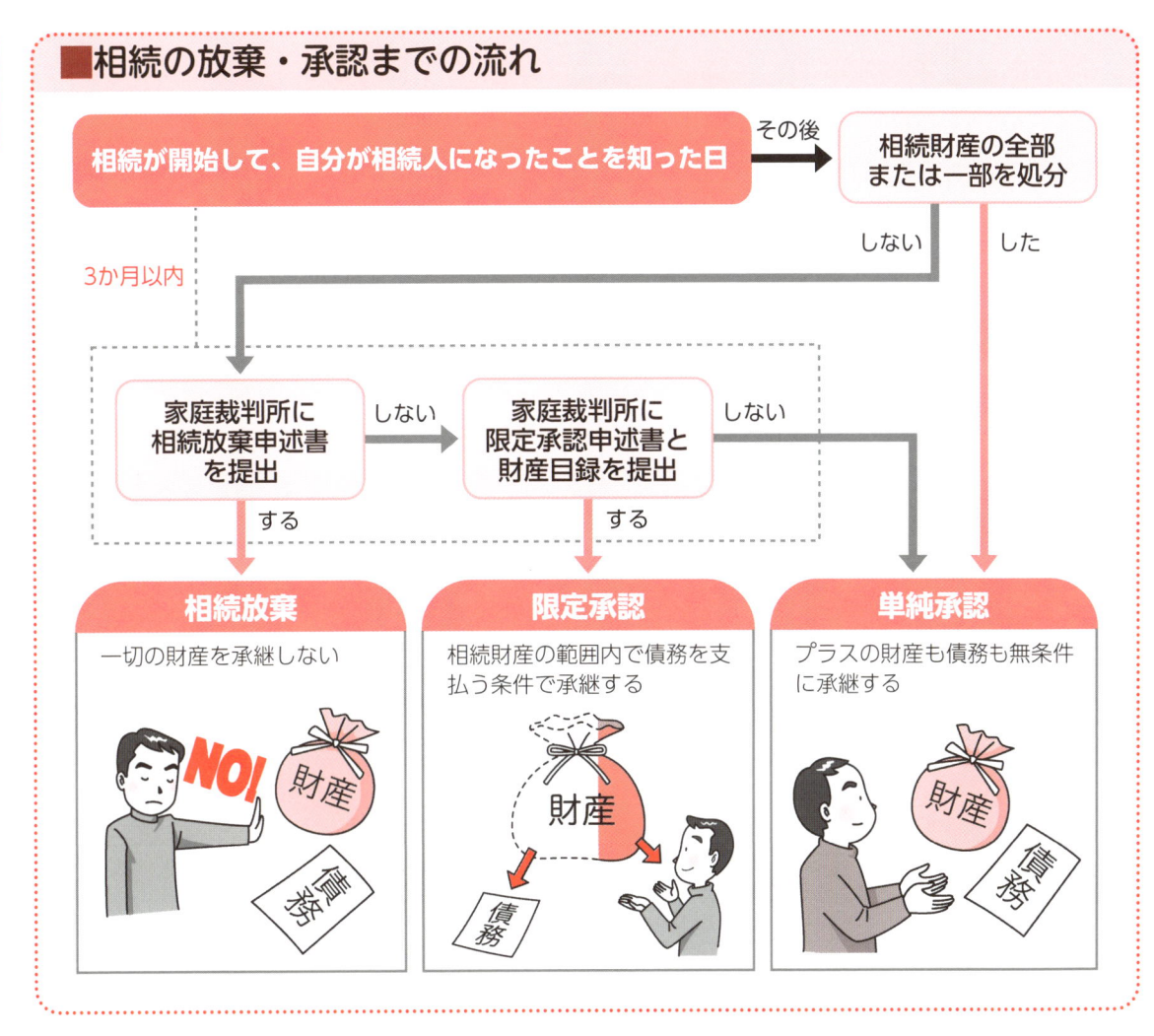

相続が開始して、自分が相続人になったことを知った日

その後 → 相続財産の全部または一部を処分

- した → 単純承認
- しない → 家庭裁判所に相続放棄申述書を提出（3か月以内）

家庭裁判所に相続放棄申述書を提出

- する → 相続放棄
- しない → 家庭裁判所に限定承認申述書と財産目録を提出

家庭裁判所に限定承認申述書と財産目録を提出

- する → 限定承認
- しない → 単純承認

相続放棄

一切の財産を承継しない

限定承認

相続財産の範囲内で債務を支払う条件で承継する

単純承認

プラスの財産も債務も無条件に承継する

NO!

財産

債務

■放棄する前に確認したいこと

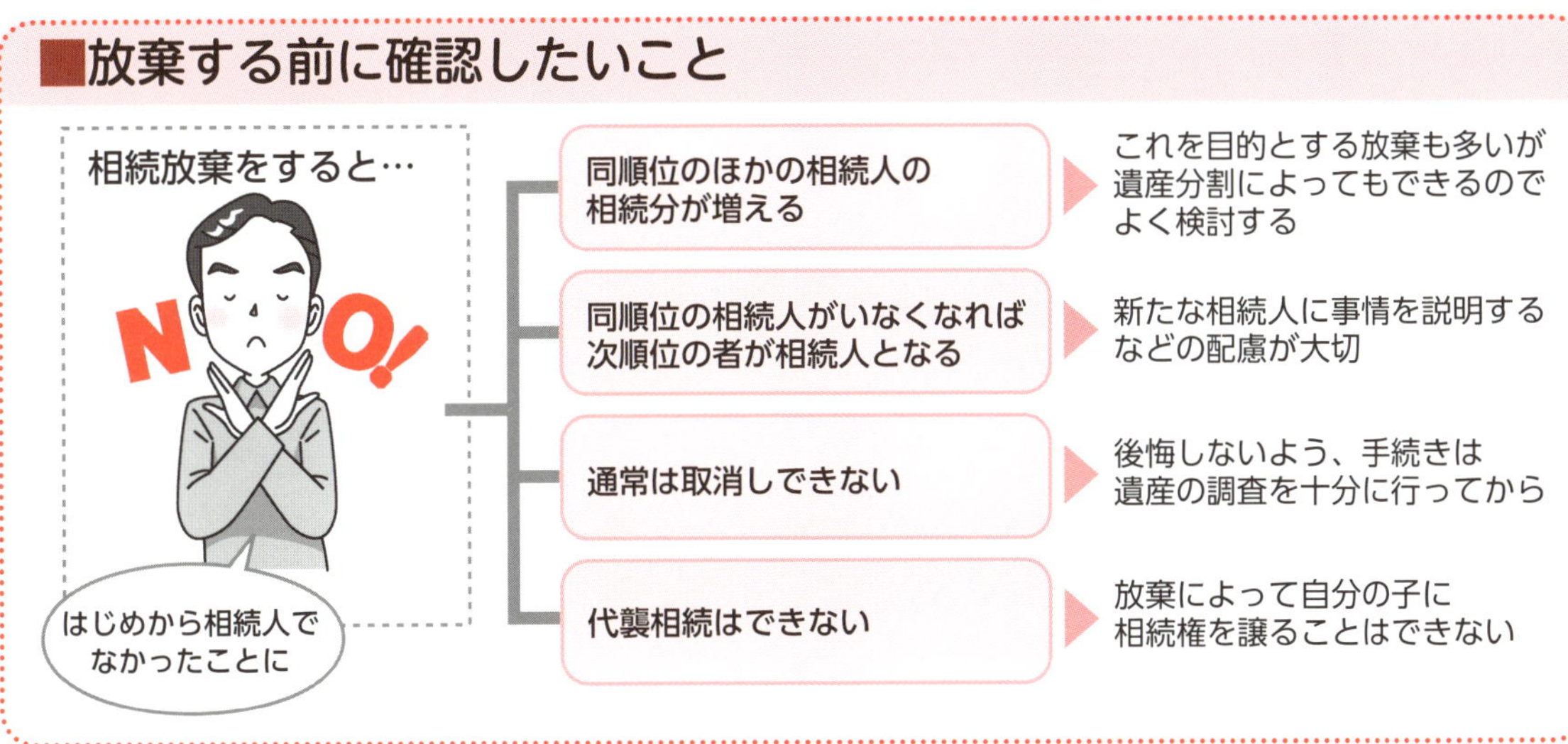

相続放棄をすると…
NO!
はじめから相続人でなかったことに
同順位のほかの相続人の相続分が増える
これを目的とする放棄も多いが遺産分割によってもできるのでよく検討する
同順位の相続人がいなくなれば次順位の者が相続人となる
新たな相続人に事情を説明するなどの配慮が大切
通常は取消しできない
後悔しないよう、手続きは遺産の調査を十分に行ってから
代襲相続はできない
放棄によって自分の子に相続権を譲ることはできない

相続の基本

熟慮期間の伸長

相続を検討する期間を伸ばしたいとき

相続について考える期間を伸ばしたい

相続の**放棄**や**限定承認**（➡P44）をする場合には、自分が相続できることを知った日から**3か月以内**に、被相続人の最後の住所地を管轄する**家庭裁判所**に相続放棄等の申し出をしなければなりません。

この3か月間を**熟慮期間**といいます。プラスの財産（**積極財産**）だけがある場合はよいのですが、借金などのマイナスの財産（**消極財産**）がある場合は、この期間に相続財産について調査する必要があります。

被相続人が幅広く事業を行っていたり、相続財産が各地に分散していたりすると、調査をするための期間が3か月では足りない場合があります。その場合には、**熟慮期間の伸長**（**延長**）を最初の熟慮期間の**3か月以内**に、**家庭裁判所**に申し出なければなりません。3か月を過ぎると、**単純承認**（➡P44）をしたことになってしまうので、できるだけ早く、伸長の申し出をするようにしましょう。

再度の伸長をすることも可能

一度の期間の伸長では、相続財産を調査しきれなかった場合には、再度の期間の伸長が認められています。

その場合にも、前の伸長された期間内に**家庭裁判所**に申し出なければなりませんので、期間を過ぎないよう十分注意してください。

熟慮期間中に相続人が死亡した場合

相続人が熟慮期間中に死亡した場合は、相続人の相続人（**再転相続人**）が、相続の放棄等を選択する必要があります。そのような場合の熟慮期間は、亡くなった相続人の熟慮期間ではなく、**再転相続人への相続の開始があった日から3か月**となります。

熟慮期間中は、相続財産を処分しない

熟慮期間中であっても、財産を**処分**した場合には、法律上**単純承認**をしたことになり、以後、相続の放棄や限定承認はできなくなってしまいます。

熟慮期間中に財産を処分する必要が生じた場合には、その点を十分理解したうえで、適切に処分するようにしましょう。

熟慮期間の伸長は、**3か月以内**に申し出る

期間の**再延長**も可能

熟慮期間中の相続財産の**処分はNG**

■期間伸長申立書の記入例

予納郵便は400円程度（金額や切手の種類は裁判所に聞く）

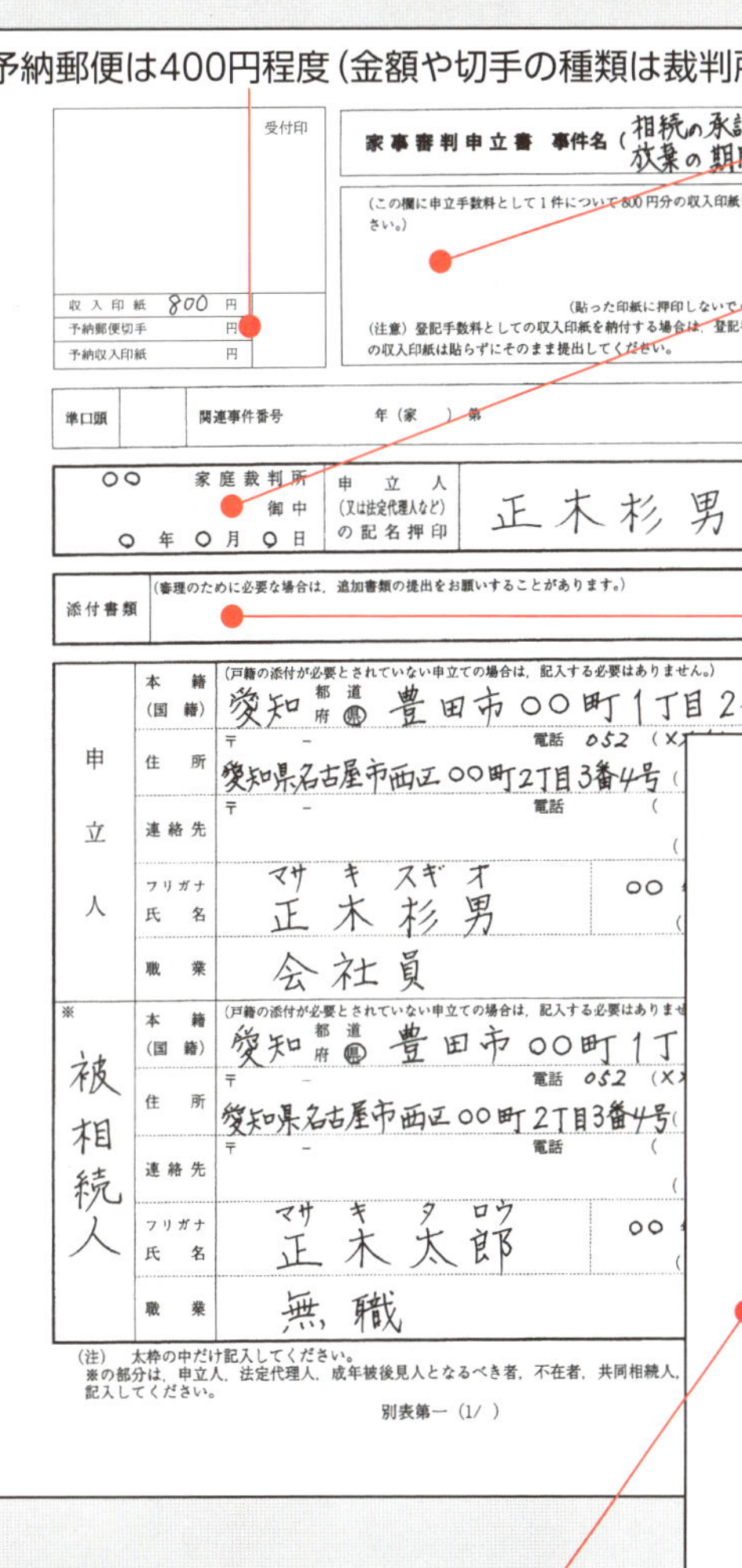

受付印	家事審判申立書　事件名（相続の承認・又は放棄の期間伸長）
収入印紙 800 円 予納郵便切手 円 予納収入印紙 円	（この欄に申立手数料として1件について800円分の収入印紙を貼ってください。） （貼った印紙に押印しないでください。） （注意）登記手数料としての収入印紙を納付する場合は，登記手数料としての収入印紙は貼らずにそのまま提出してください。

準口頭		関連事件番号　　年（家　　）第　　　号

○○　家庭裁判所　御中 ○ 年 ○ 月 ○ 日	申立人（又は法定代理人など）の記名押印	正木杉男　印

添付書類	（審理のために必要な場合は，追加書類の提出をお願いすることがあります。）

申立人	本籍（国籍）	（戸籍の添付が必要とされていない申立ての場合は，記入する必要はありません。） 愛知 都道府県 豊田市○○町1丁目2番地
	住所	〒 −　電話 052（XX 愛知県名古屋市西区○○町2丁目3番4号
	連絡先	〒 −　電話（
	フリガナ 氏名	マサキ スギオ 正木杉男　○○
	職業	会社員
※ 被相続人	本籍（国籍）	（戸籍の添付が必要とされていない申立ての場合は，記入する必要はありませ 愛知 都道府県 豊田市○○町1丁
	住所	〒 −　電話 052（XX 愛知県名古屋市西区○○町2丁目3番4号
	連絡先	〒 −　電話（
	フリガナ 氏名	マサキ タロウ 正木太郎　○○
	職業	無職

（注）太枠の中だけ記入してください。
※の部分は，申立人，法定代理人，成年被後見人となるべき者，不在者，共同相続人，
記入してください。

別表第一（1/ ）

申立ての趣旨
申立人が，被相続人 正木太郎の相続の承認又は放棄をする期間を ○○年1月31日まで伸長するとの審判を求めます。

申立ての理由
1. 申立人は，被相続人の長男です。 2. 被相続人は，○○年9月4日死亡し，同日，申立人は，相続が開始したことを知りました。 3. 申立人は，被相続人の相続財産を調査していますが，被相続人は，幅広く事業を行っていたことから，相続財産が各地に分散しているほか，債務も相当額あるようです。 4. そのため，法定期間内に，相続を承認するか放棄するかの判断をすることが困難な状況にあります。 5. よって，この期間を3か月伸長していただきたく，申立ての趣旨のとおりの審判を求めます。

別表第一（ / ）

この欄に収入印紙800円分を貼る。割印はしない。

申立書は、被相続人の最後の住所地を管轄する家庭裁判所に提出する。

申立人の署名捺印。未成年者の場合は、法定代理人（親権者など）の氏名を記入する

相続人との関係を証明する戸籍謄本等を添付する。もし、3か月以内に揃えられない場合は、後から不足分を追加することも可能。

期間伸長を申し立てることになった理由をまとめる。

※申立書の提出先は、すべて被相続人の最後の住所地を管轄する家庭裁判所

申立書の用紙は、家庭裁判所の窓口でもらえる。裁判所ホームページ【http://www.courts.go.jp/】でダウンロードも可能

相続の基本

相続欠格・相続人の廃除

相続権を奪われるケースもある

遺言を偽造したりすると相続欠格者となる

本来、相続人となるべき者が、相続する権利を奪われる場合があります。そのひとつが**相続欠格**です。

たとえば、遺言を偽造したり、親をだまして書かせたり、ましてや殺して刑を受けたりした者が、その遺産を相続するなど到底許されません。このような非行のあった相続人は、何の手続きをすることもなく相続権を失います。

相続欠格になるのは左図の5つの場合です。これらに該当する欠格者は遺産を相続できないのはもちろん、遺贈を受けることもできません。

■こんなときは相続欠格になる

被相続人や先順位または同順位の相続人を殺したり、殺そうとして刑を受けた

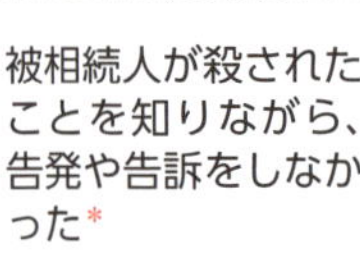

被相続人が殺されたことを知りながら、告発や告訴をしなかった*

詐欺や強迫により、被相続人が遺言することや、前にした遺言の取消し、変更を妨害した

詐欺や強迫により、被相続人に遺言させたり、前にした遺言の取消しや変更をさせた

被相続人の遺言を偽造、変造、破棄、隠匿した

*ただし判断能力がない人や、犯人の配偶者または直系血族である場合を除く

ここが大切！

- **相続欠格**の事由にあてはまる者は相続権を失う
- 被相続人の意思で相続権を奪う**廃除**の制度もある
- 廃除が認められるかどうかは**調停**や**審判**による

遺産をやりたくない不肖の子がいるときは

将来、相続があった場合に最優先で相続人となる人を**推定相続人**といいます。この推定相続人に、相続欠格ほどではないにしろ、被相続人を虐待するなどのひどい非行がある場合は、被相続人の意思によって相続権を奪うことができます。

凶暴なドラ息子にはびた一文も遺産をやらない、と遺言しても、子には遺留分があります。そこで、相続人の地位そのものを剥奪するというのが、この**相続人の廃除**という制度です。

■こんなケースが廃除の理由になる

被相続人に対する虐待

- 常態的に罵声をあびせたり、殴る、蹴るの暴行を加えた
- 寝たきりの親を看護せず、食事も与えず衰弱させた

など

被相続人に対する重大な侮辱

- 日頃から人目もはばからず親を無能呼ばわりした
- 私的な秘密を公表し、名誉を傷つけた

など

その他の著しい非行

- 定職に就かず、繰り返し親に金を無心したり財産を盗んだりした
- 夫と子を棄て、愛人と同居していた

など

廃除の手続き

生前に行う場合：被相続人が家庭裁判所に廃除請求を申し立てる → 認められた場合 → 廃除が確定 → 戸籍記載の届出

遺言で行う場合：遺言で廃除したい旨の意思表示をする → 遺言執行者（➡P168）が家庭裁判所に廃除請求を申し立てる → 認められた場合 → 廃除が確定 → 戸籍記載の届出

取消しも可能（廃除が確定）

廃除の対象となるのは、遺留分を持つ推定相続人、すなわち配偶者、子とその代襲者、直系尊属です。遺留分のない兄弟姉妹は対象になりません。

廃除は簡単には認められない

廃除したい推定相続人がいるときは、家庭裁判所に廃除請求の申立てを行うことが必要です。また、遺言でその旨を意思表示してもよく、この場合は遺言執行者（➡P168）が申立てを行います。

廃除の理由として認められるのは、被相続人に対する虐待、重大な侮辱、その他の著しい非行です。ただし、一時の激情による暴力や単なる素行不良だけでは、通常は廃除できません。廃除を認めるかどうかは、家庭裁判所が家庭環境などの非行の原因にまで踏み込んで、個別的に判断することになります。

なお、廃除の確定後、被相続人は家庭裁判所への請求または遺言によっていつでも廃除を取り消すことができます。また、廃除された者に遺贈をすることも可能です。

Column コラム

相続人がいないとき、遺産はどうなる？

特別縁故者がもらえることも

相続人がだれもいない、あるいは、いるのかどうかはっきりしない……。こうした状態を相続人不存在といいます。行き場のなくなった財産は最終的には国のものになりますが、その前に特別縁故者に分与されることがあります。

特別縁故者とは、被相続人と生計を同じくしていた人や、被相続人の療養看護に努めた人など、相続人ではないけれど特別の関係にあった人をいいます。内縁の妻や夫、親子同然に暮らしていた事実上の養子などがその代表例です。

取得までの道のりは長い

とはいえ、特別縁故者が財産をもらえるのは、次の手続きを経て財産が残っている場合に限られます。また、たとえ特別縁故者が相続財産の分与を受けたくても、すぐに受け取ることはできません。

まず、債権者や受遺者などの利害関係人の請求により、家庭裁判所が相続財産清算人を選任します。そして、相続人の捜索を兼ねた2回の公告がなされ、公告期間内に相続人が名乗りでれば通常の相続に移行します。相続人が現れなければ、申し出た債権者や受遺者に対して支払いが行われます。

その後3回目の公告がなされ、それでも相続人が現れない場合に、ようやく相続人や、相続財産清算人が知らなかった債権者と受遺者の権利が消滅します。

特別縁故者として財産分与を受けたい人は、その後3か月以内に家庭裁判所に申立てを行うことが必要です。分与を認めるか、金額をいくらにするかは、家庭裁判所が審判によって決定します。

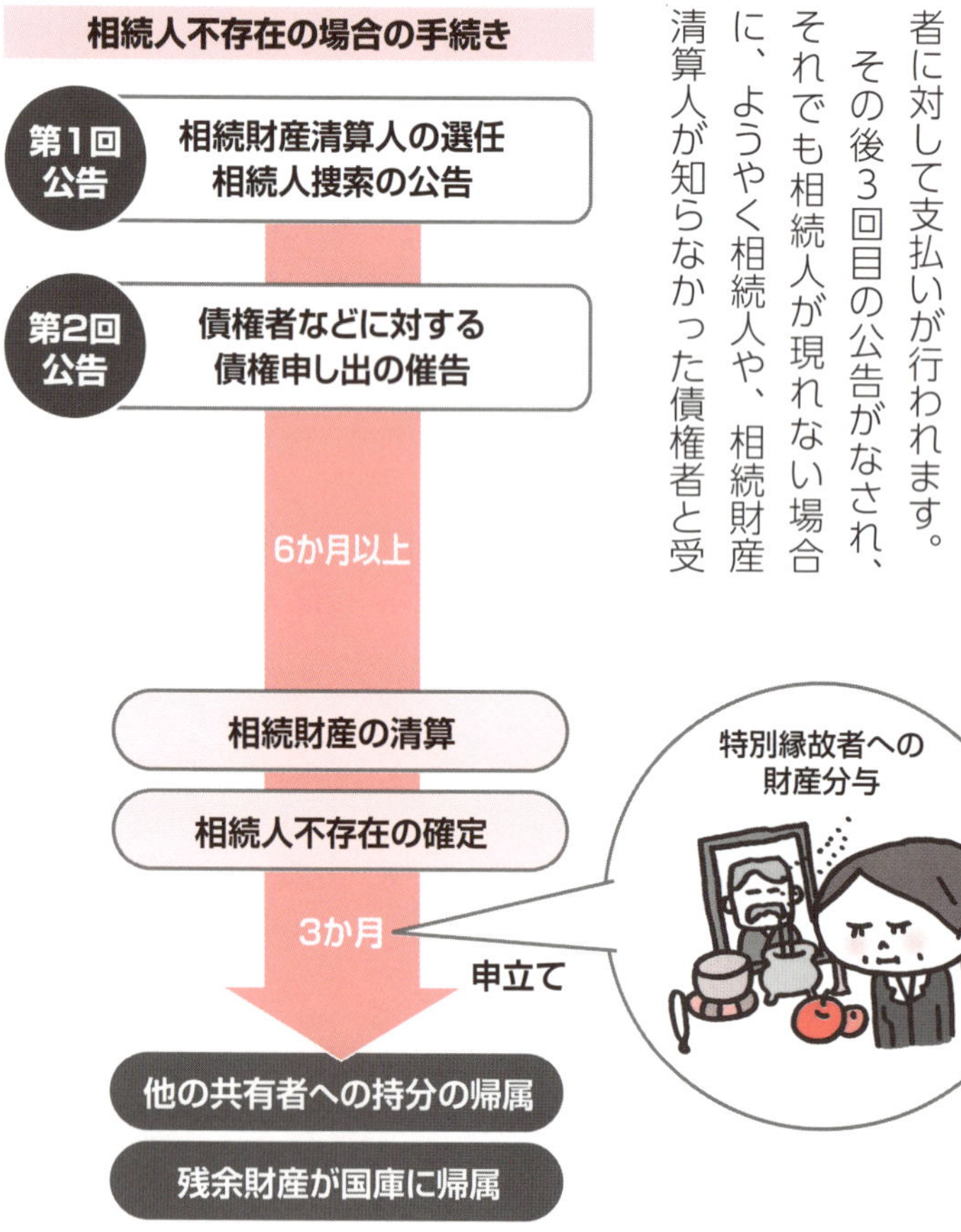

相続人不存在の場合の手続き

- 第1回公告：相続財産清算人の選任 相続人捜索の公告
- 第2回公告：債権者などに対する債権申し出の催告
- 6か月以上
- 相続財産の清算
- 相続人不存在の確定
- 3か月 ― 申立て → 特別縁故者への財産分与
- 他の共有者への持分の帰属
- 残余財産が国庫に帰属

第2章

相続の手続き完全ガイド

相続の手続きといっても、何をどうしたらよいのか戸惑ってしまう人が大半でしょう。ここでは、相続開始後に必要な諸手続きをスケジュールにそって解説します。

スケジュール

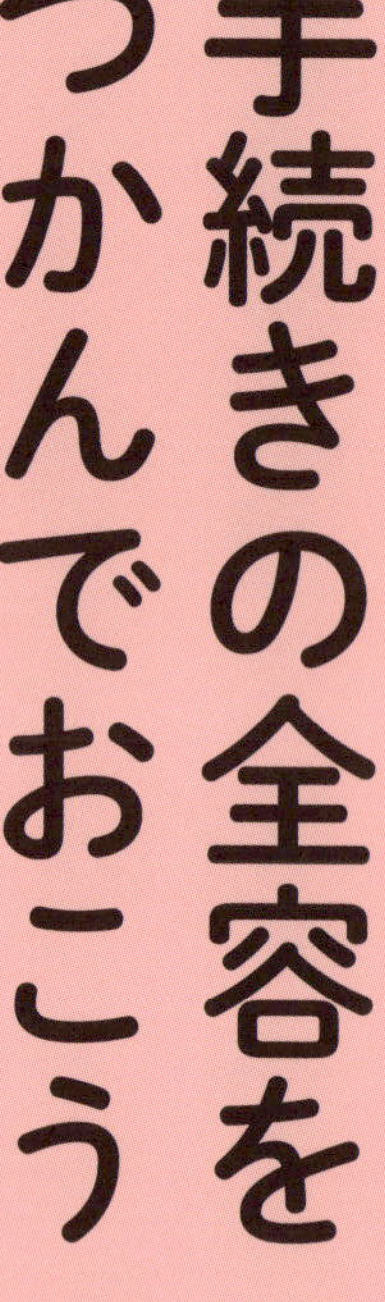

手続きの全容をつかんでおこう

一連の手続きの最終目標は、**10か月後**の相続税の申告

主要な**4つの期限**を目標に、手順を守って進めていく

全体の流れを把握して一つひとつ着実に

相続は、生涯にそう何度も経験するものではありませんから、何をどう進めていってよいのか戸惑う人が多いことでしょう。まずは手続きの全体像を把握して、どんなことを、いつ行うのかおさえておきましょう。

相続手続きの最終目標は、10か月後の相続税の申告です。相続税のかからないケースでは、不動産の登記をはじめとする財産の名義変更がゴールとなります。

10か月という期間は、長いようでいて、あっという間です。手続きの多くは相続人の共同作業になりますので、一つひとつに思った以上の時間がかかります。何事も早めに着手し、心に余裕をもって行いましょう。

手続きのポイントとなる4つの期限

相続の手続きのなかには、法律で期限の決められたものがあります。

主要なものは、相続開始から**7日以内**の死亡届、**3か月以内**の相続放棄、**4か月以内**の準確定申告、そして**10か月以内**の相続税の申告です。この4つの期限をひとつの区切りとし、それまでに必要な準備や手続きを、手順よく、着実にこなしていきましょう。

とくに、相続放棄の3か月という期限は重要です。うっかり失念すると、取り返しのつかない事態にもなりかねません。

そして、相続がスムーズにいくかどうかの最大のカギを握るのが、遺産分割です。遺産分割の話し合いがもめると、場合によっては解決までに数年の年月がかかることもあります。単純な話ではありませんが、お互いの立場を思い合い、全員で協力して進めていきたいものです。

一歩一歩着実にこなしていこう

■相続の主要な手続き

相続開始	手続きの種類	期限	手続き窓口	参照ページ
7日以内	死亡届の提出	死亡後7日以内	被相続人の死亡地の市区町村役場など	P54
3か月以内	遺言書の検認（自筆証書遺言の場合）		被相続人の最後の住所地の家庭裁判所	P60
	相続人の調査・確定（戸籍謄本、除籍謄本などの取寄せ）		被相続人の本籍地の市区町村役場など	P64
	遺産の調査・確定		――	P68
	生命保険金の請求		生命保険会社	P72
	相続放棄・限定承認	相続開始後3か月以内	被相続人の住所地の家庭裁判所	P70
4か月以内	所得税の準確定申告	相続開始後4か月以内	被相続人の納税地の税務署	P80
10か月以内	遺産分割協議→遺産分割協議書の作成		――	P84 P88
	相続税の申告・納付	相続開始後10か月以内	被相続人の住所地の税務署	第4章
3年以内	不動産の相続登記		不動産の所在地の法務局（登記所）	P92

相続の手続き

直後の諸届け

役所や関係先に死亡の届け出を行う

市区町村に死亡届を提出する

家族が亡くなり、まずはじめにしなければならないのが**死亡届**です。期限は**死亡後7日以内**ですが、この届け出をしないと火葬や埋葬の許可がおりませんので、通常は死亡当日か翌日には行うことになります。

届出先は、死亡地、死亡者の本籍地、届出人の住所地のいずれかの市区町村役場です。同居の親族などが届出人となりますが、実際に役所へ出向くのはだれでもよく、葬儀社が代行してくれることが多いようです。

死亡届の用紙は、右側に**死亡診断書**（死体検案書）が付いていて、これが亡くなった病院で医師が死亡診断書を書いて渡してくれますので、遺族は死亡届の欄に必要事項を記入します。

火葬や納骨には役所の火葬許可が必要

死亡届を提出する際、同時に**埋火葬許可の申請**を行います。このとき交付される**火葬許可証**が、火葬をするのに必要です。

死亡診断書（死体検案書）

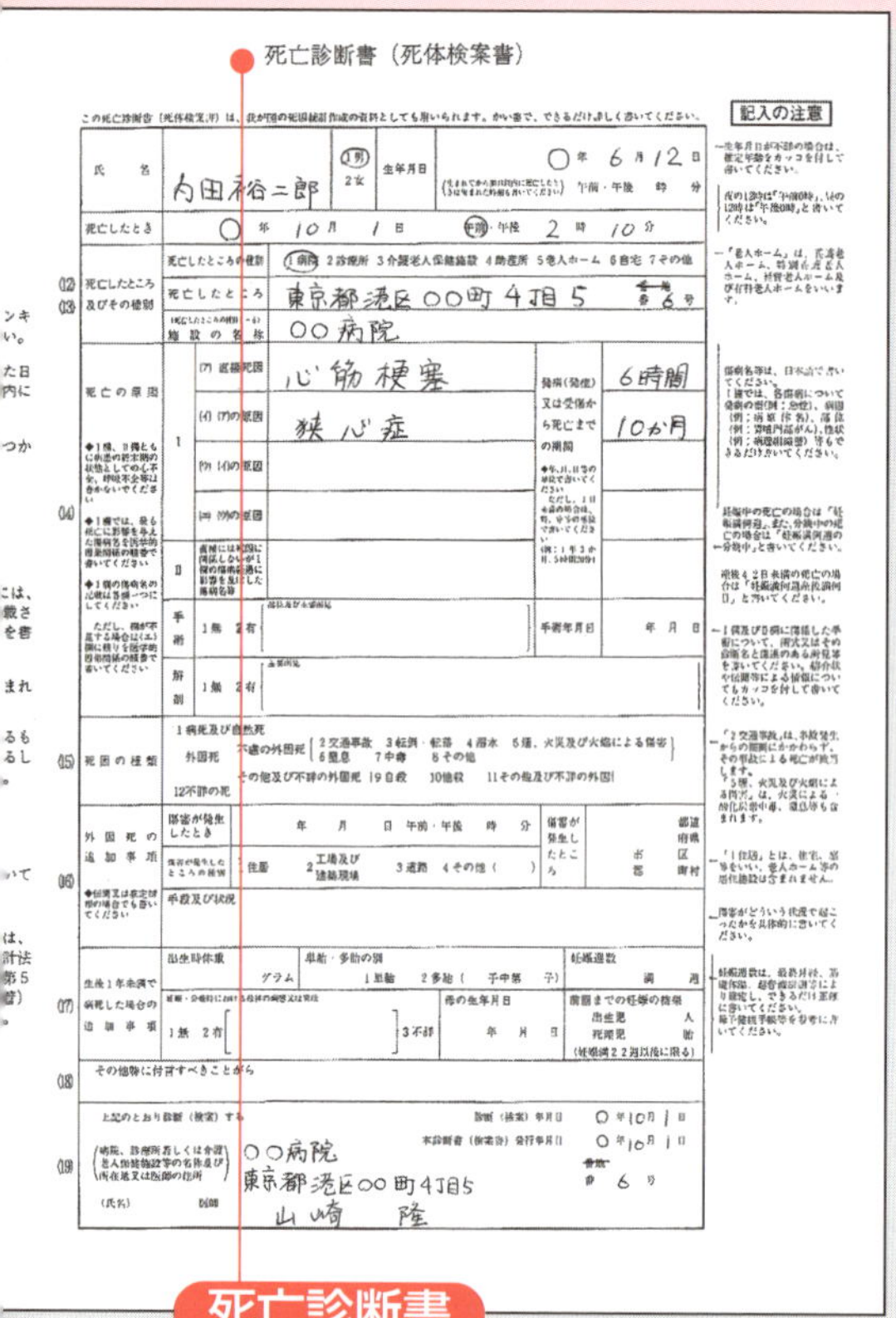

死亡診断書

診療継続中の傷病で亡くなった場合は担当の医師が死亡診断書を作成。それ以外は、遺体を調べた医師が死体検案書を作成する

ここが大切！

- 市区町村への**死亡届**は7日以内に行う
- **故人名義の預金は停止**される。事前に対処を
- 電気、ガス、水道など**生活に密着した手続き**はすみやかに

■死亡届の儀式と記入例

死亡届

死亡した人の氏名、死亡の日時と場所(病院の所在地など)、住所、本籍地などを記入。届出人の欄以外は葬儀社が記入してくれることもある

死亡届

○年10月2日届出

世田谷区長殿

(よみかた)	うちだ ゆうじろう
氏名	氏 内田 名 裕二郎 ☑男 □女
生年月日	○年6月12日 (生まれてから30日以内に死亡したときは生まれた時刻も書いてください) □午前 □午後 時 分
死亡したとき	○年10月1日 ☑午前 □午後 2時10分
死亡したところ	東京都港区○○町4丁目5 番地 番 6号
住所(住民登録をしているところ)	東京都世田谷区○○1丁目2 番地 番 3号
	世帯主の氏名 内田裕二郎
本籍(外国人のときは国籍だけを書いてください)	東京都世田谷区○○1丁目2 番地 番
	筆頭者の氏名 内田裕二郎
死亡した人の夫または妻	☑いる(満68歳) いない(□未婚 □死別 □離別)
死亡したときの世帯のおもな仕事と	□1. 農業だけまたは農業とその他の仕事を持っている世帯 □2. 自由業・商工業・サービス業等を個人で経営している世帯 □3. 企業・個人商店等(官公庁は除く)の常用勤労者世帯で勤め先の従業者数が1人から99人までの世帯(日々または1年未満の契約の雇用者は5) □4. 3にあてはまらない常用勤労者世帯及び会社団体の役員の世帯(日々または1年未満の契約の雇用者は5) □5. 1から4にあてはまらないその他の仕事をしている者のいる世帯 ☑6. 仕事をしている者のいない世帯
死亡した人の職業・産業	(国勢調査の年…　年…の4月1日から翌年3月31日までに死亡したときだけ書いてください) 職業 　産業
その他	
届出人	☑1. 同居の親族 □2. 同居していない親族 □3. 同居者 □4. 家主 □5. 地主 □6. 家屋管理人 □7. 土地管理人 □8. 公設所の長
	住所 東京都世田谷区○○1丁目2 番地 番 3号
	本籍 東京都世田谷区○○1丁目2 番地 番 筆頭者の氏名 内田裕二郎
	署名 内田和子 ○年12月5日生

届出人
なるべく同居の親族が届け出る

届出人の氏名は必ず本人が書く

火葬許可証は火葬場の係員に提出しますが、火葬が終わると火葬済みの証明を書いて返してくれます。

そして納骨をする際は、この火葬許可証を墓地や納骨堂の管理者に提出することが必要になります。墓地の管理状況などによっては提出しないケースも見受けられますが、いずれにしても許可証は納骨まで失くさないよう大切に保管してください。

葬儀にかかった費用を記録しておく

臨終から2、3日は通夜、葬儀、告別式と、正に息つくひまもない慌ただしさです。この間は僧侶へのお布施、飲食代、火葬代……といろいろな出費がありますが、すべて記録をとるようにしてください。なぜなら、これら葬儀に関する費用は、のちに相続税を計算する際に**相続財産から控除**することができるからです（➡Ｐ１３８）。

領収書の保管はもちろん、お布施やお車代、手伝いの人たちへの謝礼といった領収書のない支出も忘れずに記録しておきましょう。

一方、香典は別にリストを作成して管理します。早めに開封して金額を確認し、その日のうちに集計するようにしましょう。

故人の預金口座は引出しも入金もできなくなる

葬儀が済んだら、故人が取引していた銀行などの金融機関に**死亡の届け**を行います。

死亡届などにより金融機関が死亡の事実を知ると、故人の預金口座や貸金庫などすべての取引は停止されます。相続手続き（➡P94）が終了するまで預金の引出しはできなくなりますので、当面の生活資金や葬儀代金の支払いなどで困らないよう、事前に対策を講じておく必要があります。

また、口座振替もストップします。故人の口座から引落しになっていた電気、ガス、水道などの公共料金の**支払方法を変更**すると同時に、**契約者の名義変更**も済ませておきましょう。

●金融機関の取引に関する手続き

取引内容	取扱い・手続き
総合口座	入金、引出しの停止 ➡名義変更や解約の手続き（➡P94）
口座振替	振替の停止 ➡振替口座や支払方法の変更手続き
振込入金	入金の停止 ➡家賃などの振込指定口座の変更手続き
当座預金	解約処理 ➡未使用の小切手や手形を返却
貸金庫、保護預りなど	開扉・開錠の停止 ➡内容物の受取りについて窓口に申し出る
その他	残高証明書が必要な場合は窓口に申し出る

●公共料金などの手続き

項　目	手続き
電気、ガス、水道	契約名義の変更、支払方法の変更
NHK受信料	契約名義の変更、支払方法の変更
購読新聞	契約名義の変更、支払方法の変更
固定電話	契約名義の変更（NTTの名義変更は遺産分割の確定後）、支払方法の変更
携帯電話	解約届
クレジットカード	退会届

臨終から初七日法要までの流れ

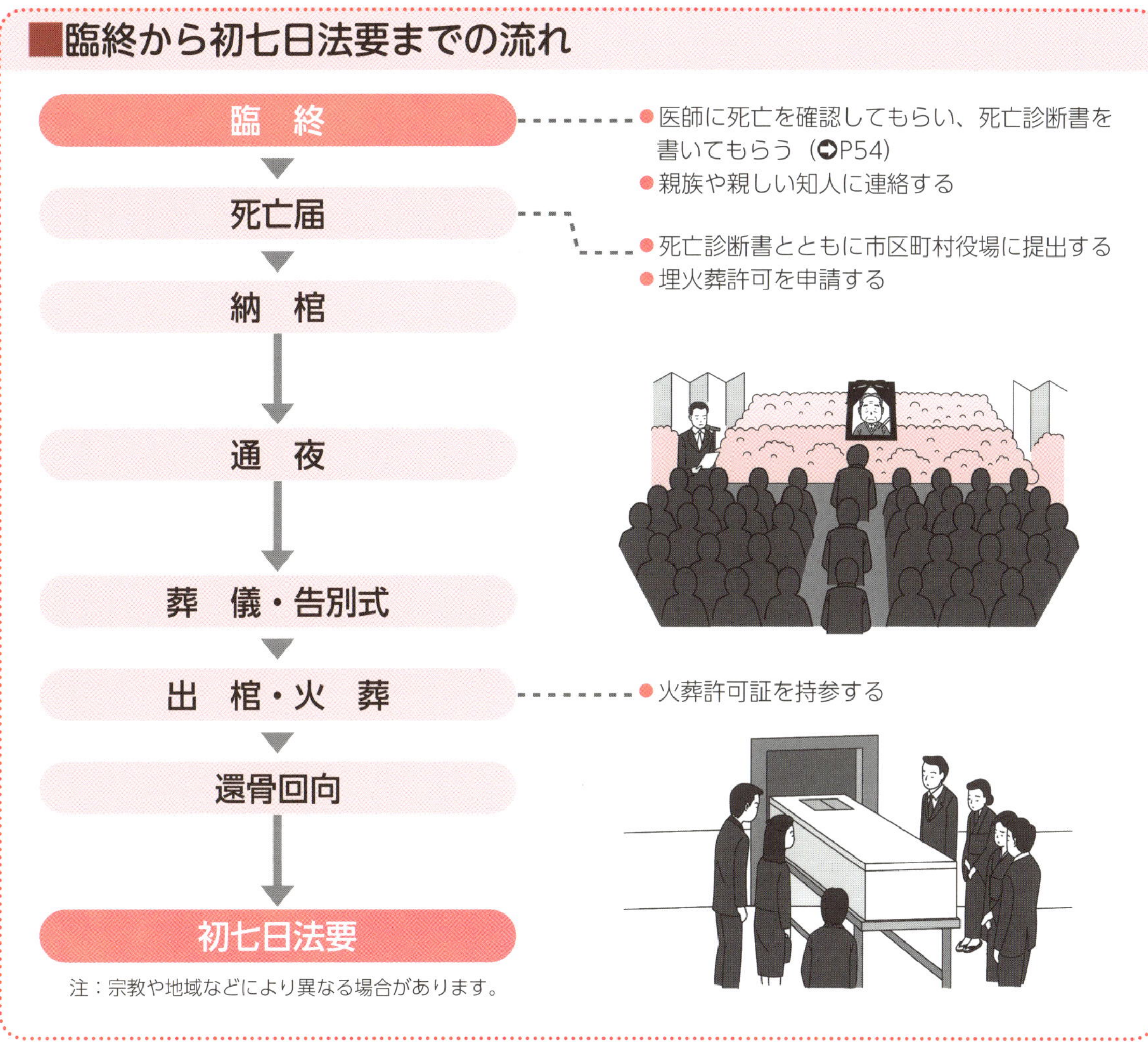

臨　終
●医師に死亡を確認してもらい、死亡診断書を書いてもらう（➡P54）
●親族や親しい知人に連絡する
死亡届
●死亡診断書とともに市区町村役場に提出する
●埋火葬許可を申請する
納　棺
通　夜
葬　儀・告別式
出　棺・火　葬
●火葬許可証を持参する
還骨回向
初七日法要

注：宗教や地域などにより異なる場合があります。

このほか、クレジットカードや携帯電話を持っていた場合には、解約の手続きが必要になります。

こんなときは

死亡診断書がほしい

生命保険金の請求や死亡したことの証明など、相続の手続きではいろいろな場面で死亡診断書が必要になります。なかにはコピーの提出で済む場合もありますので、死亡届を出す前に何枚かコピーをとっておくと便利です。

簡易保険（かんぽ生命保険は含まれない）と公的年金の手続きで使う場合は、役所で死亡診断書の写し（死亡届の記載事項証明）を発行してもらえます。請求先は本籍地の市区町村役場、手数料はおおむね1通350円です。ただし届出書類は翌月には法務局に送付されるので、それ以降は本籍地を管轄する法務局の戸籍課に請求することになります。

役所が発行する死亡診断書の写しは使用目的に制限があり、民間の生命保険の請求に使う場合は交付されません。よって、この分は病院に依頼します。手数料は病院によって異なりますが、1通につき2,000～6,000円程度が多いようです。

姻族関係の終了

死亡した配偶者の親戚との関係を絶ちたい

離婚の場合は、**姻族関係は終了**
死亡時は、「**姻族関係終了届**」の提出が必要

姻族関係を完全に絶つ

夫婦は、**離婚**すると赤の他人となり、配偶者としての相続権がなくなるとともに、配偶者の血族（親や養父母、兄弟姉妹、祖父母など）との**姻族関係も終了**（民法728条1項）します。

民法では、扶養義務を負うのは、3親等内の親族（血族と姻族）とされています。そのため、離婚すると、配偶者の血族に対する介護や経済的な援助などの扶養義務もなくなります。

しかし、配偶者と**死別**した場合は、**姻族関係はそのまま存続**します。

生存配偶者と、死亡した配偶者の血族との関係が良好であれば、配偶者の死後も問題なく関係を続けていくことができますが、何らかの問題を抱えていると、配偶者の死によって、それまでの関係を保つことが難しくなる場合があります。

また、姻族関係の存続により、死亡した配偶者の血族に対する扶養義務を負うということもあり得ます。

配偶者が死亡した後、姻族の扶養義務をなくしたい、姻族関係を終了させたいと思う場合には、「**姻族関係終了届**」（⬇左ページ）を提出する必要があります。

この届け出によって、完全に姻族関係を終了させることができます。

ただし、配偶者との間に**子ども**がいる場合、子どもと配偶者の血族との**姻族関係は解消されません**。そのため、他に扶養できる親族がいない場合、配偶者の父母（子どもの祖父母）の扶養義務を、子どもが負うことがあります。

また、「姻族関係終了届」を出しただけでは、戸籍はそのままです。結婚前の戸籍や元の姓に戻りたい場合は、「**復氏届**」を、新たな戸籍をつくる場合は「**転籍届**」を市区町村役場に提出する必要があります。その際、「姻族関係終了届」を先に提出すると、新戸籍には姻族関係終了事項が記載されませんが、逆の場合は記載されます。

さらに、子どもを自分の戸籍に入れたい場合は、「**子の氏の変更許可申立書**」を家庭裁判所に提出し、裁判所の許可が出れば、市区町村役場に「**入籍届**」を提出します。子どもが15歳以上の場合は、子ども自身が申立人になります。

「姻族関係終了届」の届け出手順

●いつまでに届け出るのか

「姻族関係終了届」については、期限

■姻族関係終了届の記入例

姻族関係終了届

○年 7月 / 日届出

（あて先）大阪市 中央 区長

受理 年 月 日 第 号	発送 年 月 日
送付 年 月 日 第 号	（大阪市・区長印）
書類調査 戸籍記載 記載調査	

姻族関係を終了させる人の氏名（よみかた）	やまだ まさこ　氏 山田　名 正子　○○年 5月 / 日生
住所	大阪府大阪市中央区○○町 1丁目 2番 3号
（住民登録をしているところ）世帯主の氏名	山田正子
本籍	大阪府大阪市中央区△△町 2丁目 3番地
筆頭者の氏名	山田正子
死亡した配偶者 氏名	鈴木太郎　○○年 6月 3日死亡
死亡した配偶者 本籍	大阪府大阪市中央区△△町 2丁目 3番地
死亡した配偶者 筆頭者の氏名	鈴木太郎
その他	
届出人署名押印	山田正子　印

本届書中　字加入　字削除　字訂正

連絡先　電話（　）　番　自宅・勤務先・呼出

市町村によって届け出の様式に違いはある。

記入例は、死別後、生存配偶者が復氏をした後に届け出た場合

の定めはありません。

配偶者の死亡届の提出日以降であれば、いつでも届け出ることができます。

●どこに届け出るのか

生存配偶者の本籍地または住所地の市区町村役場に届け出をします。

●誰が届け出るのか

生存配偶者が届け出ます。また、届け出について、死亡した配偶者の血族の了解を得る必要はありません。

●届け出には何が必要か

印鑑と身分証明書が必要となります。ただし、押印は任意です。

姻族関係終了で遺族年金や相続人としての権利は？

「姻族関係終了届」を出しても、死亡配偶者が年金受け取りの要件を満たしていれば、**遺族年金**はもらえます。

また、相続人としての地位も消えず、配偶者としての**権利は保証**されます。子どもの相続権も保証されます。

「姻族関係終了届」の2015年の届出数は、2005年の1・5倍と急増していますが、以後の人生で頼れる人が減るなどのデメリットがあることも忘れてはいけません。

遺言書の有無を確認する

自筆証書遺言は家庭裁判所で開封・検認を

初七日法要が終わってひと息ついたら、相続手続きの中核ともいえる遺産の分割に向けて準備を始めます。

まず確認しておきたいのが、**遺言書の有無**です。遺産分割を終えたあとに遺言書が出てくると、一からやり直しになってしまいます。遺品を整理しつつ、遺言書が保管されていそうな場所を十分に調べましょう。

遺言書を見つけたら、法律で決められた手順を守ることが大切です。

公正証書遺言以外の遺言書、つまり自筆証書遺言（法務局保管のものを除く）など（⬇Ｐ１７０）は、家庭裁判所で**検認**の手続きをしなくてはなりません。

また、封印のある遺言書は、検認に先立ち家庭裁判所で開封することが定められています。

検認を受けないと遺贈による登記ができない

検認は、裁判所が遺言書の現況を記録して偽造・変造を防ぐという、一種の検証手続きです。遺言書の存在を相続人や受遺者などの利害関係人に知らせる目的もあります。

検認を怠ったり勝手に開封したからといって遺言が無効になることはありませんが、５万円以下の過料の処分を受けます。また実務上、検認済証明のない遺言書では不動産登記や銀行の名義変更などの手続きができません。

検認の請求は、遺言者の最後の住所地の家庭裁判所に申立書などを提出して行います。すると検認期日が指定されますので、あらためて家庭裁判所に出向き、遺言書の原本を提出して検認を受けることになります。当日立ち会わなかった相続人などには、検認終了の通知が郵送されます。

遺言執行者がいるときはすぐに連絡を

遺言に書かれた内容を実現することを**遺言の執行**といいます。遺言に**遺言執行者**（⬇Ｐ１６８）が指定されているときは、すみやかに連絡をとりましょう。遺言執行者は遺言の執行に必要な一切の権限を持ち、相続財産のうち特定の財産についてもその者が相続人などへ交付するかたちになります。

遺言執行者の指定がない場合は相続人が協力して遺言を執行することになりますが、必要に応じて家庭裁判所で選任してもらうこともできます。

自筆の遺言書を見つけたら、すみやかに家庭裁判所で**検認**を受ける

封印のある遺言は勝手に開封しない

■遺言書の発見から執行までの流れ

遺言書があった

公正証書遺言（公証人が作成した遺言）**の場合** → **遺言の執行** 検認は不要。すぐに遺言の内容を執行することができる

自筆証書遺言（本人が作成した遺言）**の場合**

開けてはダメ!

でも、うっかり開けてしまっても無効にはならない

封印がないとき	封印があるとき
開封して読んでもよい	開封せず現状保持

↓

検認の申立て

検認日・家庭裁判所

相続人や代理人の立会いのもと**開封**

検　認

- 遺言書の形状、加除訂正の状態、日付、署名などが確認され、検認調書に記録される
- 遺言書の末尾に検認済みの証明文が付される

↓

遺言の執行

申立て手続き

申立先	遺言者の最後の住所地を管轄する家庭裁判所
申立期限	遺言書の発見後すみやかに
必要書類など	●申立書、相続人等目録(➡P62〜63) ●遺言者の出生から死亡までの戸籍(除籍)謄本 ●相続人の戸籍謄本（ケースによりその他の戸籍謄本が必要な場合あり） ●検認の当日に遺言書、申立人の印鑑を持参
費　用	収入印紙800円+切手代

申立書

受付印

相続人の人数により違うので、裁判所に確認する。

収入印紙	800 円
予納郵便切手	円
予納収入印紙	円

家事審判申立書　事件名（遺言書の検認）

（この欄に申立手数料として1件について800円分の収入印紙を貼ってください。）

（貼った印紙に押印しないでください。）

（注意）登記手数料としての収入印紙を納付する場合は，登記手数料としての収入印紙は貼らずにそのまま提出してください。

この欄に収入印紙800円分を貼る。割印はしないこと

準口頭		関連事件番号　　年（家　　）第　　号

○○家庭裁判所 御中 ○年　3月　15日	申立人 （又は法定代理人など） の記名押印	田中　恵子　（印：田中）

申立人
遺言書の保管者または遺言書を発見した相続人が申し立てる

添付書類	（審理のために必要な場合は，追加書類の提出をお願いすることがあります。） 戸籍謄本 5通

申立人	本籍（国籍）	（戸籍の添付が必要とされていない申立ての場合は，記入する必要はありません。） 東京 都道府県 杉並区○○3丁目2番	
	住所	〒166-0000 東京都杉並区○○3丁目2番1号	電話 03（xxxx）xxxx （　　方）
	連絡先	〒　－	電話（　　） （　　方）
	フリガナ 氏名	タナカ ケイコ 田中 恵子	○年 5月 16日生 （ ○ 歳）
	職業	無職	
※ 遺言者	本籍（国籍）	（戸籍の添付が必要とされていない申立ての場合は，記入する必要はありません。） 東京 都道府県 杉並区○○3丁目2番	
	最後の住所	〒　－ 申立人の住所と同じ	電話（　　） （　　方）
	連絡先	〒　－	電話（　　） （　　方）
	フリガナ 氏名	タナカ ノブオ 田中 信夫	○年 1月 3日生 （　　歳）
	職業		

申立人の本籍、住所、氏名、生年月日、職業などを記入する

遺言者（被相続人）の本籍、最後の住所、氏名、生年月日を記入する

（注）　太枠の中だけ記入してください。
※の部分は，申立人，法定代理人，成年被後見人となるべき者，不在者，共同相続人，被相続人等の区別を記入してください。

別表第一（1/　）

枚数に応じて記入する

(942210)

「遺言者」と記入

申立書および相続人等目録の用紙は家庭裁判所の窓口でもらえる。裁判所ホームページ【http://www.courts.go.jp/】でダウンロードも可能

申立ての趣旨
遺言者の自筆証書による遺言書の検認を求めます。

申立てに至るまでの経緯を見本のように記入する

申立ての理由
1 申立人は遺言者の妻であり、本件遺言書の発見者です。
2 遺言者は○○年3月3日に死亡しましたが、同人の遺品を整理していたところ遺言書（封印されている）を発見しましたので検認を求めます。なお、相続人は別紙の相続人目録のとおりです。

相続人等目録

※			
相続人	本籍	東京 都道府県 杉並区○○3丁目2番	
	住所	〒166－0000 東京都杉並区○○3丁目2番1号（　方）	
	フリガナ 氏名	タナカケイコ 田中恵子	○年5月16日生（○歳）
※ 相続人	本籍	東京 都道府県 杉並区○○3丁目2番	
	住所	〒164－0000 東京都中野区○○町123番地4（　方）	
	フリガナ 氏名	タナカジロウ 田中二郎	○年4月1日生（○歳）
※	本籍	都道府県	
		〒　－	

「相続人」と記入

相続人全員について本籍、住所、氏名、生年月日などを記入する

遺産分割の準備

相続人がだれなのか確定する

相続人を確定しないと何も始まらない

遺産分割の協議に入る前に欠かせないのが、**相続人を確定**するための**戸籍調査**です。

調査などしなくても……という思い込みは禁物です。被相続人には認知した子どもがいるかもしれません。あるいは、知らないうちに養子縁組をしていたなどという話も決して珍しくないのです。

相続人を確定するには、少なくとも被相続人の**出生から死亡までの連続した戸籍、除籍、改製原戸籍**（かいせいげん）の謄本が必要になります。これらの書類は財産の名義変更の手続きなどでも必要になりますので、最低1部は用意しておかなければなりません。

とはいえ、連続した戸籍をどうそろえればよいのか戸惑う人も多いことでしょう。専門家に依頼するのも方法ですが、ここで戸籍のしくみを簡単にまとめておきましょう。

除籍、改製原戸籍とは

戸籍は、夫婦と未婚の子どもを単位に編製されています。

戸籍に記載されている人が死亡や婚姻などによって戸籍から抜けると、名前がバツで抹消されます。これを**除籍**といいます。そして、全員が除籍されたり本籍地が移されたり（**転籍**という）すると、その戸籍は**除籍**という呼び名に変わります。除籍謄本というのは、この除籍の写しのことです。

また、戸籍はこれまでに何度か改製（作り替え）されており、改製前の戸籍を**改製原戸籍**といいます。近年では1957年の改製前の昭和改製原戸籍と、平成になって行われたコンピュータ化の前の平成改製原戸籍があります。

死亡から出生までさかのぼって追跡する

調査は被相続人の最後の本籍地で戸籍（除籍）謄本を取ることから始めます。そして、次はそこに記載された情報をもとに従前の戸籍または除籍、あるいは改製原戸籍の謄本を取ります。この作業を繰り返し、出生まで地道にさかのぼっていくことになります。

婚姻や転籍、改製などによって新しい戸籍が編製されるとき、すでに除籍された構成員は省かれます。そのため途切れなく追跡していかないと、正確

ここが大切！

被相続人の出生から死亡までの**連続した戸籍、除籍、改製原戸籍**（かいせいげん）の謄本を取らないと相続人は確定できない

■戸籍謄本の見方

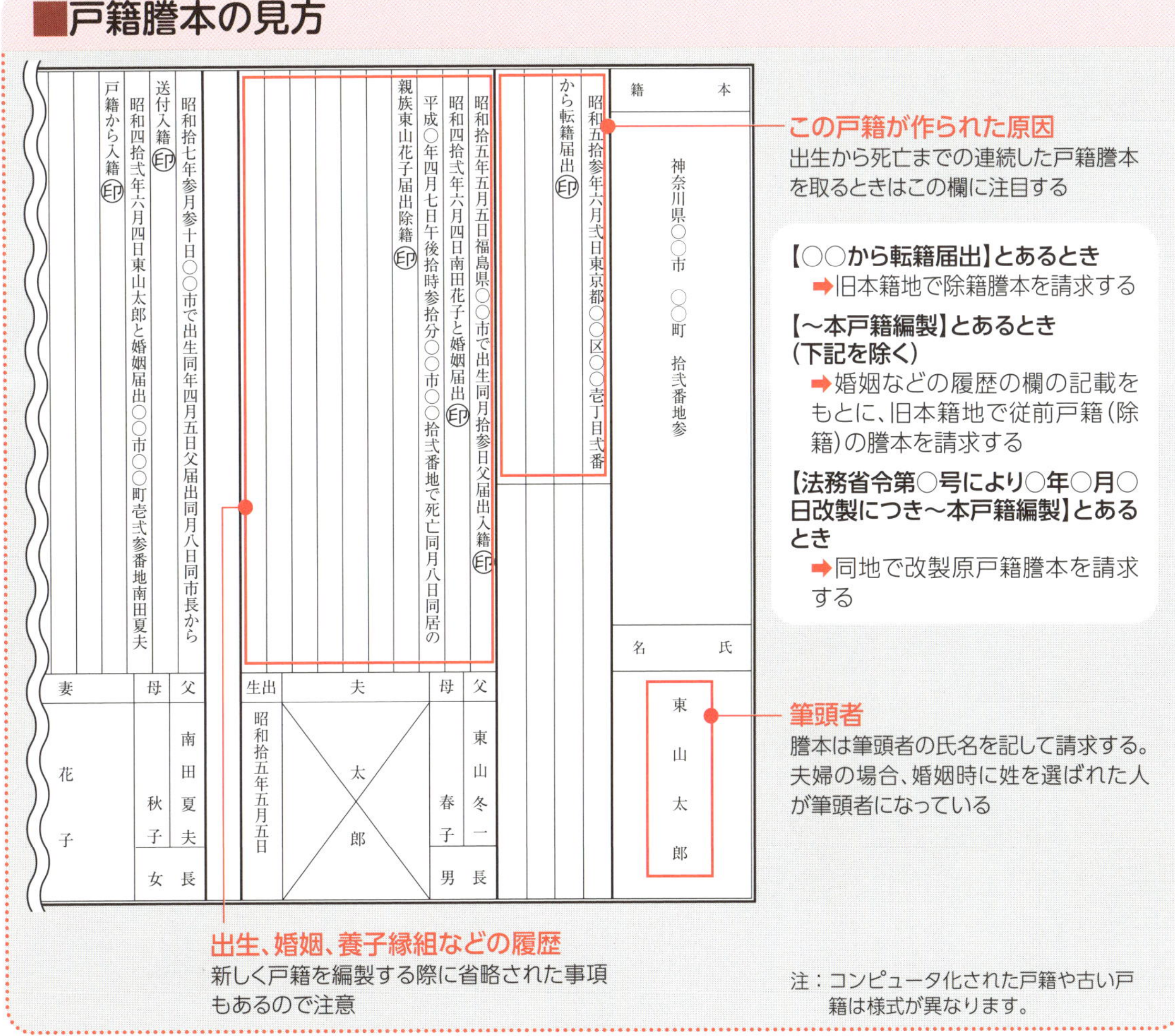
本籍
神奈川県○○市 ○○町 拾弐番地参
氏名
東山太郎
昭和五拾参年六月弐日東京都○○区○○壱丁目弐番から転籍届出㊞
昭和拾五年五月五日福島県○○市で出生同月拾参日父届出入籍㊞
昭和四拾弐年六月四日南田花子と婚姻届出㊞
平成○年四月七日午後拾時参拾分○○市○○拾弐番地で死亡同月八日同居の親族東山花子届出除籍㊞
父 東山冬一
母 春子
長男
夫 太郎
生出 昭和拾五年五月五日
昭和拾七年参月参十日○○市で出生同年四月五日父届出同月八日同市長から送付入籍㊞
昭和四拾弐年六月四日東山太郎と婚姻届出○○市○○町壱弐参番地南田夏夫戸籍から入籍㊞
父 南田夏夫
母 秋子
長女
妻 花子
この戸籍が作られた原因
出生から死亡までの連続した戸籍謄本を取るときはこの欄に注目する
【○○から転籍届出】とあるとき
➡旧本籍地で除籍謄本を請求する
【〜本戸籍編製】とあるとき（下記を除く）
➡婚姻などの履歴の欄の記載をもとに、旧本籍地で従前戸籍（除籍）の謄本を請求する
【法務省令第○号により○年○月○日改製につき〜本戸籍編製】とあるとき
➡同地で改製原戸籍謄本を請求する
筆頭者
謄本は筆頭者の氏名を記して請求する。夫婦の場合、婚姻時に姓を選ばれた人が筆頭者になっている
出生、婚姻、養子縁組などの履歴
新しく戸籍を編製する際に省略された事項もあるので注意
注：コンピュータ化された戸籍や古い戸籍は様式が異なります。

な相続人を把握できないのです。

2024年3月1日から、本人が請求する場合には、本籍地が遠方にある場合でも最寄りの役所で戸籍謄本を取得できるようになりました。

戸籍謄本は、コンビニ交付を導入している市区町村であれば、マイナンバーカード・住民基本台帳カードがあればコンビニでも発行することができますが、すべての市区町村で導入しているわけではないので注意してください。

●戸籍証明書の交付手数料

種　類	内　容	手数料
戸籍謄本（戸籍全部事項証明）	戸籍の原本の全部の写し	1通450円
除籍謄本（除籍全部事項証明）	除籍の原本の全部の写し	1通750円
改製原戸籍謄本	原戸籍の原本の全部の写し	1通750円
戸籍の附票	住所の移動の履歴	1通300円

注：（　）内はコンピュータ化されている市区町村での名称。手数料は市区町村により異なる場合があります。

知っておくと便利！法定相続情報証明制度

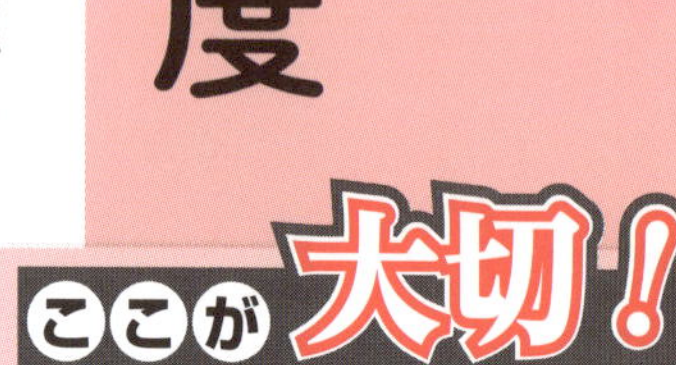

相続に必要な**手続きを簡素**に

相続に関する時間や経費を**節約できる制度**

相続に伴う煩雑な手続き

遺産相続は、相続する資産によって管轄する機関が違うため、各機関に対して手続きを行う必要があります。

不動産の登記は法務局へ、相続税の申告は税務署へ、預貯金の払い戻しは銀行へ、株式の名義書き換えは証券会社へというように、それぞれの機関に出向かなければなりません。

また、各手続きでは、同じ書類を何枚も用意して、各機関に提出するなど、煩雑で無駄に思えることもあります。

さらに、手続きの煩雑さが、近年、相続登記がされないまま放置される山林や空き家が増加している要因の一つであると考えられています。

このような煩雑さを解消し、相続に関する手続きを簡素化するための制度として、**法定相続情報証明制度**が導入されました。

法定相続情報証明制度とは

この制度の実施により、それまで相続手続きの窓口ごとに何度も戸除籍謄本等の束を出し直さなければいけなかった煩雑さが解消されました。

全国の法務局（登記所）に、法定相続人の範囲を証明する戸籍謄本と、法定相続人の範囲を記載した「**法定相続一覧図**」（以下一覧図）を提出すると、一覧図に認証文が記載された写しが、必要な枚数だけ**無料**で公布されます。相続人は、戸籍謄本等の代わりにこの写しを使って、手続きを進めることができます。

制度の利用を申し出ることができるのは、相続人のほか、親族、弁護士や司法書士など委任を受けた代理人です。

必要書類は、亡くなった方（被相続人）の本籍地か最後の住所地、被相続人名義の不動産の所在地、申出人の住所地のいずれかを管轄する法務局に申出書とともに提出します。郵送することもできます。

制度を利用するメリットと注意点

●メリット

①書類管理の簡素化

最初に被相続人と相続人の戸籍謄本等を一式揃えるだけでよく、以降の手続きは一覧図の写しで、登記については番号の記載で行えます。

②金銭的負担の軽減

戸籍謄本等の発行に係る手数料を、1組分だけで済ますことができます。

■法定相続情報一覧図の作成例（配偶者と子ども２人の場合）

最後の住所地は、住民票の除票で確認する。本籍地の記入は、申出人の任意

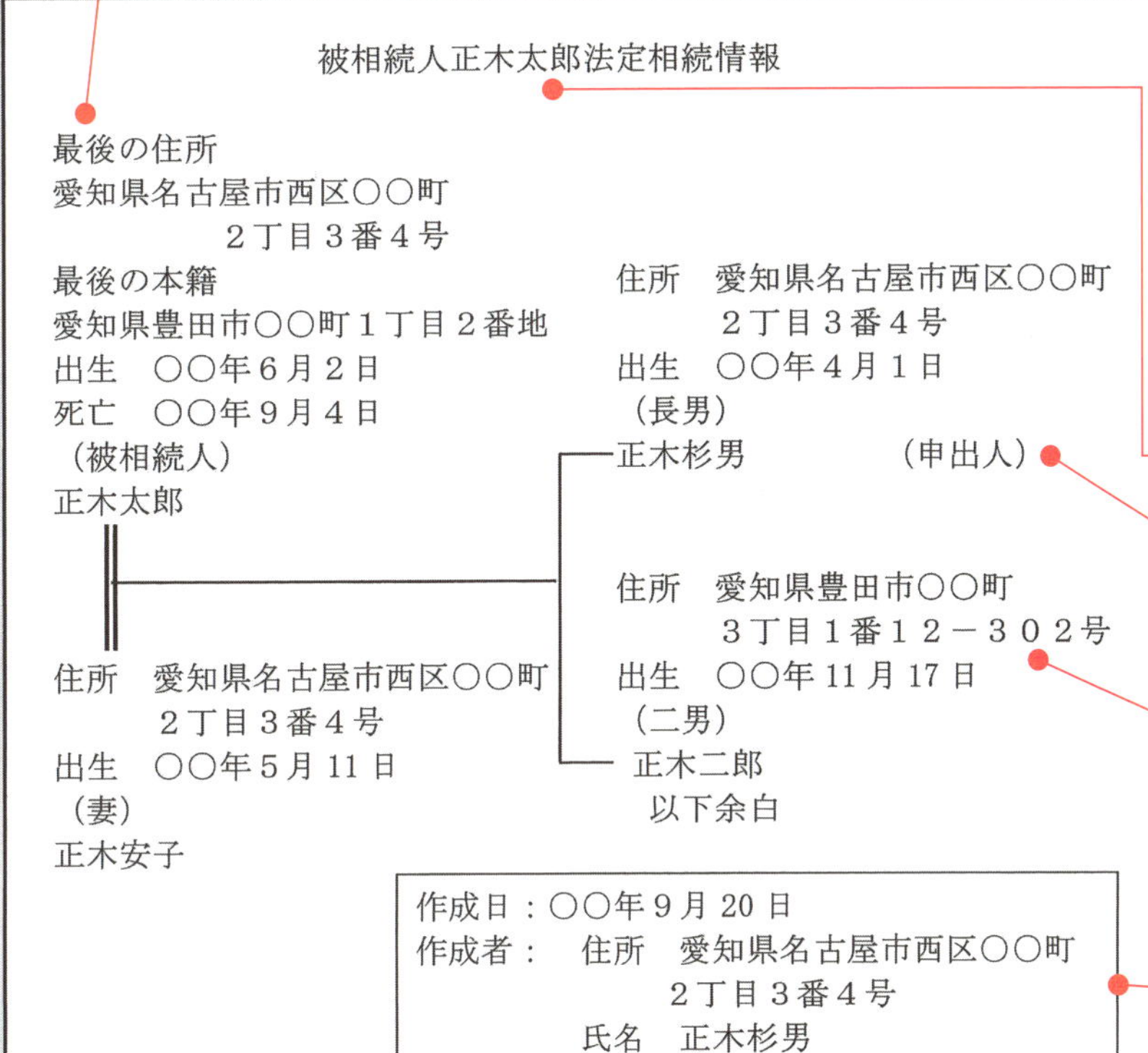

被相続人正木太郎法定相続情報

最後の住所
愛知県名古屋市西区〇〇町
２丁目３番４号
最後の本籍
愛知県豊田市〇〇町１丁目２番地
出生　〇〇年６月２日
死亡　〇〇年９月４日
（被相続人）
正木太郎

住所　愛知県名古屋市西区〇〇町
２丁目３番４号
出生　〇〇年５月 11 日
（妻）
正木安子

住所　愛知県名古屋市西区〇〇町
２丁目３番４号
出生　〇〇年４月１日
（長男）
正木杉男　（申出人）

住所　愛知県豊田市〇〇町
３丁目１番１２－３０２号
出生　〇〇年 11 月 17 日
（二男）
正木二郎
以下余白

作成日：〇〇年９月 20 日
作成者：　住所　愛知県名古屋市西区〇〇町
２丁目３番４号
氏名　正木杉男

公布された「一覧図」の写しには、「法定相続情報番号」が記載される。この番号を不動産登記の申請書に記載することで、「一覧図」の添付は不要になる

被相続人の氏名を記載する

申出人となる相続人に「(申出人)」と併記する

相続人の住所の記載は任意。記載しない場合は「住所」の項目を削除

作成者は作成した日を記載し、自身の住所を記載の上、署名捺印または記名押印する

法定相続情報一覧図は、Ａ４縦の用紙を使用する。下から約５cm に認証文が書かれるので、下から５cm には記載しない。長期保存できる紙に、黒色インクまたは黒色ボールペン（インクが消えるものは不可）を使って楷書で書く

③手続きに要する時間の短縮

必要書類を使い回して使用する必要がなく、同時進行で手続きできます。

●注意点

①日本国籍が必要

被相続人や相続人が日本国籍を有していない場合は、この制度を利用することはできません。

②遺産分割協議や相続放棄については提示なし

遺産分割協議の結果や相続放棄の申し出などについては、一覧図では証明されていません。これらの証明には、別途証明する書類が必要になります。

③申出人以外の住所の記載は任意

一覧図は、申出人以外の相続人の住所については、記載は任意となっているため、記載がないときは手続きの際に、別途住所が証明できる住民票の写し等の書類が必要となる場合があります。

④数次相続の場合は複数枚必要

例えば、父親が死亡し、続けて母親も死亡した場合など、相続が輻輳（ふくそう）する場合を**数次相続**といいます。

数次相続の場合は、相続人が一人であっても、被相続人それぞれに関する一覧図が必要になります。

相続の手続き

遺産分割の準備

遺産の内容と価額を調査する

ここが大切！

遺産をリストアップして**財産目録**を作成する

財産の内容や証券類の保管場所など、普段から**情報を共有**しておく

分けた一覧にするとよいでしょう。

故人の財産を正確に把握することは同居の家族でも容易ではありません。そのため預金通帳や株券、保険証券、不動産の権利証といったものは、普段から保管場所を家族で認識しておくことが大切です。

とりわけ借入金などの債務は、もれがあるとたいへんです。積極的に隠されていることもあるので、契約書やカード、あるいは督促状など、故人が保管しそうな場所や郵便物を念入りに調べましょう。不動産の登記事項証明書を取り、抵当権の設定の有無を調べるのも有効です。銀行などからの借入金は残高証明書を取って確認します。

なお、年間所得が2、000万円を超える人なら、毎年の確定申告時に作成が義務づけられている「財産及び債務の明細書」がよい資料になります。

借入金などの債務も残らずリストアップする

相続人の調査とともに**遺産の調査**も進めていきましょう。プラスの財産はもちろん債務もすべて洗い出し、**財産目録**を作成します。

財産目録は遺産分割協議の基本資料になります。決まった形式はありませんが、左ページのように資産と債務を

こんな債務がないか要チェック！

- 借入金、各種ローン、保証債務
- クレジットカードの未決済金
- 事業上の未払金や買掛金
- 損害賠償義務
- 公租公課（未納の税金など）

コピーをとって記入しましょう

記入例

種類		区分・数量等	概算評価額	摘要
土地(権利)	宅地	自用地　○㎡	45,000,000 円	○市○町
	宅地	貸家建付地○㎡	32,000,000 円	○市○町
	借地権	○㎡	18,000,000 円	○市○町
建			円	

■財産目録

種類			区分・数量等	概算評価額	摘要
資産	土地（権利）			円	
				円	
				円	
				円	
	建物			円	
				円	
				円	
	金融資産			円	
				円	
				円	
				円	
				円	
				円	
				円	
	その他			円	
				円	
				円	
				円	
				円	
		家財一式		円	
	資産合計			円	
債務				円	
				円	
				円	
				円	
				円	
	債務合計			円	
正味財産額（資産−債務）				円	

相続の手続き

相続の放棄や限定承認を検討する

早急かつ慎重に検討しよう

遺産調査の結果を踏まえ、相続を承認するか放棄するのか検討します（⬇P44）。この検討のための期間（熟慮期間という）は3か月ですが、調査に時間がかかるなどの事情がある場合には、家庭裁判所に期間の延長を請求することも可能です（⬇P46）。

遺産調査の結果、明らかに債務超過であるときは**相続放棄**をするとよいでしょう。債務超過かどうかわからないときは**限定承認**が有効ですが、限定承認は相続人全員の同意が必要です。ひとりでも反対する人がいる場合、債務の承継を免れるにはそれぞれが放棄の手続きをとるしかありません。

相続放棄や限定承認をする場合は、自分が相続人になったことを知った日から**3か月以内**に、被相続人の住所地を管轄する家庭裁判所に申述書を提出しなければなりません。ただし、期間中の申立により延長ができます。債権者などに意思表示しただけでは効力がありません。

ここが大切！

- 多額の借金がある場合、**相続の放棄**や**限定承認**をすれば債務の承継を免れる
- 限定承認は相続人全員の**同意**が必要
- 相続の放棄や限定承認の申述期限は相続開始を知った日から**3か月以内**

●相続の放棄・限定承認の申述手続き

	相続放棄
申述人	放棄する相続人（未成年者または成年被後見人の場合は法定代理人）
申述先	被相続人の最後の住所地を管轄する家庭裁判所
必要書類など	●相続放棄申述書（➡左ページ） ●申述人の戸籍謄本 ●被相続人の戸籍（除籍）謄本、住民票の除票（申述人が配偶者および子以外のケースはその他の戸籍謄本が必要）
費用	申述人1人につき収入印紙800円＋切手代

	限定承認
申述人	相続人全員の共同
申述先	被相続人の最後の住所地を管轄する家庭裁判所
必要書類など	●限定承認申述書、遺産目録など ●申述人の戸籍謄本（ケースによりその他の戸籍謄本が必要な場合あり） ●被相続人の出生から死亡までの戸籍（除籍）謄本、住民票の除票
費用	1件につき収入印紙800円＋切手代

■相続放棄申述書の記入例

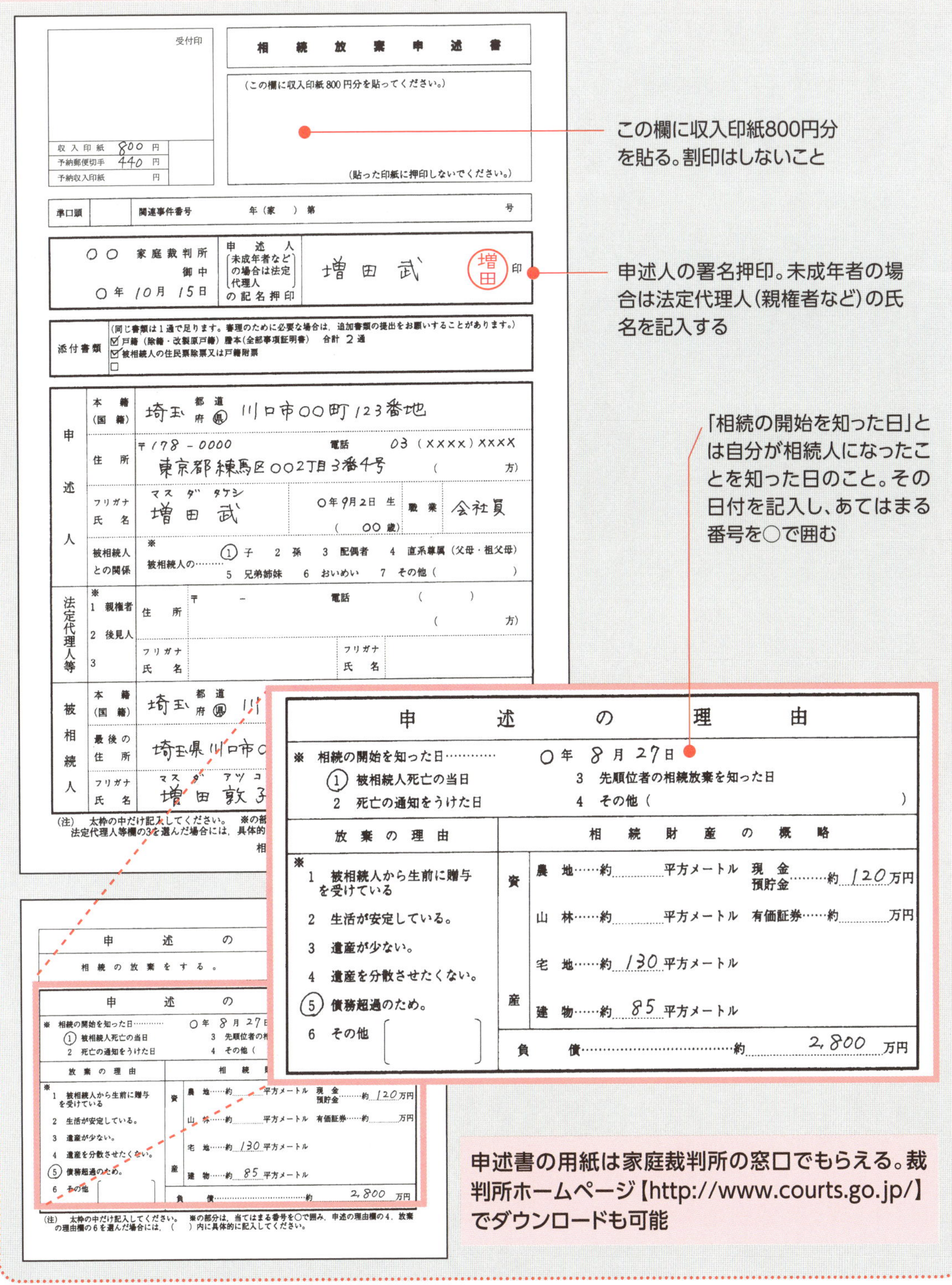

相続放棄申述書

受付印	（この欄に収入印紙800円分を貼ってください。） （貼った印紙に押印しないでください。）
収入印紙 800円 / 予納郵便切手 440円 / 予納収入印紙 円	

準口頭	関連事件番号 年（家）第 号

○○ 家庭裁判所 御中 ○年 10月 15日	申述人（未成年者などの場合は法定代理人）の記名押印	増田武 印（増田）

添付書類	（同じ書類は1通で足ります。審理のために必要な場合は、追加書類の提出をお願いすることがあります。） ☑戸籍（除籍・改製原戸籍）謄本（全部事項証明書） 合計 2通 ☑被相続人の住民票除票又は戸籍附票 □

申述人	本籍（国籍）	埼玉 都道府県 川口市○○町123番地
	住所	〒178-0000 電話 03（××××）×××× 東京都練馬区○○2丁目3番4号 （ 方）
	フリガナ 氏名	マスダ タケシ 増田武 ／ ○年9月2日生（○○歳） ／ 職業 会社員
	被相続人との関係	※ 被相続人の…… ①子 2 孫 3 配偶者 4 直系尊属（父母・祖父母） 5 兄弟姉妹 6 おいめい 7 その他（ ）
法定代理人等	※ 1 親権者 2 後見人 3	住所 〒 － 電話 （ ） （ 方） ／ フリガナ 氏名 ／ フリガナ 氏名
被相続人	本籍（国籍）	埼玉 都道府県 川口…
	最後の住所	埼玉県川口市○…
	フリガナ 氏名	マスダ アツコ 増田敦子

（注） 太枠の中だけ記入してください。 ※の部分は、当てはまる番号を○で囲み、申述の理由欄の4、放棄の理由欄の6を選んだ場合には、（ ）内に具体的に記入してください。

申述の趣旨

相続の放棄をする。

申述の理由

※ 相続の開始を知った日………… ○年 8月 27日
①被相続人死亡の当日　3 先順位者の相続放棄を知った日
2 死亡の通知をうけた日　4 その他（ ）

放棄の理由	相続財産の概略	
※ 1 被相続人から生前に贈与を受けている 2 生活が安定している。 3 遺産が少ない。 4 遺産を分散させたくない。 ⑤債務超過のため。 6 その他（ ）	資産	農地……約 平方メートル ／ 現金 預貯金……約 120万円 ／ 山林……約 平方メートル ／ 有価証券……約 万円 ／ 宅地……約 130平方メートル ／ 建物……約 85平方メートル
	負債	……約 2,800万円

この欄に収入印紙800円分を貼る。割印はしないこと
申述人の署名押印。未成年者の場合は法定代理人（親権者など）の氏名を記入する
「相続の開始を知った日」とは自分が相続人になったことを知った日のこと。その日付を記入し、あてはまる番号を○で囲む

申述書の用紙は家庭裁判所の窓口でもらえる。裁判所ホームページ【http://www.courts.go.jp/】でダウンロードも可能

3か月以内
相続の手続き

生命保険金を請求する

ここが大切！

- 被相続人を被保険者とする**生命保険**があれば、すみやかに請求する
- 加入している保険の**契約内容**を知っておく

保険証券や約款で契約内容を確認する

相続に関連して必要な生命保険の手続きには、大きく2つあります。ひとつは被相続人が契約者で被保険者ではない保険契約に関するもの、もうひとつは被相続人が被保険者である保険契約に関するものです。

前者は、その**保険契約の権利**を相続人が承継することになりますので、名義変更などの手続きが必要です（➡P95）。後者では、保険事故の発生により**死亡保険金**が支払われます。保険証券で契約内容を確認し、このケースに該当する場合は保険金の請求手続きをしましょう。

死亡保険金の請求期限は3年（簡易保険は5年）ですが、時機を逸せず、すみやかに手続きをしましょう。

保険事故が発生したらまずは保険会社に連絡を

死亡保険金を受け取るには、まず契約者または受取人が電話などで保険会社に連絡します。すると必要書類の案内と支払請求書が送られてきますので、案内にしたがって受取人が請求手続きをとります。

提出書類のひとつである死亡診断書は医師に記入してもらいますが（➡P57）、保険会社の所定の用紙を使用するケースもありますので、事前に確認しましょう。

なお、死亡保険金には、契約の形態によって相続税、所得税＋住民税、贈与税のいずれかの対象となります。受取人が相続人の場合は、相続税について、非課税枠の適用があります（➡P130）。

こんなときは

相続を放棄すると保険金は受け取れない？

特定の相続人を受取人とする契約の場合、保険金を受け取る権利はその契約上の権利であり、民法上の相続財産には含まれません（相続税法上はみなし相続財産）。

したがって、相続を放棄した場合でも保険金を受け取ることができます。受取人が「相続人」となっている契約でも同様です。

ただし、被相続人自身を受取人とする死亡保険金は相続財産になりますので、相続を放棄した人は承継することができません。また、このような契約では遺産の調査を十分しないうちに保険金を請求しないこと。相続を単純承認したとみなされ、放棄することができなくなります。

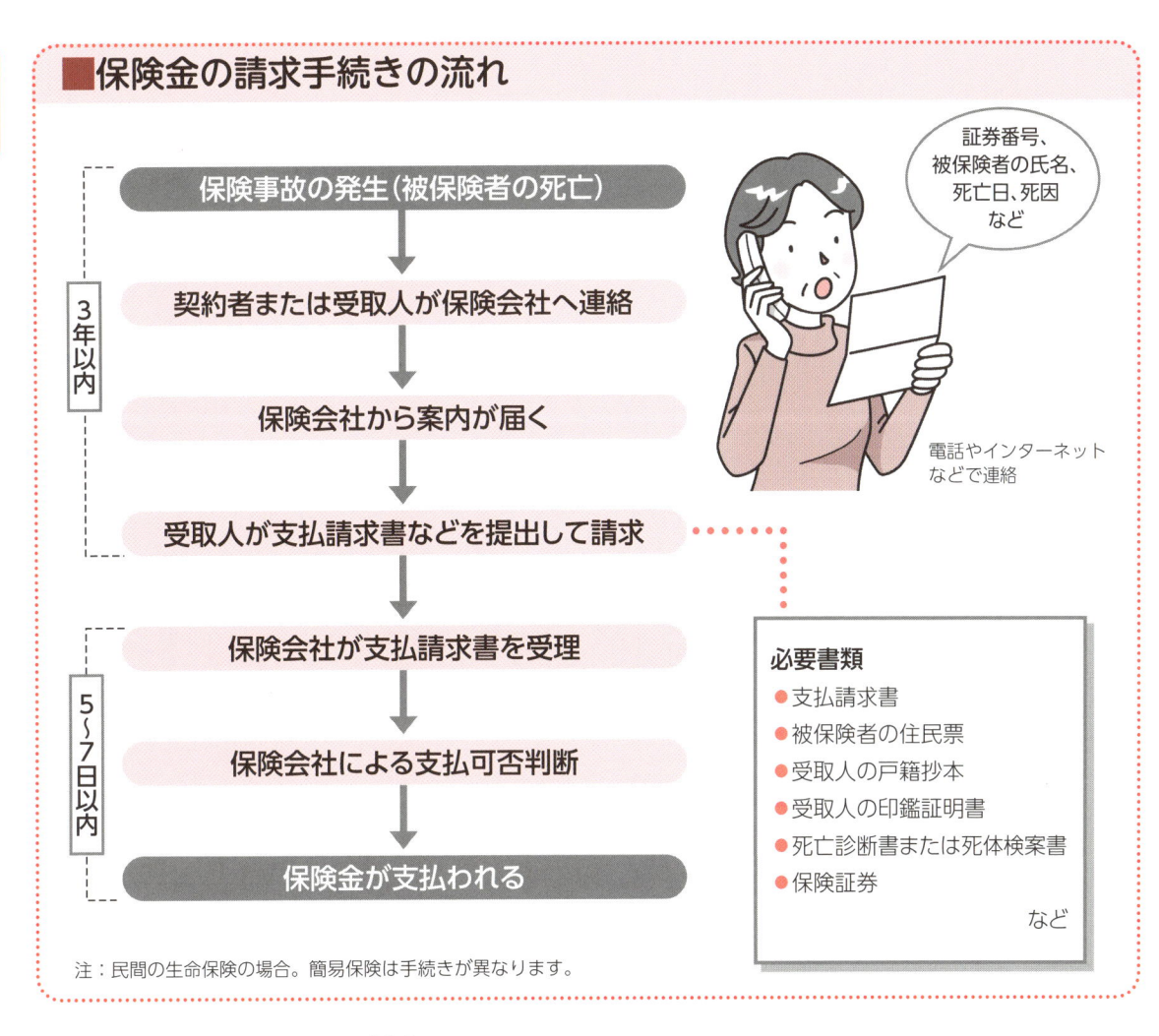

■保険金の請求手続きの流れ

3年以内

保険事故の発生(被保険者の死亡)
↓
契約者または受取人が保険会社へ連絡
↓
保険会社から案内が届く
↓
受取人が支払請求書などを提出して請求
↓

5〜7日以内

保険会社が支払請求書を受理
↓
保険会社による支払可否判断
↓
保険金が支払われる

証券番号、
被保険者の氏名、
死亡日、死因
など

電話やインターネットなどで連絡

必要書類

- 支払請求書
- 被保険者の住民票
- 受取人の戸籍抄本
- 受取人の印鑑証明書
- 死亡診断書または死体検案書
- 保険証券

など

注：民間の生命保険の場合。簡易保険は手続きが異なります。

●死亡保険金にかかる税金

	契約の形態	契約の具体例			課税される税金
		契約者(負担者)	被保険者	受取人	
1	契約者（保険料負担者）と被保険者が同じ	被相続人である夫	被相続人である夫	妻	相続税*
2	契約者（保険料負担者）と受取人が同じ	子	被相続人である夫	子	所得税＋住民税(一時所得。ただし年金形式で受け取る場合は雑所得)
3	契約者（保険料負担者）、被保険者、受取人の三者が異なる	妻	被相続人である夫	子	贈与税*

＊年金形式で受け取る場合は、年金受給権に相続税または贈与税が課税され、また各年の年金（相続税等の課税対象となった部分を除く）に所得税＋住民税が課税される

3か月以内 相続の手続き

社会保険

健康保険に関する手続き

市区町村などに健康保険証を返却する

公的医療保険には、自営業者や無職の人などが加入する国民健康保険、サラリーマンが加入する健康保険（公務員は共済組合）、75歳以上の人などが加入する後期高齢者医療制度がありますす。いずれの場合も死亡により被保険者の資格を失いますので、市区町村や健康保険組合などに被保険者証を返却することが必要です。健康保険の場合は、通常は事業主を通じて資格喪失届とともに返却します。

このほか、高齢受給者証など、交付されている資格証などは原則としてすべて返却が必要です。二度手間にならないよう、役場に出向く際は家にあるものを全部持参して、返却の要否や窓口を尋ねるとよいでしょう。

なお、故人の健康保険の被扶養者になっていた人は、新たに国民健康保険に加入する必要があります。市区町村役場で加入の手続きをとりましょう。

葬祭費や埋葬料の請求も忘れずに

後期高齢者医療制度や国民健康保険の被保険者が亡くなった場合、多くの自治体などでは葬儀を行った人に対して**葬祭費**を支給しています。

支給額は自治体によって異なりますが、おおむね3万円～10万円となっています。また、違う名目で同様の給付を行っている場合もありますので、役場の年金保険課などに確認してみましょう。

一方、健康保険の被保険者が亡くなったときは**埋葬料**または**埋葬費**、被扶養者が亡くなったときは**家族埋葬料**が支給されます。

これらの給付金は自分から請求しないともらえません。請求事由の発生から2年を経過すると請求権が消滅するので注意しましょう。

ここが大切！

- 返却すべき**健康保険証**などは散逸しないようまとめておく
- 加入していた保険制度に**葬祭費**や**埋葬料**を請求する

■市町村に返却しよう

（医療・福祉関係のおもなもの）

- □後期高齢者医療被保険者証
- □国民健康保険被保険者証
- □国民健康保険高齢受給者証
- □福祉医療費医療証
- □介護保険被保険者証
- □身体障害者手帳

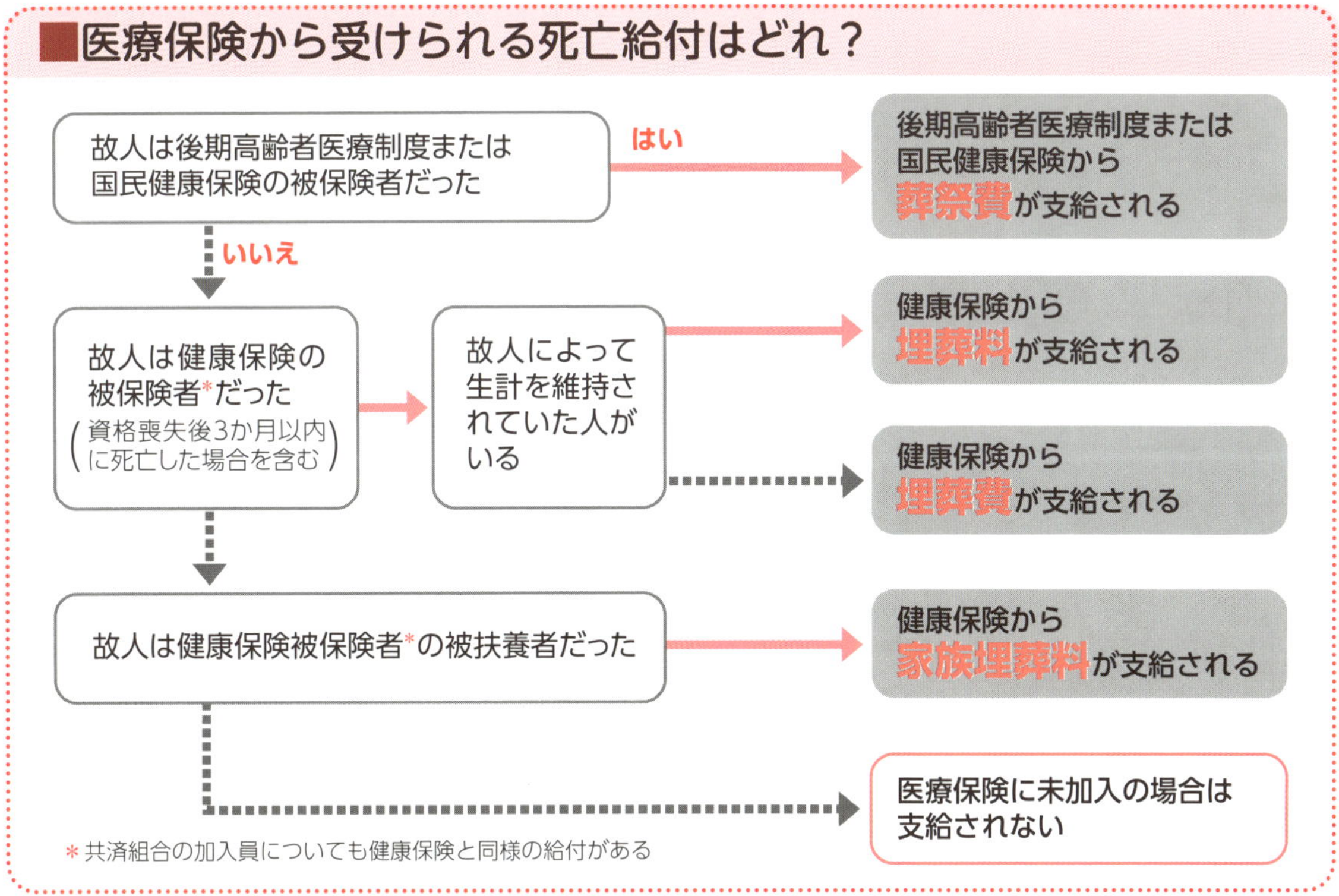

■医療保険から受けられる死亡給付はどれ？
故人は後期高齢者医療制度または
国民健康保険の被保険者だった
はい
後期高齢者医療制度または
国民健康保険から
葬祭費が支給される
いいえ
故人は健康保険の
被保険者*だった
（資格喪失後3か月以内
に死亡した場合を含む）
故人によって
生計を維持さ
れていた人が
いる
健康保険から
埋葬料が支給される
健康保険から
埋葬費が支給される
故人は健康保険被保険者*の被扶養者だった
健康保険から
家族埋葬料が支給される
医療保険に未加入の場合は
支給されない
＊共済組合の加入員についても健康保険と同様の給付がある

●給付内容と手続きの概要

	後期高齢者医療制度・国民健康保険	健康保険		
	葬祭費	埋葬料	埋葬費	家族埋葬料
受給者	葬祭を行った人（喪主）	故人によって生計を維持されていた人	実際に埋葬を行った人	被保険者
支給額	自治体により異なる。おおむね3～10万円	5万円	埋葬料の範囲内で、埋葬に要した実費	5万円
請求窓口	市区町村の年金保険課など	協会けんぽ（略称）の場合……保険証記載の全国健康保険協会都道府県支部 組合管掌健康保険の場合……加入していた健康保険組合		
必要書類	●葬祭費支給申請書 ●被保険者証 ●喪主名義の会葬礼状や葬儀領収書など葬祭執行を確認できるもの ●振込先の金融機関口座がわかるもの ●印鑑	●埋葬料（費）支給申請書 ●事業主の証明（申請書に記載）または死亡診断書のコピーなど ●被保険者証		
		被扶養者以外の人が請求する場合は上記に加え、 ●生計維持関係を確認できる書類（住民票の写しなど）	上記に加え、 ●埋葬にかかった費用の領収書および明細書	――

3か月以内

相続の手続き

社会保険

老齢年金や遺族年金に関する手続き

ここが大切！

年金受給者の場合、すみやかに**死亡の届け出**をする

遺族年金を受給できる場合は請求の手続きをする

第1号被保険者には**寡婦（かふ）年金**や**死亡一時金**の給付もある

死亡届を提出しないと年金のもらいすぎに

故人が老齢年金などの公的年金を受給中だった場合には、年金を止めるため遺族などが**年金受給権者死亡届**を提出します。

提出先は最寄りの年金事務所または「街角の年金相談センター」です。この届け出が遅れると、あとで過払いの年金を返さなければならないこともありますので注意しましょう。

また、年金は死亡月の分まで支給されますが、故人が受け取るはずだった未支給の年金は遺族に支払われます。ここでいう遺族とは、故人と生計を同じくしていた配偶者、子、父母、孫、祖父母、兄弟姉妹、その他3親等内の親族で、優先順位もこの順です。

年金は後払いですので、対象となる遺族がいるときは死亡届と同時に請求しましょう。手続きには、所定の請求書のほか次の書類が必要です。

①故人の年金証書

②死亡の事実を証明する書類（戸籍謄本、死亡診断書のコピーなど）

③故人と請求者の身分関係を証明する戸籍謄本など、および同一生計を証明する書類（住民票の写しなど）

④預貯金通帳のコピーなど

なお、対象遺族がなく死亡届だけを提出する場合は、③と④は不要です。

一定範囲の遺族に遺族年金が支給される

老齢年金を受給していた人が亡くなると、一定の遺族に対して**遺族年金**が支給されるようになります。

遺族年金には、国民年金から支給される**遺族基礎年金**と、厚生年金から支給される**遺族厚生年金**があります。これらは対象とする遺族の範囲が異なるため、基礎年金はもらえないが厚生年金はもらえるというケースもあります。

また遺族年金は、老齢年金の受給者だけでなく、公的年金に加入中の人や、以前加入していて一定の要件を満たす人などが死亡した場合にも支給されます。制度をよく理解し、くれぐれも受給もれのないようにしましょう。

寡婦年金や一時金が支給されることも

国民年金は全国民共通の制度です。

■死亡届と未支給年金請求書の記入例

年金受給権者死亡届

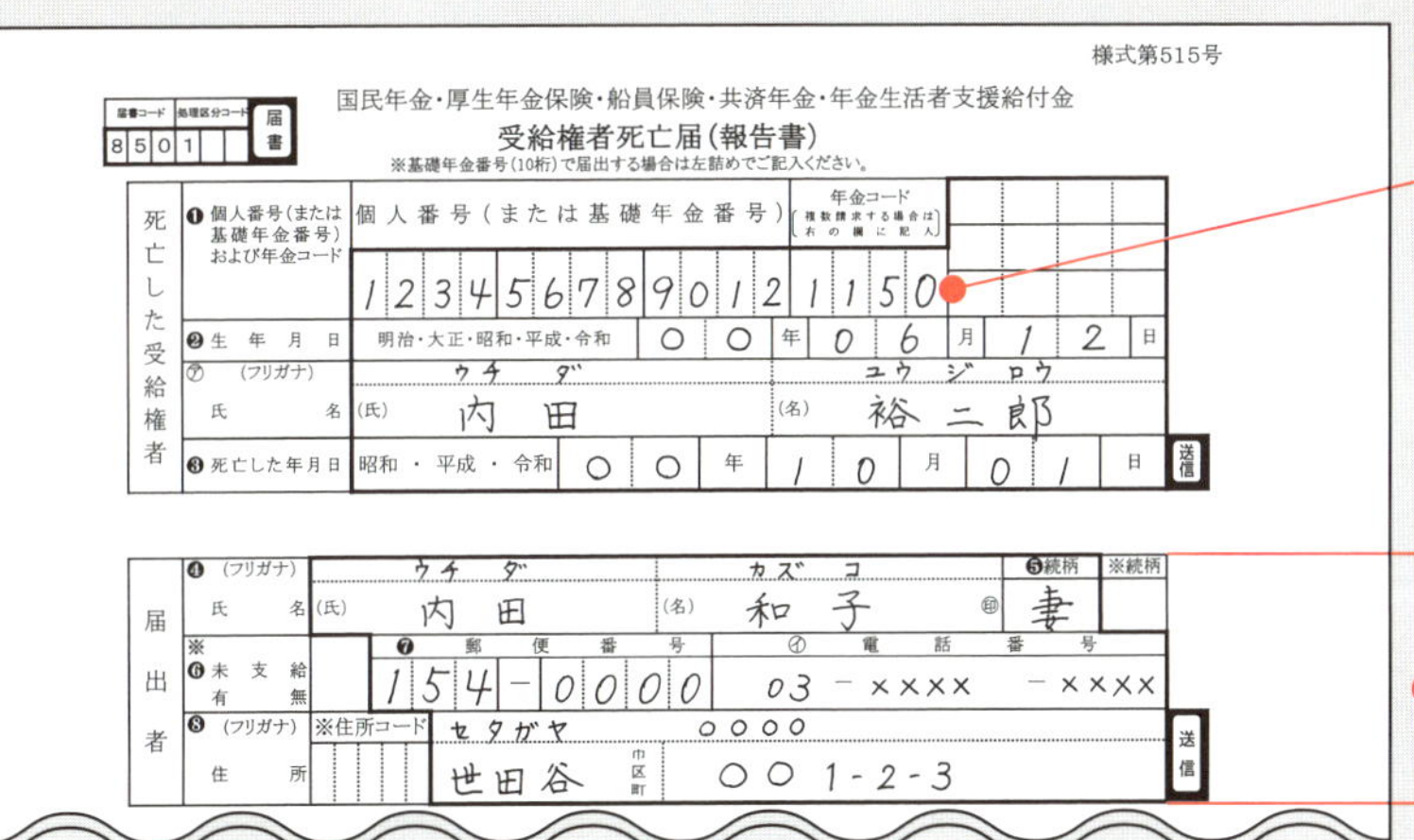
様式第515号

届書コード 処理区分コード 8501 届書

国民年金・厚生年金保険・船員保険・共済年金・年金生活者支援給付金
受給権者死亡届（報告書）
※基礎年金番号（10桁）で届出する場合は左詰めでご記入ください。

死亡した受給権者
❶ 個人番号（または基礎年金番号）および年金コード　個人番号（または基礎年金番号）　年金コード（複数請求する場合は右の欄に記入）
123456789012　1150
❷ 生年月日　明治・大正・昭和・平成・令和　○○年06月12日
㋐（フリガナ）ウチダ　ユウジロウ
氏名（氏）内田（名）裕二郎
❸ 死亡した年月日　昭和・平成・令和　○○年10月01日　送信

届出者
❹（フリガナ）ウチダ　カズコ
氏名（氏）内田（名）和子 ㊞　❺続柄 妻　※続柄
※❻未支給有無
❼ 郵便番号 154-0000　㋑ 電話番号 03－××××－××××
❽（フリガナ）※住所コード　セタガヤ　○○○○
住所　世田谷 市区町　○○1-2-3　送信

故人が受給していた年金の年金証書から基礎年金番号と年金コードを転記する

届出者の氏名、続柄、住所などを記入。本人が署名する場合は押印不要

注：日本年金機構に個人番号（マイナンバー）が収録されている人は死亡届を省略できます。

未支給年金・保険給付請求書

用紙は年金事務所などでもらえる。日本年金機構のホームページ【http://www.nenkin.go.jp/】からダウンロードも可能

国民年金・厚生年金保険・船員保険・共済年金・年金生活者支援給付金
未支給年金・未支払給付金請求書
※基礎年金番号（10桁）で届出する場合は左詰めで記入してください。
二次元コード
様式第514号

45 46 48 【職員記入欄】死亡した方が年金生活者支援給付金を受給されていた場合は右欄に☑ ✓

死亡された方
死亡した受給権者
❶ 個人番号（または基礎年金番号）および年金コード　個人番号（または基礎年金番号）　年金コード（複数請求する場合は右の欄に記入）
123456789012　1150
❷ 生年月日　明治・大正・昭和・平成・令和　○○年06月12日
㋐（フリガナ）ウチダ　ユウジロウ
氏名（氏）内田（名）裕二郎
❸ 死亡した年月日　昭和・平成・令和　○○年10月01日

◆ 死亡した方が厚生年金保険・船員保険・統合共済の年金以外に共済組合等で支給する共済年金も受給していた場合、あわせて共済の未支給年金（未済の給付）の請求を希望しますか。※共済年金と国民（基礎）年金のみ受けている方は、別途共済組合等に請求が必要です。　はい・いいえ

請求される方
請求者
❹（フリガナ）ウチダ　カズコ
氏名（氏）内田（名）和子 ㊞　❺続柄 妻　※続柄
❼ 郵便番号 154-0000　㋑ 電話番号 03－××××－××××
❽（フリガナ）※住所コード　セタガヤ　○○○○
住所　世田谷 市区町村　○○1-2-3
個人番号　←請求される方の個人番号（マイナンバー）をご記入ください。
㋒ 年金受取機関　①金融機関（ゆうちょ銀行を除く）　2. ゆうちょ銀行（郵便局）
（フリガナ）ウチダ　カズコ
口座名義人氏名　内田和子
年金送金先
金融機関　金融機関コード　支店コード　（フリガナ）○○○ 銀行　○○　（フリガナ）セタガヤ 支店　世田谷　預金種別 1. 普通 2. 当座　口座番号（左詰めで記入）0123456
ゆうちょ銀行　貯金通帳の口座番号　記号（左詰めで記入）　番号（右詰で記入）　金融機関またはゆうちょ銀行の証明※　請求者の氏名フリガナと口座名義人氏名フリガナが同じであることを確認してください。　印
支払局コード

㋓ 受給権者の死亡当時、受給権者と生計を同じくしていた次のような人がいましたか。

配偶者	子	父母	孫	祖父母	兄弟姉妹	その他3親等内の親族
㊀いる・いない	いる・㊀いない	いる・㊀いない	いる・㊀いない	いる・㊀いない	いる・㊀いない	いる・㊀いない

㋔ 死亡した方が三共済（JR、NTT、JT）・農林共済年金に関する共済年金を受けていた場合に記入してください。
死亡者からみて、あなたは相続人ですか。（相続人の場合には、続柄についても記入してください。）　はい・いいえ（続柄　）

㋕ 備考

請求される方で、別世帯の配偶者または子の場合
㋖ 別世帯となっていることについての理由書
次の理由により、住民票上、世帯が別となっているが、受給権者の死亡当時、その者と生計を同じくしていたことを申し立てます。
（該当の理由に○印をつけてください。）
請求書氏名 ㊞
理由
1. 受給権者の死亡当時、同じ住所に二世帯で住んでいたため。
（請求者が配偶者または子である場合であって、住民票上、世帯が別であったが、住所が同じであったとき。）
2. 受給権者の死亡当時は、同じ世帯であったが、世帯主の死亡により、世帯主が変更されたため。

死亡した受給権者と請求者の住所が住民票上異なっているが、生計を同じくしていた場合は「別居していることについての理由書」などが必要となります。用紙が必要な方は「ねんきんダイヤル」またはお近くの年金事務所などにお問い合わせください。
詳しくは5ページの「生計同一に関する添付書類一覧表」をご覧ください。

市区町村受付年月日　実施機関等受付年月日

令和 ○ 年 10 月 15 日 提出

年金事務所記入欄
※遺族給付同時請求 有・無
※死亡届の添付 有・無

◎「記入上の注意」などをよく読んでからご記入ください。
◎個人番号または基礎年金番号・年金コードが不明なときは、年金事務所の窓口でご相談ください。
◎「※」印欄は、記入しないでください。

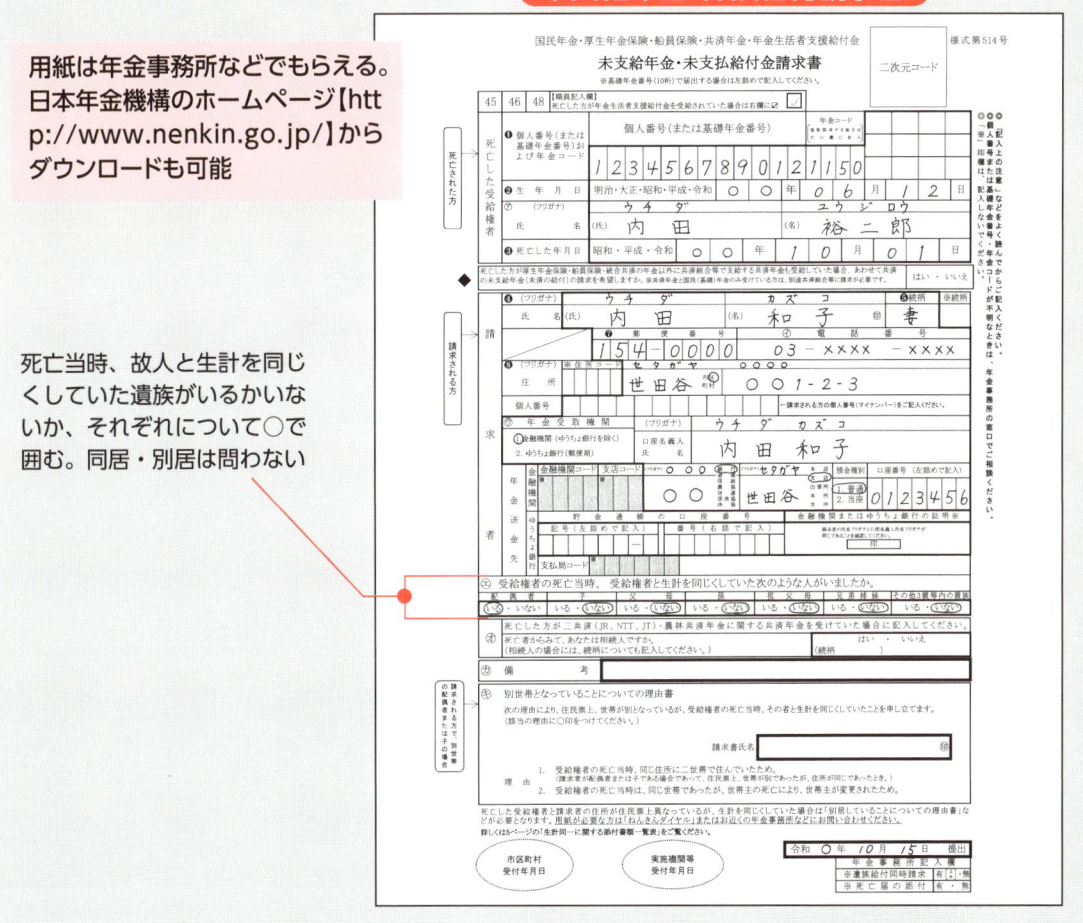

死亡当時、故人と生計を同じくしていた遺族がいるかいないか、それぞれについて○で囲む。同居・別居は問わない

寡婦年金の概要	
故人の要件	●第１号被保険者の保険料納付済期間（免除期間を含む）が10年以上 ●老齢年金などを受けていない
対象者	故人に生計を維持されていた婚姻期間10年以上で65歳未満の妻
金額	老齢基礎年金の４分の３相当額

死亡一時金の概要	
故人の要件	●第１号被保険者の保険料納付月数*が36月以上 ●老齢年金などを受けていない ●遺族基礎年金の対象となる遺族がいない
対象者	故人と生計を同じくする配偶者、子、父母など
金額	保険料納付済月数に応じた定額

■遺族基礎年金のチェック表

〈受給要件〉
故人は死亡当時、次のいずれかに該当している
①国民年金に加入中
②国民年金に以前加入しており、日本在住で60歳以上65歳未満
③老齢基礎年金を受給中（受給できる）
④老齢基礎年金の資格期間を満たしている

→ いいえ：遺族基礎年金は受けられない
↓ はい

〈保険料納付要件〉
上記①②の場合は、死亡月の前々月までに保険料納付済期間（免除期間を含む）が全被保険者期間の３分の２以上ある、または死亡日に65歳未満の人で前々月までの１年間に保険料の未納がない
※③④の人は「はい」へ

→ いいえ：遺族基礎年金は受けられない
↓ はい

〈遺族の範囲〉
死亡当時、故人に生計を維持されていた次の遺族がいる
子*のいる配偶者または子*
*子とは、18歳になり最初の３月31日までの間にある子または20歳未満の１級または２級の障害者

→ いいえ：遺族基礎年金は受けられない
↓ はい

遺族基礎年金が支給される

＊４分の３納付月数は４分の３月、半額納付月数は２分の１月、４分の１納付月数は４分の１月として計算

自分で保険料を納める第1号被保険者だけでなく、サラリーマンも第2号被保険者として加入しますので、まずは上のチェック表で遺族基礎年金の受給資格を満たしていないか確認しましょう。年金額は、年度ごとの定額と子の加算額の合計となっています。

もっとも、遺族基礎年金の支給対象は、子のいる配偶者または子に限られているため、受給できるケースはさほど多くありません。それでは保険料の払い損になってしまうことから、第1号被保険者として保険料を納めた期間が一定以上ある人については、**寡婦年金**または**死亡一時金**の給付制度が設けられています。

それぞれの概要は上表のとおりで、両方の受給資格があるときはどちらか一方を選択します。また、寡婦年金は妻が60歳から64歳までの間支給されますが、遺族基礎年金などと同時に受けることはできませんので、有利なほうを選択することになります。

加入期間が短くても受給できることもある

遺族厚生年金は遺族の範囲がぐっと

■遺族厚生年金のチェック表

〈受給要件〉
故人は死亡当時、次のいずれかに該当している
①厚生年金に加入中
②厚生年金の加入期間中に初診日がある傷病がもとで、初診日から５年以内に死亡
③１級・２級の障害厚生年金を受給中（受給できる）＊1
④老齢厚生年金を受給中または資格期間を満たしている

はい ↓　　いいえ → 遺族厚生年金は受けられない

〈保険料納付要件〉
上記①②の場合は、遺族基礎年金と同じ保険料納付要件を満たしている

はい ↓　　いいえ → 遺族厚生年金は受けられない

〈遺族の範囲〉
死亡当時、故人に生計を維持されていた次の遺族がいる

第１順位	第２順位	第３順位	第４順位
妻、子＊2、55歳以上の夫	55歳以上の父母	孫＊2	55歳以上の祖父母

はい ↓　　いいえ → 遺族厚生年金は受けられない

遺族厚生年金が支給される

＊1　３級の障害厚生年金でも、死亡原因により遺族厚生年金を受給できる場合がある
＊2　子および孫の年齢要件は遺族基礎年金と同じ

広がっています。子のいない妻や夫、さらには父母、孫、祖父母まで対象になりますので、たとえ短い期間でも故人が厚生年金に加入していたら、必ずチェックしてみてください。

年金額は、故人の標準報酬月額や被保険者期間をもとに計算され、老齢厚生年金の４分の３相当額となっています（受給権者が自身の老齢厚生年金も受けられる場合は、年金額が異なる、あるいは年金額を選択できるケースがある）。また、夫の死亡時に40歳以上65歳未満で、生計を同じくする子がいない妻などが受ける場合には、一定の加算があります。

まずは年金事務所などで相談を

年金も一時金も、受給権のある人が自ら請求しないともらえません。いちばん有利な受給のしかたを含め、まずは最寄りの年金事務所や街角の年金相談センターで相談してみましょう。

相談の際には、故人と請求者の年金手帳や年金証書などを持参します。また、本人以外が相談や請求を行うときは、本人の委任状などが必要です。

相続の手続き

所得税の申告

所得税の準確定申告をする

被相続人に申告すべき所得があるときは、相続人が**準確定申告**を行う

申告と納税の期限は相続開始後**4か月以内**

1月1日から死亡日までの所得税額を申告する

被相続人が死亡した年の所得税は、相続人が申告や納税を行わなければなりません。この納税額は、被相続人の相続開始時における確定債務となります。反対に、還付金があるときは相続財産に組み込まれます。

通常の確定申告は、暦年1年分を翌年3月15日を期限に行いますが、死亡の年については、1月1日から死亡日までの分を、相続開始後**4か月以内**に申告することになっています。これを**準確定申告**といいます。

また、被相続人が1月1日から3月15日までの間に前年分の確定申告をしないまま死亡したときは、あわせてその申告も必要です。この場合は、本年分と同じ期限までに申告すればよいことになっています。申告に必要な証明書などの発行に時間がかかる場合がありますので、早めに準備しましょう。

なお、一般のサラリーマンの場合は勤務先が一種の年末調整を行いますので、申告は不要です。ただし、給与・退職所得以外に20万円を超える所得がある人などについては申告の義務があります。また、医療費控除などによる還付を受けたいときには、申告書を提出することができます。

すべての相続人が連名で申告する

準確定申告は、相続人全員の連署にて、**確定申告書**とその付表を提出して行います。提出先は被相続人の納税地（通常は住所地）の税務署です。一緒に申告できない相続人がいるときは、その人も同じ内容の申告書と付表を別途提出することになります。

専用の申告書はありませんので、通常の確定申告書を使用し、表題と氏名などの欄を左の記入例のように書きます。そのほかの書き方は通常の確定申告とほとんど同じです。税務署配付の「手引き」などを参照して記入しましょう。

なお、配偶者控除や扶養控除などの適用の可否は、死亡日現在の扶養状況で判定します。控除が認められる場合には、控除額を月数で按分したりする必要はありません。また、医療費控除の対象になる医療費は、死亡の日までに実際に支出したものに限られます。たとえ被相続人の治療費や入院費などであっても、死亡日のあとに支払ったものは対象になりません。

準確定申告のスケジュール

●前年分の確定申告を済ませている人が死亡した場合

B年　6月10日　10月10日

1月〜　←4か月→

死亡日

B年分（1月1日〜6月10日）の申告期限

●1月1日〜3月15日の間に前年分の確定申告をしないで死亡した場合

A年　B年　3月1日　7月1日

1月〜　〜12月　1月〜　←4か月→

死亡日

B年分（1月1日〜3月1日）とA年分の申告期限

準確定申告書の記入例①〈申告書B〉

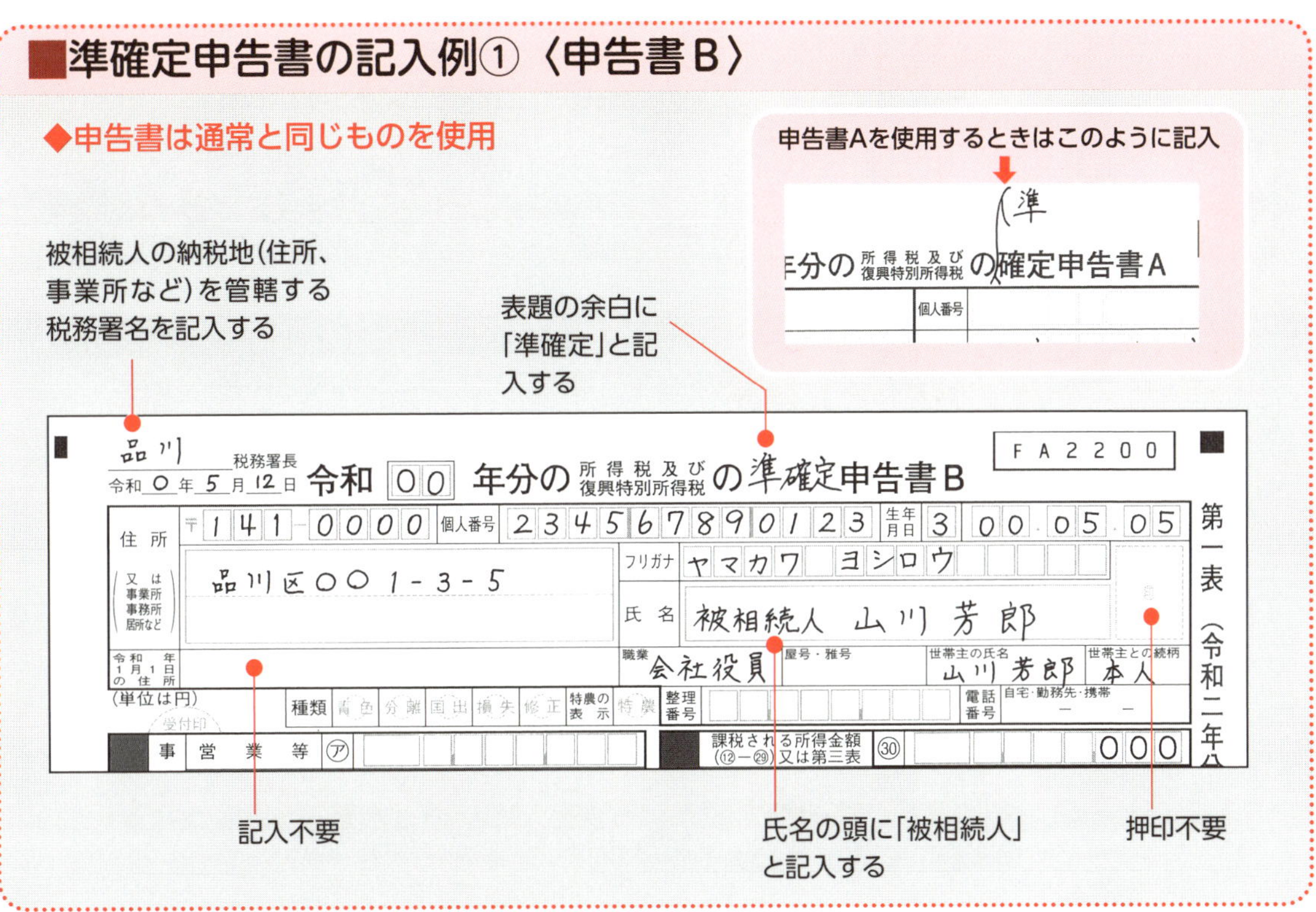

Δ 82,500 円

申告書第一表から「納める税金」または「還付される税金」の金額を転記する

書類の受取りなどのため相続人の代表者を決め、氏名を記入する

相続人（放棄した人を除く）と包括受遺者の全員の住所、氏名、職業などを記入。この申告書で申告する人は、氏名を本人が自署し、押印が必要

A 納める税金または還付される税金

解 説

「納める税金」は被相続人の債務となり、法律上は相続人や包括受遺者が相続分に応じて負担することになります（実際に支払う人はだれでもかまいません）。反対に「還付される税金」があるときは、相続財産として遺産分割の対象になります。

なお、相続人等が支払った税金は、相続税の計算上、債務控除として相続財産から控除されます。

(7) 相続分 …B		(法定)・指定 1/2
(8) 相続財産の価額		118,432,500 円
Aが黒字のとき	各人の納付税額 A × B （各人の 100 円未満の端数切捨て）	00 円
Aが赤字のとき	各人の還付金額 （各人の 1 円未満の端数切捨て）	82,500 円

B 相続分

法定相続分で取得する人は「法定」、指定相続分で取得する人は「指定」を○で囲み、割合を記入する。遺産分割協議があった場合は、「指定」に○をし、協議後の持分を記載する

各人が取得する相続財産の価額を記入。まだ遺産分割が済んでいないときは、プラスの財産の総額にBの相続分を乗じた金額を記入する

納める税金があるときはこの欄に記入

各人、A×Bで求めた金額を記入する

還付される税金があるときはこの欄に記入

協議によって還付金の分割が済んでいるときは、受け取る人の欄にその金額を記入する。分割が済んでいなければ、各人の欄にA×Bで求めた金額を記入する

確定申告書と付表は税務署でもらえる。国税庁のホームページ【http://www.nta.go.jp】でダウンロードも可能

■準確定申告書の記入例②〈確定申告書付表〉

死亡した者の ○○ 年分の所得税及び復興特別所得税の確定申告書付表
(兼相続人の代表者指定届出書)

(○○年分以降用)

1 死亡した者の住所・氏名等			
住所	(〒141-0000) 品川区○○ 1-3-5	氏名	フリガナ ヤマカワヨシロウ 山川芳郎
死亡年月日	○年 2月 5日		
2 死亡した者の納める税金又は還付される税金	(所得税及び復興特別所得税の第3期分の税額)(還付される税金のときは頭部に△印を付けてください。)	△82,500円	…A
3 相続人等の代表者の指定	(代表者を指定されるときは、右にその代表者の氏名を書いてください。)	相続人等の代表者の氏名	山川良子
4 限定承認の有無	(相続人等が限定承認をしているときは、右の「限定承認」の文字を○で囲んでください。)		限定承認

5 相続人等に関する事項				
(1) 住所	(〒141-0000) 品川区○○1-3-5	(〒141-0000) 品川区○○1-3-5	(〒231-0000) 横浜市中区○○ 3-2-1	(〒 -)
(2) 氏名	フリガナ ヤマカワヨシコ 山川良子 ㊞	フリガナ ヤマカワコウイチ 山川浩一 ㊞	フリガナ ナカジマトモコ 中島知子 ㊞	フリガナ ㊞
(3) 個人番号	1234 0000 0000	2345 0000 0000	3456 0000 0000	
(4) 職業及び被相続人との続柄	職業 なし 続柄 妻	職業 会社員 続柄 子	職業 会社員 続柄 子	職業 続柄
(5) 生年月日	○年 3月 12日	○年 10月 21日	○年 4月 2日	年 月 日
(6) 電話番号	03-xxxx-xxxx	03-xxxx-xxxx	045-xxx-xxxx	- -
(7) 相続分 …B	(法定)・指定 1/2	(法定)・指定 1/4	(法定)・指定 1/4	法定・指定
(8) 相続財産の価額	118,432,500円	59,216,250円	59,216,250円	円
6 納める税金等 Aが黒字のとき 各人の納付税額 A×B (各人の100円未満の端数切捨て)	00円	00円	00円	00円
Aが赤字のとき 各人の還付金額 (各人の1円未満の端数切捨て)	82,500円	円	円	円
7 還付される税金の受取場所 銀行等の預金口座に振込みを希望する場合 銀行名等	△△ (銀行)・金庫・組合・農協・漁協	銀行・金庫・組合・農協・漁協	銀行・金庫・組合・農協・漁協	銀行・金庫・組合・農協・漁協
支店名等	品川 本店・(支店)・出張所・本所・支所	本店・支店・出張所・本所・支所	本店・支店・出張所・本所・支所	本店・支店・出張所・本所・支所
預金の種類	普通 預金	預金	預金	預金
口座番号	1234567			
ゆうちょ銀行の口座に振込みを希望する場合 貯金口座の記号番号	-	-	-	-
郵便局等の窓口受取りを希望する場合 郵便局名等				

(注) 「5 相続人等に関する事項」以降については、相続を放棄した人は記入の必要はありません。

税務署整理欄	整理番号	0	0	0	0
	番号確認 / 身元確認				

一連番号

○この付表は、申告書と一緒に提出してください。

相続の手続き

遺産の分割

遺産分割協議はこう進める

遺言の指定がなければ話し合いで遺産を分ける

相続人が複数いる場合には、相続分に応じて各相続人に財産を分配する、すなわち**遺産の分割**が必要です。

遺言があり、「○○の土地は妻に」というように分割方法が指定されていれば、それにしたがいます。しかし遺言がなかったり、あっても相続分の指定しかないような場合には、具体的な財産の分け方を相続人全員の話し合いによって決めることになります。この話し合いが**遺産分割協議**です。

遺産の分割に期限はありません。しかし相続税のかかるケースでは、分割済みの場合にのみ適用される優遇措置があるので、申告期限（相続開始後10か月以内）までに終えられるよう進めていきましょう。

協議には相続人全員が参加する

遺産分割協議を行うには、次のことが前提になります。

まず、**相続人を確定**すること。遺産分割協議にはすべての相続人（包括受遺者を含む）が参加します。相続人をひとりでも欠いた協議は無効です。

なお、相続人に未成年の子とその親権者がいる場合、両者は利害が対立する関係にあるので、各子別に特別代理人の選任が必要です。親族などから適切な人を選び、子の住所地の家庭裁判所に選任の申立てを行ってください。

次に、**相続財産の範囲と評価額の確定**です。相続分にしたがった遺産分けを行うには、すべての財産の評価額を決めておかねばなりません。

財産の価額は、分割協議を行う時点

ここが大切！

遺産分割協議の前に、**相続人と相続財産を確定**させておく

協議の成立には**相続人全員の出席と合意**が必要

■協議の進め方

〈遺産分割の前提〉

相続人の確定※

相続財産の範囲と評価額の確定

※不在者の中に行方不明者がいる場合には、不在者財産管理人制度を活用します。

→ 未成年者がいる場合 特別代理人の選任

→ 協議が成立

→ 遺産分割協議書の作成

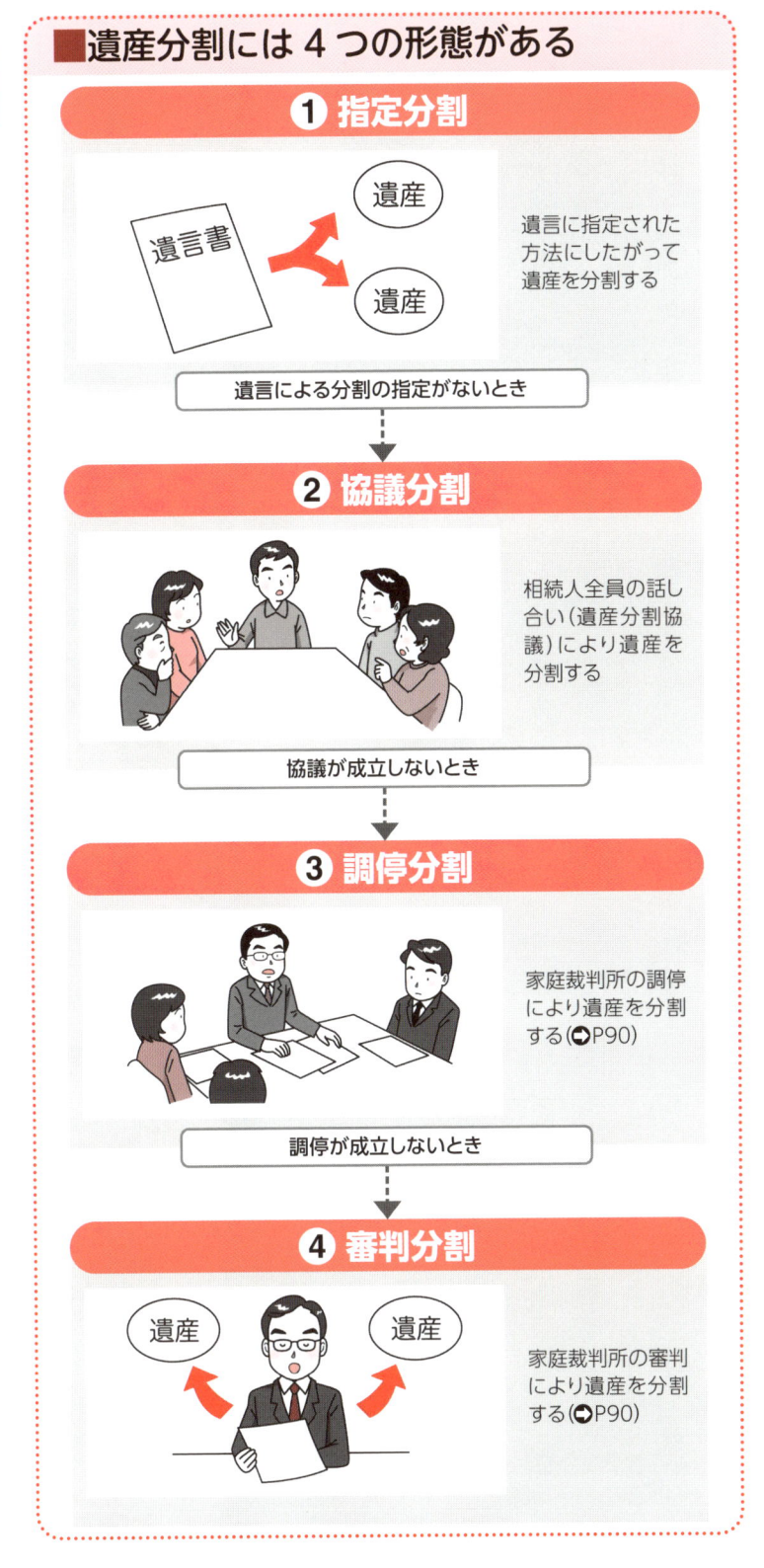

での時価とします。相続税評価額のような評価方法の決まりはありません。各人が客観的なデータを持ち寄るなどし、適正な額を決定します。

納得するまで何度でも話し合う

協議は必ずしも全員が集合して行う必要はなく、電話などで連絡を取り合って進めることも可能です。

ただし、協議の成立には**全員の合意**が必要です。また、いったん成立した協議は一方的に解除できません。遺産の分割にはいくつか方法がありますので（➡P86）、全員が納得できるまで十分に話し合いましょう。

協議が成立したら**遺産分割協議書**を作成します（➡P88）。

なお、2023年4月1日以降は、相続開始（死亡時）から10年を経過した後の遺産分割協議については、寄与分等を加味した具体的相続分または遺言による指定相続分は認められなくなり、単純な法定相続割合に準じることとなります（相続人全員が具体的相続分による遺産分割をすることに合意すれば、それでも可）。

■遺産分割には４つの形態がある

❶ 指定分割

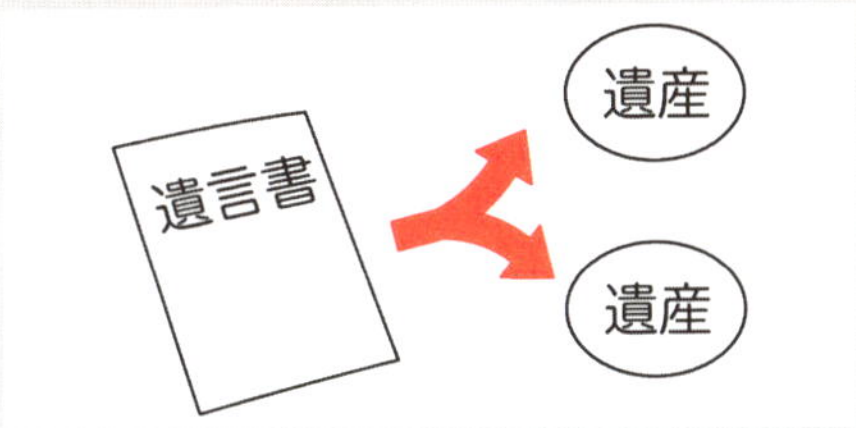

遺言に指定された方法にしたがって遺産を分割する

遺言による分割の指定がないとき

❷ 協議分割

相続人全員の話し合い（遺産分割協議）により遺産を分割する

協議が成立しないとき

❸ 調停分割

家庭裁判所の調停により遺産を分割する（➡P90）

調停が成立しないとき

❹ 審判分割

家庭裁判所の審判により遺産を分割する（➡P90）

10か月以内

相続の手続き

遺産の分割

遺産の分割には4つの方法がある

ここが大切！

現物を分けるだけでなく**換価分割**や**代償分割**なども検討する

共有分割は、のちのちのことも考えて慎重に

公平な遺産分けのための分割テクニック

遺産分割では、自宅、農地、事業資産といった分割しにくい財産を、いかに公平に分けるかがポイントになります。遺産分割にはいくつか方法がありますが、おもなものは次の4つです。これらを適宜に組み合わせ、相続分に合うように財産を分配します。

①現物分割

「自宅は妻に、預金は長女に、株式は長男に」というように、個々の財産をそのまま分配する方法です。遺産分割の原則的な方法ですが、これだけでは公平な分割はむずかしいでしょう。

②換価分割

財産を売却などして金銭に換え、分配する方法です。現物では分割しにくい財産を分配できます。売却益に対して所得税と住民税がかかります。

③代償分割

一部の相続人が相続分を超える財産を取得する代わりに、ほかの相続人に対して金銭を支払う方法です。

たとえば、おもな遺産が1億円の店舗兼用住宅で、相続人は店を継ぐ長男、会社員の次男とします。この場合、長男が住宅を取得して次男に5、000万円を支払えば丸く収まります。

このように、事業資産など承継者が一括で取得すべき財産の分配に便利ですが、債務を負担する相続人に支払能力のあることが前提になります。

④共有分割

複数の相続人で持分を定め、共有する方法です。共同使用する別荘など、おもに不動産の分割に便利です。ただ

共有分割

数人の相続人で、持分を定めて共有する

- 公平な分配が可能になる
- 財産の現物を残すことができる

- 利用や処分の自由度が低い
- 共有者に次の相続が起こると、権利関係がさらに複雑になる

●いろいろな分割の方法

	現物分割	換価分割	代償分割
方法	個々の財産をそのまま各相続人に分配する	財産を売却などし、金銭に換えて各相続人に分配する	一部の相続人に財産を与え、ほかの相続人に対して金銭を支払う債務を負わせる
長所	●わかりやすい ●財産の現物を残せる	●公平な分配が可能になる	●公平な分配が可能になる ●事業用資産や農地などを細分化せず残すことができる
短所	●相続分どおりに分配するのはむずかしい	●売却の手間と費用がかかる ●譲渡益に対して所得税と住民税が課税される ●財産の現物が残らない	●債務を負担する相続人に、その能力がないと実現できない ●債務を負う相続人が債務を履行しないリスクがある

し手軽さから安易に共有とするのは好ましくありません。

借金などの債務はどう分割するか

遺産の分割は、法定または指定の相続分に則して行うのが原則ですが、全員の合意があれば、相続分と異なる分割をしてもかまいません。

これは債務についても同様です。

債務は相続人が相続分に応じて負担すべきもので、法的には分割の対象になりません。しかし実務上は、だれがどう債務を負担するのかきちんと決めておく必要があります。もっとも、これは相続人の間での取り決めにすぎず、債権者には対抗できません。

こんなときは

代償金が支払われない

代償分割で合意したのに相手が代償金を支払わない……。こんな場合でも、債務不履行を理由に分割協議を無効にすることはできません。訴訟など別の手段を講じる必要があります。ただし、全員の合意があれば協議をやり直すことは可能です。

10か月以内

相続の手続き

遺産の分割

遺産分割協議書の作成のしかた

不動産の相続登記でも使用する

遺産分割の協議がととのったら、**遺産分割協議書**を作成します。

協議書は、記録を残して無用なトラブルを避けるという意味もありますが、それ以上に不動産の相続登記や銀行預金の名義変更で必要になるなど、実務面からの作成が求められます。

また、相続税を申告する人は、この協議書が配偶者の税額軽減の特例を受けるための添付書類になります。

協議書の書き方はここがポイント

遺産分割協議書には、とくに決まった書式はありません。パソコン、手書きのどちらでもかまいません。

作成にあたって留意すべき点は、おもに次の2つです。

ひとつは、だれがどの財産を取得したかが明確にわかること。とくに財産の記載については、当事者以外の人が見ても特定できるようにします。

不動産であれば、登記簿のとおりに記載すれば間違いありません。また銀行預金は銀行支店名、口座番号、残高などを正確に書きましょう。

2つめは、分割協議が適正に成立したことが証明されること。そのために相続人全員が署名捺印（または記名押印）します。印鑑は必ず**実印**を使用し、住所は印鑑証明書のとおりに記載してください。

そのほか、トラブル防止という意味では、相続人の間で取り決めた債務の分割方法や、代償分割がある場合の代償金額や支払条件なども記載しておくとよいでしょう。

ここが大切！

分割協議が成立したら**遺産分割協議書**を作成する

協議書にはすべての相続人が**実印**で署名捺印（記名押印）する

財産を取得しなかった相続人も含め、協議書には全員が署名捺印（または記名押印）する

■遺産分割協議書の作成例

遺産分割協議書

○○年10月1日に死亡した被相続人内田裕二郎の相続人である内田和子、吉本久美、内田智史は、被相続人の遺産の分割について協議し、次のとおり分割することに同意した。

1. 内田和子と内田智史は、次の遺産をそれぞれ２分の１ずつの割合で取得する。
   東京都世田谷区○○1丁目2番3号所在
   宅地230平方メートル
   上同所同番地所在　家屋番号2番3号　木造瓦葺二階建居宅1棟
   床面積1階80平方メートル　２階60平方メートル
2. 内田和子は次の遺産を取得する。
   ○○銀行××支店の定期預金
   口座番号1234567　5,000,000円
3. 吉本久美は次の遺産を取得する。
   ××銀行○○支店の定期預金
   口座番号7654321　12,000,000円
   ○○産業株式会社株式　2,000株
   ○○電力株式会社株式　5,000株
4. 内田智史は第１項に記載の遺産を取得する代償として、吉本久美に対し××年３月末日までに、金8,000,000円を支払うものとする。
5. 本協議書に記載のない遺産および後日判明した遺産は、内田和子が取得する。

以上のとおり遺産分割協議が成立したので、本協議書３通を作成して署名押印のうえ、各自１通ずつ所持するものとする。

××年2月15日

東京都世田谷区○○1丁目2番3号
相続人　内　田　和　子　（内田）
東京都稲城市○○町123番地4
相続人　吉　本　久　美　（吉本）
神奈川県横浜市港北区○○12番34号
相続人　内　田　智　史　（内田）

不動産については登記簿の記載どおりに記す

財産は、特定できるようできるだけ具体的に記す

代償分割があったときは内容や条件を明記しておく

住所は印鑑証明の記載どおりに記す

相続人全員の署名捺印（記名押印）。市区町村に届け出た実印を使用する

◆形式や書式は自由。手書き・パソコン、縦書き・横書きを問わない

※印鑑証明書の有効期限はないが、法務局等対外的に提出する場合は、印鑑証明書も提出する必要がある。

10か月以内

相続の手続き

遺産の分割

遺産分割の協議がまとまらないときは

ここが大切！

遺産分割の話し合いがつかないときは、家庭裁判所の**調停**を利用できる

調停でもだめなら**審判**で決めてもらう

決定的にこじれる前に調停を利用しよう

何度話し合っても遺産分割の方法が決まらない、あるいは出席を拒む相続人がいて協議ができない……。身内での話し合いがもめると、どうにも収拾がつかなくなることがあります。こんなときは家庭裁判所の**調停**を利用するとよいでしょう。

この調停は、相続人のうちのひとりまたは数人がほかの相続人を相手方として申し立てるものです。裁判官ひとりと民間から選ばれた2人以上の調停委員からなる調停委員会の立会いのもと、あくまでも当事者の話し合いを基本に解決を目指していきます。

調停委員会は、当事者双方から事情を聴き、必要に応じて事実調査をしたうえで、解決案を提示したりアドバイスを行います。調停委員会が分割方法を強制することはありません。

話し合いがまとまると、その合意内容を記した**調停調書**が作成されます。調停での合意内容には確定した審判と同じ効力があり、これにもとづいて遺産の分割を行うことになります。

調停が不成立のときは審判に移行する

調停が不調に終わったときは、自動的に**審判**の手続きが開始されます。そして裁判官が、財産の種類や性質、各相続人の年齢、職業、心身の状態および生活の状況その他の一切の事情を考慮したうえで分割方法を決め、審判をすることになります。

なお、この審判に不服がある場合には、2週間以内に即時抗告の申立てを行うことができます。

●調停申立ての手続き

申立人	共同相続人、包括受遺者、遺言執行者など
申立先	相手方のうちのひとりの住所地の家庭裁判所または当事者が合意で定める家庭裁判所
必要書類など	●遺産分割調停申立書（➡左ページ）、当事者等目録 ●被相続人の出生から死亡までの戸籍（除籍）謄本 ●相続人全員の戸籍謄本（ケースによりその他の戸籍謄本が必要な場合あり）、住民票 ●遺産目録、不動産の登記事項証明書、固定資産評価証明書など
費　用	収入印紙1,200円＋切手代

■遺産分割調停申立書の記入例

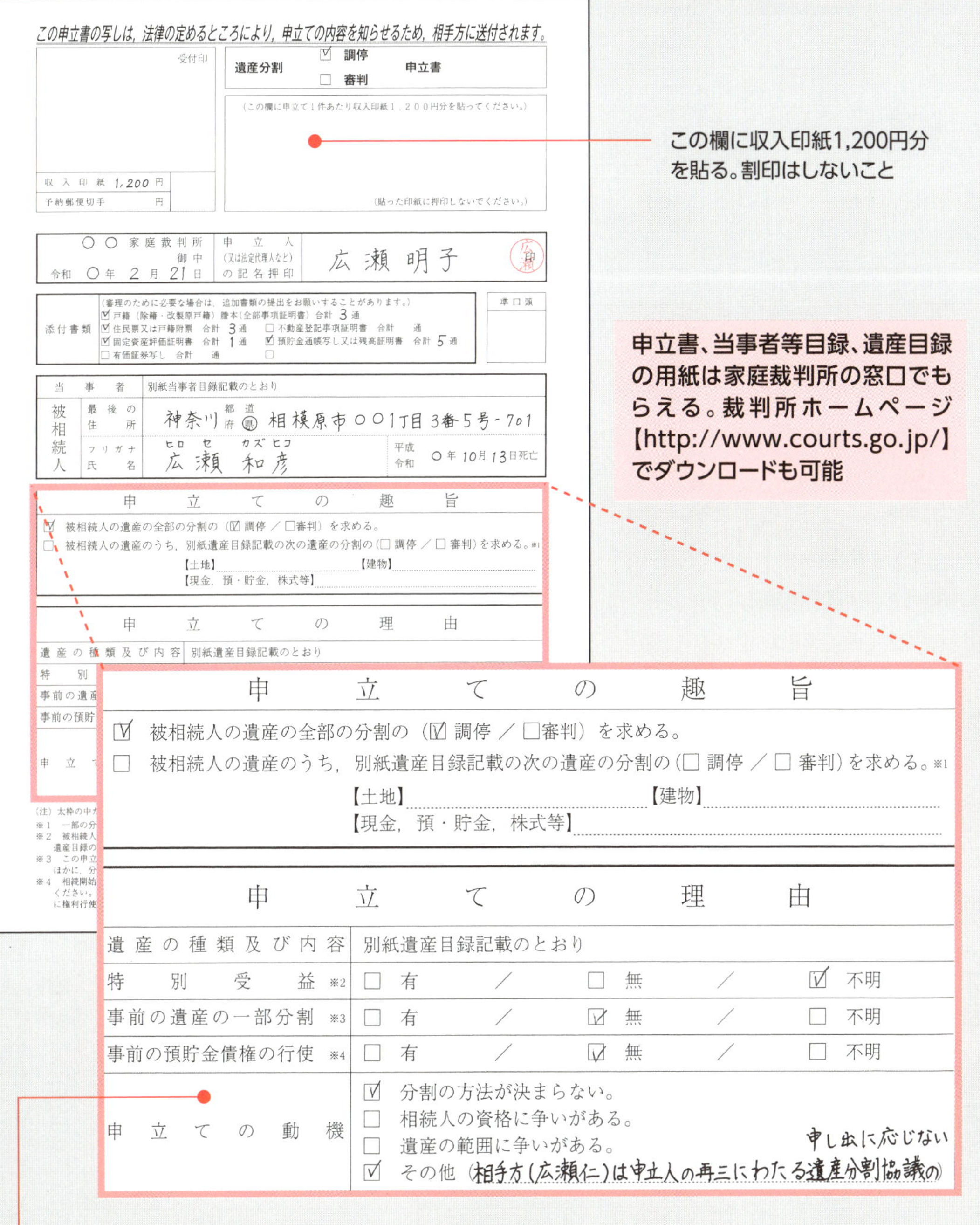
この申立書の写しは，法律の定めるところにより，申立ての内容を知らせるため，相手方に送付されます。

遺産分割 ☑調停 □審判 申立書

（この欄に申立て1件あたり収入印紙1,200円分を貼ってください。）

収入印紙 1,200円
予納郵便切手 円

（貼った印紙に押印しないでください。）

○○家庭裁判所 御中
令和 ○年 2月 21日

申立人（又は法定代理人など）の記名押印 広瀬明子

添付書類（審理のために必要な場合は，追加書類の提出をお願いすることがあります。）
☑戸籍（除籍・改製原戸籍）謄本（全部事項証明書） 合計 3 通
☑住民票又は戸籍附票 合計 3 通
□不動産登記事項証明書 合計 通
☑固定資産評価証明書 合計 1 通
☑預貯金通帳写し又は残高証明書 合計 5 通
□有価証券写し 合計 通

当事者 別紙当事者目録記載のとおり

被相続人 最後の住所 神奈川県 相模原市○○1丁目3番5号-701
フリガナ ヒロセ カズヒコ
氏名 広瀬 和彦
平成／令和 ○年 10月 13日死亡

申立ての趣旨
☑ 被相続人の遺産の全部の分割の（☑ 調停 ／ □審判）を求める。
□ 被相続人の遺産のうち，別紙遺産目録記載の次の遺産の分割の（□ 調停 ／ □ 審判）を求める。※1
【土地】…… 【建物】……
【現金，預・貯金，株式等】……

申立ての理由			
遺産の種類及び内容	別紙遺産目録記載のとおり		
特別受益 ※2	□ 有	□ 無	☑ 不明
事前の遺産の一部分割 ※3	□ 有	☑ 無	□ 不明
事前の預貯金債権の行使 ※4	□ 有	☑ 無	□ 不明
申立ての動機	☑ 分割の方法が決まらない。 □ 相続人の資格に争いがある。 □ 遺産の範囲に争いがある。 ☑ その他（相手方（広瀬仁）は申立人の再三にわたる遺産分割協議の申し出に応じない		

この欄に収入印紙1,200円分を貼る。割印はしないこと

申立書、当事者等目録、遺産目録の用紙は家庭裁判所の窓口でももらえる。裁判所ホームページ【http://www.courts.go.jp/】でダウンロードも可能

申立ての理由であてはまるものをチェックする。「その他」を選んだ場合は具体的に記入する

10か月以内

相続の手続き

名義変更

不動産の相続登記をする

ここが大切！

- 不動産を相続したら、**所有権移転の登記**をすみやかに行う
- 専門家に任せる場合は**司法書士**に依頼する

不動産を相続したらまず登記

遺産分割の方法が決定したら、すみやかに財産の名義変更を行います。とりわけ重要なのは、不動産の名義を移す、すなわち所有権移転の登記です。一般に相続を原因とするこの登記を、相続登記と呼んでいます。

法定相続分以上の相続分は、登記をしなければ第三者に対抗できません。また、相続人は、相続の認知後3年以内に登記する義務があり、怠った場合は10万円以下の過料となる予定（2024年4月1日）です。

手続きは面倒だがむずかしくはない

●相続登記に必要な書類

	書類の種類	遺言相続	遺産分割協議	法定相続※
申請書等	登記申請書	●	●	●
申請書等	相続関係説明図	○ 戸籍謄本等の原本の還付を受けたい場合に必要		
被相続人	戸籍謄本等	● 死亡の記載	● 出生～死亡	● 出生～死亡
被相続人	住民票（除票）	●	●	●
相続人	戸籍謄本（被相続人の戸籍謄本で援用可）	● 不動産の取得者のみ	● 全員	● 全員
相続人	住民票（申請書に住民票コードを記載した場合は省略可）	● 不動産の取得者のみ	● 不動産の取得者のみ	● 全員
その他	遺言書	●	－	－
その他	遺産分割協議書	－	●	－
その他	相続人の印鑑証明書	－	●	－
その他	固定資産評価証明書	●	●	●
その他	司法書士への委任状	○	○	○

●常に必要　○ケースにより必要

注：相続登記に必要な書類はケースにより異なりますので、事前に法務局で確認してください。また遺言書は、公正証書遺言の場合および法務局保管自筆証書遺言を除いて、家庭裁判所の検認を受けていることが必要です。

※法定相続とは遺産分割協議をせず（または不成立のため）法定相続分どおりの持分で共有する場合をいう

■登記申請書の作成例

登記申請書

登記の目的　　所有権移転

原　　因　　○年○月○日相続

依 頼 人　　（被相続人　中 井 一 郎）
○○県○○市○○町一丁目2番3号
持分3分の1　中 井 京 子　（印：中井）
氏名ふりがな　なかい きょうこ
生年月日　平成00年00月00日
連絡先の電話番号　0000－00－0000
メールアドレス　○○@○○.co.jp

□□県□□市□□町二丁目3番4号
持分3分の1　ジョン・スミス（JOHN SMITH）
生年月日　19□□年□□月□□日
メールアドレス　□□@□□.co.jp

添付書類
登記原因証明情報（法定相続情報番号 (0000－00－0000)）＊　住所証明情報

□登記識別情報の通知を希望しません。

○年○月○日申請　○○法務局○○出張所

課税価格　金 5,000 万円
登録免許税　金 20 万円

不動産の表示
所　　在　○○市○○町一丁目
地　　番　2番
地　　目　宅地
地　　積　123.45平方メートル

所　　在　○○市○○町一丁目2番地
地　　番　23番
地　　目　居宅
地　　積　72.00平方メートル

◆A4用紙を縦置き・横書きで使用。パソコン、手書きのどちらでも可

被相続人の死亡日を記載する

相続人の住所、氏名を住民票のとおりに記載し、押印する(認め印で可)

登記識別情報の通知を希望しない場合は□にチェックを入れる

不動産の表示
所在、地番、面積などを登記事項証明書のとおりに記載。
不動産番号を記載して、これらの項目の記載を省略してもよい

※法定相続情報がある時は、番号の記載でも可

登記の手続きを、司法書士に依頼するのが一般的です。自分で行う場合は、最寄りの法務局(登記所)で必要書類や申請書の書き方などを教えてもらいましょう。書面で申請する場合、申請書はA4判の用紙を使って作成します。

また、登記には**登録免許税**がかかります。税額は、相続(相続人に対する遺贈を含む)の場合は不動産の価額の**1、000分の4**(100万円以下の土地は非課税)、遺贈の場合は**1、000分の20**です。事前に金融機関で現金納付するか、収入印紙により納付します。

書類がそろったら、不動産の所在地を管轄する法務局に提出します。書留郵便での提出も可能なので、遠隔地の場合には郵送が便利です。ただし、提出書類などに不備があると、補正のために呼出しを受ける場合もあります。

登記が完了すると、**登記識別情報**の**通知書**と**登記完了証**が交付されます。12桁の英数字からなる登記識別情報は以前の登記済証(いわゆる権利証)に代わるもので、次に権利に関する登記を行う際の本人確認のための情報となりますので、他人に盗み見られないよう大切に保管してください。

10か月以内

相続の手続き

名義変更

預貯金や株式、その他の財産の名義変更

ここが大切！

預貯金や**株式**など、基本的に名義のある財産はすべて**名義変更**が必要

一部の財産を除き期限はないが、**すみやかに**行おう

相続手続きを済ませないと預金が引き出せない

銀行などの金融機関では、預貯金口座などの名義人が死亡すると、すべての取引を停止させます。預金や債券などの承継者が決まったあとの手続きの内容は、預金については口座の名義を変更するか、解約して払戻しを受けるかのどちらかになります。

所定の相続届（金融機関によって名称は異なる）には、通常、相続人全員の署名と、実印による押印を求められます。あらかじめ用紙を取り寄せて準備をすすめるとよいでしょう。その他のおもな提出書類は左表のとおりです。

なお、2019年7月1日より、各共同相続人は、ほかの共同相続人の同意なしで、金融機関ごとに150万円を限度に、相続した分の預貯金を払い戻せるようになります。

株式を取得したときは早めに名義変更を

株式を承継した人は、名義変更をしないと配当金の受取りなど株主としての権利を行使することができません。

変更の方法は、証券会社の口座で管理されていた上場株式の場合、その証券会社に承継者の口座を開いて移管するかたちになります。おもに左表の書類が必要ですが、証券会社により異なりますので事前に確認しましょう。

また、上場株式の株券はすべて廃止されましたが、いわゆる「タンス株」のまま電子化を迎えたものは、通常は株主名簿管理人である信託銀行などの特別口座で管理されていますので、そちらが手続き窓口となります。

非上場株式は発行会社により異なりますので直接問い合わせてください。

自動車の移転登録も忘れずに

そのほかの名義変更などが必要なおもな財産は、左表のとおりです。

動産は、ほとんどは現物の引渡しを受ければ完了しますが、自動車については移転登録の手続きが必要です。乗り続ける場合はもちろん、譲渡や廃車にするつもりでも、相続による名義変更を済ませなければなりません。

新しい所有者の住所地（使用の本拠地）を管轄する運輸支局などで手続きをしましょう（法律上は15日以内）。

軽自動車については、軽自動車検査協会などで通常の名義変更に準じた手続きを行います。

●おもな名義変更手続き

<table>
<tr><th>財産の種類</th><th>手続き内容</th><th>手続き先</th><th colspan="2">必要書類など</th></tr>
<tr><td>預貯金</td><td>名義変更
または解約</td><td>預入金融機関</td><td colspan="2">●金融機関所定の相続手続書類
●通帳、証書、各種カードなど（紛失していても可）
●被相続人の出生から死亡までの戸籍謄本等
●相続人全員の戸籍謄本および印鑑証明書
●相続形態により、遺産分割協議書、遺言書など</td></tr>
<tr><td rowspan="3">株式</td><td rowspan="3">名義変更</td><td rowspan="3">取引証券会社
または
株主名簿管理人
（信託銀行など）</td><td colspan="2">証券会社の口座にある上場株式については、
●証券会社所定の相続手続書類</td></tr>
<tr><td>協議分割の場合</td><td>遺言分割または遺贈の場合</td></tr>
<tr><td>上記に加え、
●被相続人の出生から死亡までの戸籍謄本等
●相続人全員の戸籍謄本
●遺産分割協議書
●相続人全員の印鑑証明書</td><td>上記に加え、
●被相続人の死亡の記載のある戸籍謄本等
●遺言書
●承継者の印鑑証明書　など</td></tr>
<tr><td>普通自動車</td><td>移転登録</td><td>運輸支局
または
検査登録事務所</td><td colspan="2">●移転登録申請書
●自動車検査証
●被相続人の出生から死亡までの戸籍謄本等
●相続形態により、遺産分割協議書、遺言書など
●相続人全員または代表相続人の印鑑証明書
●手数料納付書（自動車検査登録印紙 500 円）　など</td></tr>
<tr><td>電話加入権</td><td>名義変更</td><td>NTT</td><td colspan="2">●電話加入権等承継届出書
●被相続人の死亡と承継者が確認できる書類（戸籍謄本など）
●遺言による承継の場合は遺言書</td></tr>
<tr><td>ゴルフ会員権</td><td>名義書換</td><td>ゴルフ場</td><td colspan="2">●名義書換依頼書（所定のもの）
●被相続人の死亡の記載のある戸籍謄本等
●相続人の同意書または遺産分割協議書
●新名義人の印鑑証明書　など
◆名義書換料が必要な場合がある</td></tr>
<tr><td>生命保険契約、
損害保険契約</td><td>契約事項
変更</td><td>保険会社</td><td colspan="2">●保険会社所定の変更請求書、保険証券など</td></tr>
<tr><td>借地権、
借家権</td><td>名義変更</td><td>地主、家主</td><td colspan="2">権利を承継した旨を通知し、契約書の名義を変更してもらう
◆名義変更料などの支払いは無用</td></tr>
<tr><td>貸付金</td><td>通知</td><td>債務者</td><td colspan="2">債権を承継した旨を通知する</td></tr>
</table>

注：手続き先や相続の形態などにより、その他の書類が必要になることがあります。また遺言書は、公正証書遺言の場合を除き、家庭裁判所の検認を受けていることが必要です（法務局保管遺言書を除く）。

注：本表中の戸籍謄本等は、法定相続情報一覧図で代用できます。

遺産分割Q&A

行方不明の相続人

Q1 所在のわからない相続人がいるため遺産分割協議ができません。どうすればよいでしょうか。

A1 家庭裁判所に不在者財産管理人の選任を申し立て、この財産管理人が不在者の代わりに遺産分割協議に参加することで遺産を分割することができます。

このほか、行方不明の状態が長期間続いている場合には、失踪宣告（➡P24）を受けて死亡したものとする方法もあります。

あとから相続人が現れた

Q2 父の遺産の分割協議を終えたあとに、父の子と名乗る人物が現れました。調べてみるとたしかに父が認知した子でした。分割協議はやり直さなければなりませんか。

A2 相続人をひとりでも欠いた遺産分割協議は無効ですから、協議をやり直さなければなりません。

なお、被相続人の死亡後に、認知の訴えや遺言により認知され、相続人になるケースもあります。この場合で、すでに遺産分割協議が済んでいるときには、相続分に応じた価額を支払えばよいことになっています。

お墓の承継

Q3 実家の母が亡くなり、相続人は長男である私と弟の2人です。実家は処分して2人で分けるつもりですが、お墓は、やはり長男が相続すべきでしょうか。

墓地や仏壇、位牌、家系図などの祖先を祭る財産は、一般の相続財産とは別に承継されます。承継者は相続人に限られません。

民法は、被相続人の指定があればその者が、指定がなければ、その地方の慣習によって祖先を祭ることになっている者が承継する、としています。「長男が継ぐ」という観念は昔の長子相続の名残であって、必ずしも地方の慣習とはいえません。

慣習が明らかでないときは家庭裁判所が決定します。

お墓や位牌の承継は、相続とは別の問題

遺産の範囲の争い

Q4 父が亡くなりました。父が祖父から受け継いだ土地がいくつかありますが、そのうちのひとつを、叔父が自分の土地だといいだしました。登記簿は祖父名義のままで真相がわかりません。どうすればよいのでしょうか。

A4 このように第三者との間に所有権の争いがあり、遺産の範囲が確定しないケースは結構よくあります。遺産の範囲が確定しないと遺産分割が行えませんので、話し合いがつかなければ、訴訟による解決を待つほかありません。

遺産であるか否かの争いは意外と多い

相続人の間でも同様の争いが起こりえます。この場合は家庭裁判所での遺産分割の調停や審判で解決を試みることになりますが、調停がうまくいかなければ、通常はいったん中断し、通常の民事訴訟での判決を待つ扱いになります。

あるいは、家庭裁判所が遺産分割審判の前提として、遺産の範囲を判断することもあります。しかし確定力はありませんので、不服があれば、遺産確認の訴訟で争うことができます。

相続分を譲りたい

Q5 父が亡くなり、相続人は母と私の2人です。遺産はすべて母のものにするつもりですが、この場合、私は相続放棄の手続きをしたほうがよいのでしょうか。

A5 自分の相続分を譲ることが目的なら、このケースでは相続放棄をしてはいけません。あなたが相続放棄をすると、代わりに故人の親やきょうだいが相続人になり、母親がすべての遺産を取得することができなくなります。放棄はせず、相続分の譲渡をするか、母親がすべての遺産を相続するという内容で、遺産分割協議書を作成しましょう。

相続しないので分割協議に参加しない

Q6 兄が亡くなり、私を含め4人のきょうだいが相続人になりました。兄と折り合いの悪かった弟は、自分は相続を放棄するから勝手に決めてくれといいます。弟は遺産分割協議に参加しなくてもよいのでしょうか。

A6 まず確認したいのは、放棄というのが、家庭裁判所での正式な手続きによるものかどうかです。よく、遺産を何ももらわないことを指して「放棄」という人がいますが、それは放棄ではなく、遺産分割の結果にすぎません。この場合、遺産を何ももら

っていなくても債務は負担することになりますので、注意が必要です。

さて、正式な放棄であれば、その人は最初から相続人でなかったことになりますので、遺産分割協議には参加しませんが、そうでなければ、弟さんも協議に参加する必要があります。

もっとも、弟さんを除いた相続人で原案を作り、弟さんがこれに合意して遺産分割協議書に押印するという方法でもかまいません。

遺言と異なる分割

Q7　父が亡くなり、遺産の大半を長男である兄に相続させる旨の遺言書がありました。兄は法定相続分で分けようといっています。遺言を無視して遺産分割をしてもよいのでしょうか。

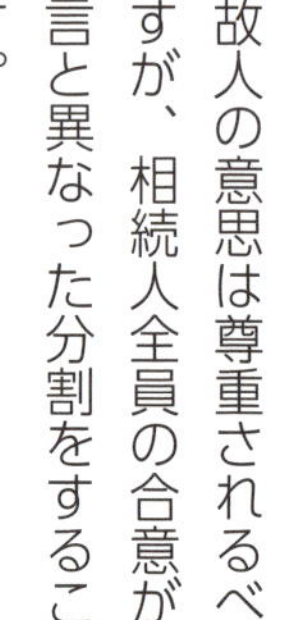

A7　故人の意思は尊重されるべきですが、相続人全員の合意があれば、遺言と異なった分割をすることは可能です。

遺言と異なる分割も違法ではない

遺言執行者（⬇P168）がいる場合には、原則として遺言執行者の同意も必要になります。

相続分のないことの証明書

Q8　父の相続にあたり、農家を継いでいる長兄から「相続分のないことの証明書」に判を押すよう頼まれました。これは何ですか。

A8　特別受益の規定（⬇P40）を利用して事実上の単独相続を実現させるもので、「特別受益証明書」とも呼ばれます。「私は被相続人の生前すでに相続分以上の贈与を受けているので、受ける相続分はありません」といった内容の文面に押印し、自分は遺産を相続しない旨を証明します。

この書面を、ひとりの相続人がほかの相続人全員から集めれば、遺産分割協議をしないで自己名義とする相続登記が可能なため、実務上よく使われています。

しかし、登記に必要な書類だからと説明され、法的な意味をよく理解しないまま押印してしまい、のちにトラブルに発展するケースも少なくありません。この場合、実際には生前贈与を受けていなくても、共同相続人の話し合いの過程で自分の相続分を放棄または贈与したものとみなされることがありますので、そうでないのなら安易に押印しないよう注意が必要です。

また、あなたが長兄の単独相続に異存がない場合でも、相続放棄をしない以上、被相続人の債務は承継することになります。その点も含めて慎重に判断してください。

第3章

相続財産がいくらなのか知っておこう

相続税を計算したり、税金対策を考えるためには、まず相続財産の額を知ることが必要です。ここでは、財産の評価方法について解説します。

遺産額とその評価

どれくらい財産があると相続税がかかるのか

ここが大切！

基礎控除額を超える財産があると相続税がかかってくる

相続財産の額は**相続開始日の時価**によって決まる

1億円の土地があっても相続税がかからない理由

遺産に相続税がかかるか否かは、相続財産の額と、相続税の**基礎控除の額**によって決まります。

基礎控除の額は2015年以降の相続開始分から改正されており、**【3、000万円＋600万円×法定相続人の数】**で求めます。たとえば、法定相続人が配偶者と子ども2人の計3人なら、基礎控除額は4、800万円です。

このケースでは、相続財産の額が4、800万円以下なら相続税はかかりません。反対に4、800万円を超える財産があるときは、超える部分に相続税がかかってくることになります。

一般的なサラリーマン家庭の場合、財産の多くを占めるのがマイホームでしょう。したがって自宅がいくらで評価されるかが重要なポイントですが、自宅の敷地には評価額が大幅に減額される特例があります（小規模宅地等の特例。詳しくは⬇P112）。

たとえば敷地の時価が1億円の自宅を配偶者が相続する場合、敷地の評価額は80％引きの2、000万円になります（敷地面積330 以下の場合）。このため、標準的な家庭で配偶者が相続するときは、過度に相続税を心配する必要はありません（ただし二次相続時の税負担に留意⬇P216）。

財産は相続開始日の時価で評価される

実際に相続が起こった場合はもちろん、相続税対策を考えるうえでも、相続税がかかるのか、かかるのなら税額はいくらぐらいかを把握することが大切です。

そのためには、まず相続財産が、どのように、いくらで評価されるのかを知る必要があります。

相続財産の価額は、**課税時期の時価**で評価することになっています。課税時期とは**相続開始日**、すなわち被相続人の死亡日のことです。

しかし、ひと口に「時価」といっても、その算定は簡単ではありません。何をもって「時価」とするかはいろいろな考え方がありますし、取引価格のない財産や、美術品のように価格があってないような財産もあります。

そこで、国税庁では**財産評価基本通達**によって財産を区分し、具体的な評価方法を示しています。ほとんどの財産は、原則としてこの通達の定めにしたがって評価することになります。

■相続税がかかる、かからない？

●相続財産の額が基礎控除額を超えると相続税がかかる

基礎控除額 ＝ 3,000万円 ＋ 600万円 × 法定相続人の数*

たとえば 相続財産の額が1億円 で 法定相続人が3人の場合は…

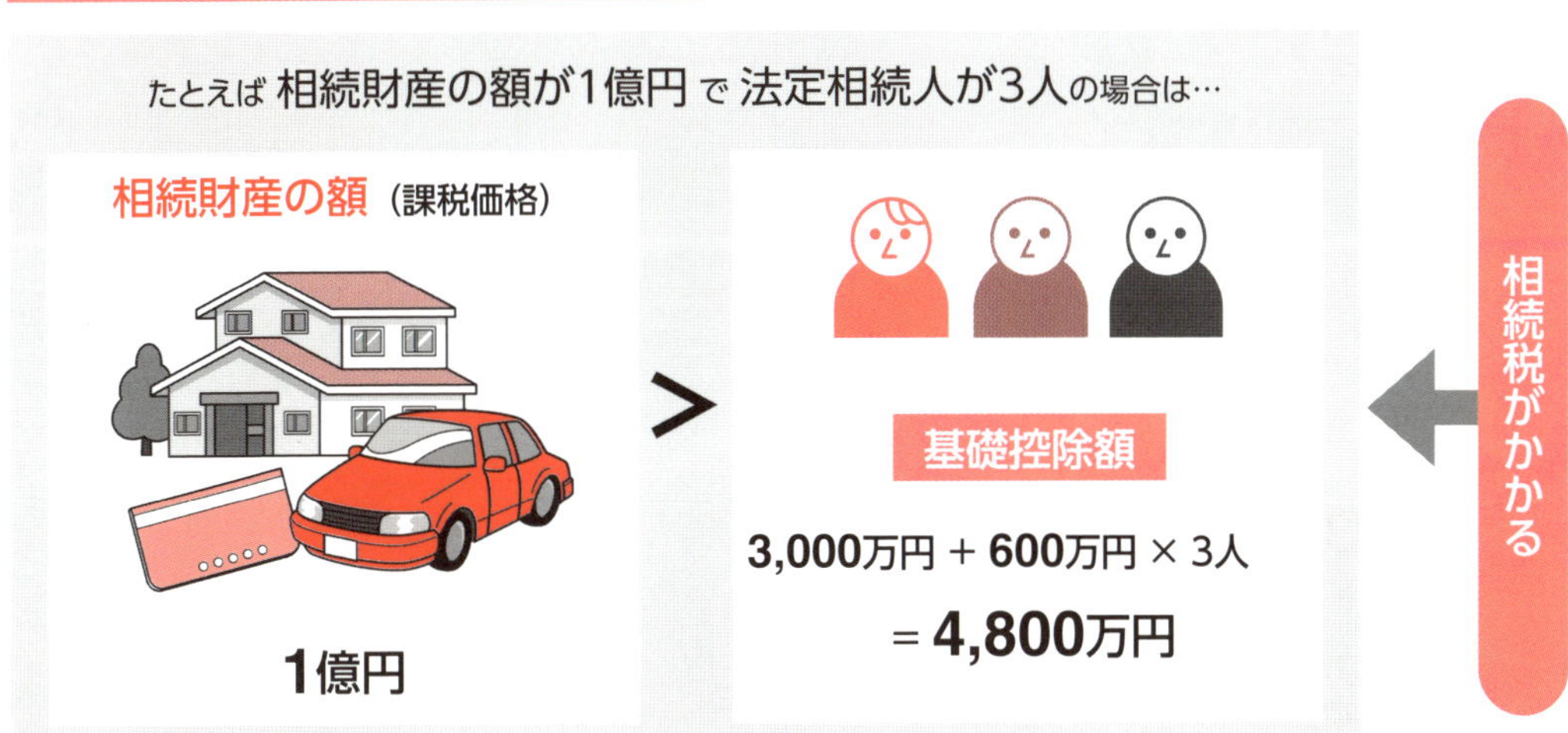

●自宅敷地を配偶者などが相続すると、評価減の特例が適用される（注）

たとえば自宅敷地の評価額が1億円（その他の財産2,500万円）で
基礎控除額が4,800万円の場合でも、特例が適用されると…

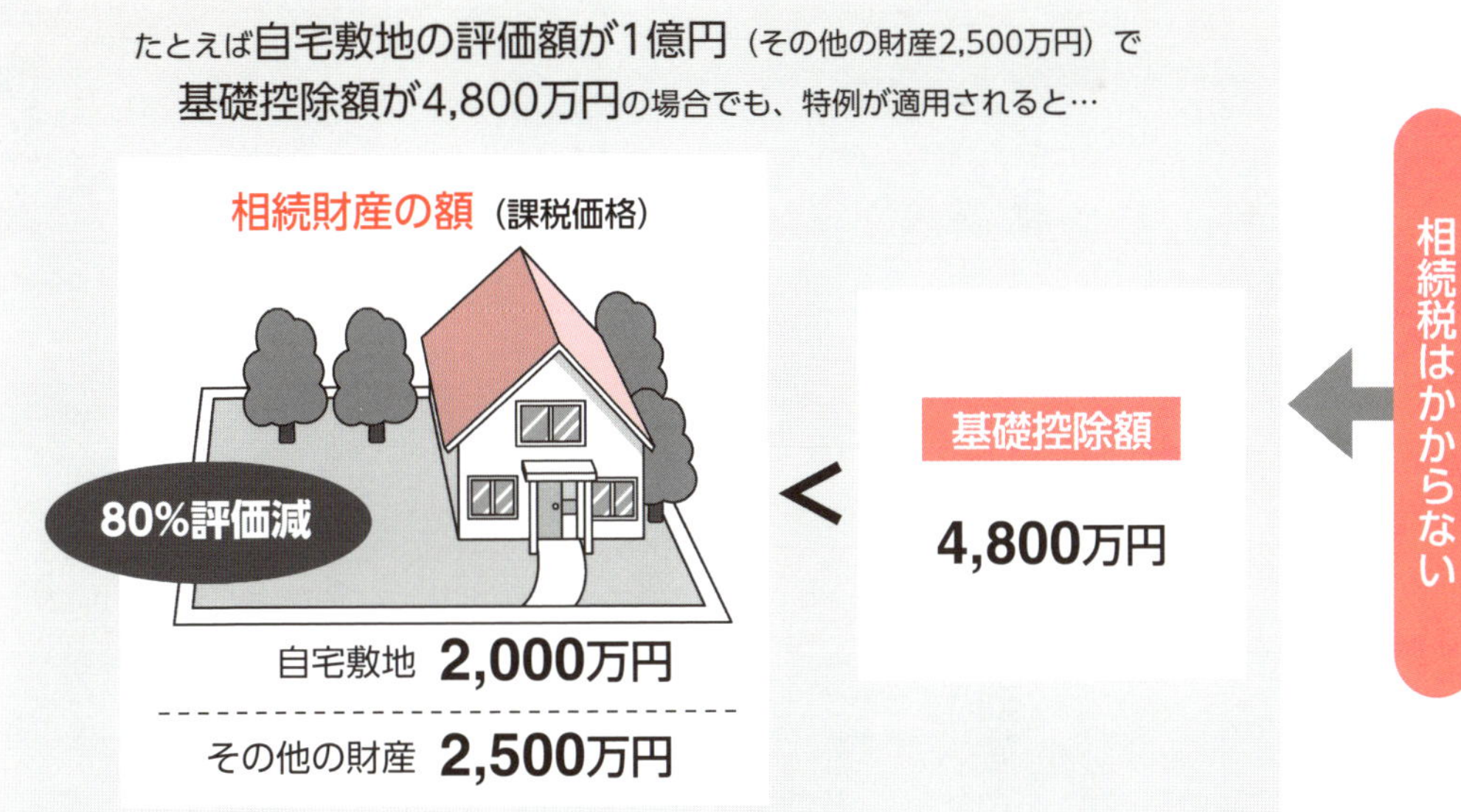

＊2015年1月1日以後の相続に適用。2014年12月31日までの相続については、基礎控除額は［5,000万円＋1,000万円×法定相続人の数］

（注）この特例の適用を受けるためには、相続税の申告書にこの特例を受けようとする旨を記載するとともに、小規模宅地等に係る計算の明細書や遺産分割協議書の写しなど、一定の書類を添付する必要があります。

相続財産の算出

課税財産の範囲

相続税のかかる財産、からない財産

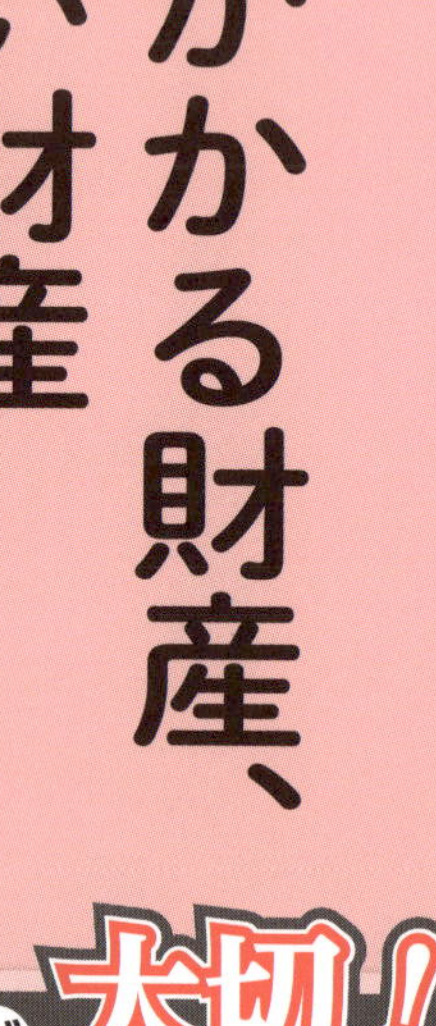

ここが大切！

墓地や仏壇など**非課税**とされる財産もある

課税財産には**本来の相続財産**と**みなし相続財産**がある

こんな財産には相続税がかからない

相続税は、原則として相続財産のすべてを課税の対象としています。

しかし、社会政策的見地あるいは国民感情への配慮などから、相続税のかからない財産もあります。非課税とされるおもな財産は、左下表に示した8つです。

代表的なものとして、墓地や仏壇などの祭祀財産、国または地方公共団体あるいは特定の公益法人に寄付した財産には相続税がかかりません。

また、被相続人の死亡により支払われる生命保険金や死亡退職金は、後述する「みなし相続財産」として相続税が課税されますが、受取人が相続人の場合に限り、一定額が非課税となっています（詳しくは⇒P130）。

本来の相続財産とみなし相続財産

非課税財産を除いて、被相続人が所有していた財産（**本来の相続財産**）で金銭で見積もることができる経済的価値のあるものすべてが、相続税の課税対象になります。

土地や家屋、預貯金、株式といったものはもちろん、未収家賃や貸付金などの金銭債権のほか、著作権や特許権などの無体財産権まで、経済的価値が認められるものすべてです。

また、本来は相続財産でないのに、その経済的価値に着目し、相続税法上は相続財産とみなして課税されるものもあります。これを**みなし相続財産**といいます。

たとえば、被相続人の死亡によって受け取る生命保険金は、生命保険会社から支払われるのであって、被相続人から相続するわけではありません。しかし、その実質的な経済的価値は本来の相続財産を取得するのと同等であることから、相続税法では相続や遺贈によって取得したものとみなして課税することにしているのです。

こんなものがみなし相続財産とされる

みなし相続財産には、おもに次のものがあります。

①生命保険金

生命保険契約や損害保険契約にもとづいて被相続人の死亡により支払われる保険金で、被相続人が保険料を負担していたものが対象になります。

②死亡退職金

■相続税の対象となる財産の範囲

被相続人が相続開始時に所有していた財産	相続税法上の相続財産	
本来の相続財産	**みなし相続財産**	**一定の贈与財産**

不動産、預貯金、株式など（➡P105）

＋

みなし相続財産

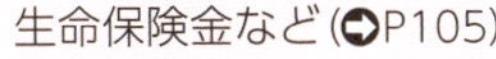

生命保険金など（➡P105）

＋

一定の贈与財産

相続時精算課税制度を利用した生前贈与など（➡P105）

非課税財産

公益法人などに寄付した財産、生命保険金の一定額など（➡P下表）

＝相続税の課税対象

■相続税のかからない財産（非課税財産）

1 皇室経済法の規定により、皇位とともに皇嗣が受け継ぐもの
2 墓地や墓石、仏壇、祭具など日常礼拝の対象としているもの（投資対象を除く）
3 宗教、慈善、学術、その他公益を目的とする事業を行う人が取得した財産で、その公益事業に使われることが確実なもの
4 心身障害者共済制度にもとづく給付金の受給権
5 相続人が取得した生命保険金などのうち［500万円×法定相続人の数］までの金額
6 相続人が取得した死亡退職金などのうち［500万円×法定相続人の数］までの金額
7 個人で経営している幼稚園の事業で使われていた財産で一定の要件を満たすもの
8 相続税の申告期限までに国や地方公共団体、特定の公益法人に寄付したもの、あるいは特定の公益信託の信託財産とするために支出したもの

被相続人の死亡により受け取る退職手当などで、死亡後3年以内に支給が確定したものが対象になります。

③生命保険契約に関する権利

被相続人が他者を被保険者とする生命保険を契約して保険料を支払っていた場合、被相続人が死亡しても保険金は支払われませんが、保険契約の権利（解約返戻金請求権）が相続人などに承継されることになります。これは本来の相続財産として課税されます。

他方、前述のケースで保険料を支払っていたのは被相続人だが、契約者の名義が被相続人以外の人である場合、相続税法では被相続人が死亡した時点で契約者が保険契約の権利を相続または遺贈により取得したものとみなし、相続税を課税することにしています。

民法上の相続財産でないものにも相続税がかかる

④定期金に関する権利

定期金とは年金のように定期的に支給されるものをいいますが、この定期金給付契約も③と同様に扱われます。

すなわち、まだ給付事由が発生していない定期金給付契約で、被相続人が掛金や保険料を負担し、他者が契約者となっている場合、契約者は相続や遺贈によって定期金給付契約の権利を取得したものとみなされます。

⑤保証期間付定期金に関する権利

被相続人が保証期間の付いた定期金（保証期間付年金保険金など）の受給中、保証期間内に死亡すると、残りの期間について遺族に定期金または一時金が支給されます。被相続人が保険料を負担していたものである場合、遺族は相続または遺贈によってその受給権を取得したものとみなされます。

⑥遺言により受けた経済的利益

遺言信託でその信託の受益者となった場合や、遺言によって著しく低い価額で財産の譲渡を受けたり、あるいは借金を免除してもらったような場合には、その経済的利益の相当額を遺贈により取得したものとみなされます。

生前贈与の財産で相続税がかかるものもある

被相続人から贈与された財産のうち次に該当するものは、相続財産に加えられて相続税の課税対象になります。

①相続時精算課税制度に係る贈与財産

被相続人の子などが相続時精算課税制度（➡Ｐ１８６）を利用して贈与を受けている場合、その贈与財産を相続財産に加算します。

②相続開始前3年以内の贈与財産

相続または遺贈によって財産を取得した人が相続開始前３年以内（２０２４年からは7年以内、➡Ｐ１８８）に贈与を受けているときは、そのすべての贈与財産を相続財産に加算します。ただし、２,０００万円の配偶者控除（➡Ｐ２００）、直系尊属からの住宅取得等資金・教育資金・結婚子育て資金の非課税（➡Ｐ１８８〜１９７）の適用分の控除額または非課税額に相当する部分は加算されません。

以上の贈与財産は、相続時ではなく贈与時の評価額をもって加算します。

■相続税のかかるおもな財産

区分	種類	内容
本来の相続財産	土地	宅地、農地、山林、原野、牧場、池沼、鉱泉地、雑種地
	土地の上に存する権利	借地権、定期借地権、区分地上権、地上権、賃借権、耕作権、永小作権、温泉権、占用権など
	家屋および家屋の上に存する権利	家屋、借家権、配偶者居住権
	預貯金等	現金、小切手、預貯金
	有価証券	公社債、投資信託・貸付信託の受益証券、株式および出資
	無体財産権	特許権、実用新案権、著作権、電話加入権、営業権など
	果樹および立竹木	果樹、立木、立竹
	棚卸資産	商品、原材料、製品、生産品など
	その他の動産	●家庭用動産、事業用動産、農耕用動産 ●自動車、船舶 ●牛馬など ●書画・骨とう品、宝石、貴金属
	その他	●ゴルフ会員権 ●貸付金、未収入金、受取手形など ●生命保険契約に関する権利
みなし相続財産	相続または遺贈により取得したとみなされる財産	生命保険金（生命保険契約や損害保険契約の死亡保険金）
		死亡退職金（退職手当金、功労金など）
		生命保険契約に関する権利
		定期金に関する権利
		保証期間付定期金に関する権利
	遺言により受けた経済的利益	信託の利益を受ける権利
		低額譲渡により受けた利益
		債務の免除、引受け、弁済により受けた利益
贈与財産	相続時精算課税制度に係る贈与財産	
	相続開始前3※年以内の贈与財産（相続時精算課税の適用財産を除く）	

※2024年1月1日の贈与分からは7年以内

財産評価

宅地（自用地）の評価方法

宅地の所在地域による2つの評価方法

宅地の評価方法には、土地の所在する地域によって、**路線価方式**と**倍率方式**の2つがあります。

市街地にある宅地は、路線価方式で評価します。国税局が道路ごとに定める**路線価**をもとに、評価額を計算します。それ以外の路線価のない地域については、倍率方式となります。

評価しようとする宅地がどちらの方式によるのかは、国税局や税務署にある**財産評価基準書**（路線価図および評価倍率表を収録）で確認できます。

路線価図の見方を知っておこう

路線価方式による評価では、その宅地が接している道路の路線価を調べることが必要です。路線価は**路線価図**に掲載されており、税務署で閲覧（2008年分からはパソコンで閲覧）することができます。また、国税庁のホームページでも公開されています。

左ページの見本をみてみましょう。道路上に記されている数字が路線価で、1㎡あたりの価額が千円単位で示されています。基本的には、この路線価に地積を乗じた金額が評価額ということになります。

路線価の数字が丸で囲まれているものがありますが、これは普通商業・併用住宅地区であることを表しています。数字が丸で囲まれていないものは普通住宅地区です。これらの地区区分は、次に述べる「画地調整」の計算で必要になります。

なお、路線価の右に記されているアルファベットは**借地権割合**を表しています。借地権割合は、借地権や貸宅地などの評価額を求める際に用いられます（➡P114、116）。

路線価は宅地の形状などで調整される

路線価は、その道路に一方のみを接する標準的な奥行距離と間口距離の宅地を前提に設定されています。しかし現実には標準的な宅地ばかりでなく、角地であったり、間口が狭いなどいろいろです。

そこでこれらの点を考慮し、路線価に一定の調整を加えたうえで評価額を求めることにしています。これを**画地**（かくち）**調整**といい、おもに次のような調整項

市街地の宅地は路線価をベースにした**路線価方式**で評価する

路線価のない地域の宅地は固定資産税評価額をベースにした**倍率方式**で評価する

■路線価図の見方

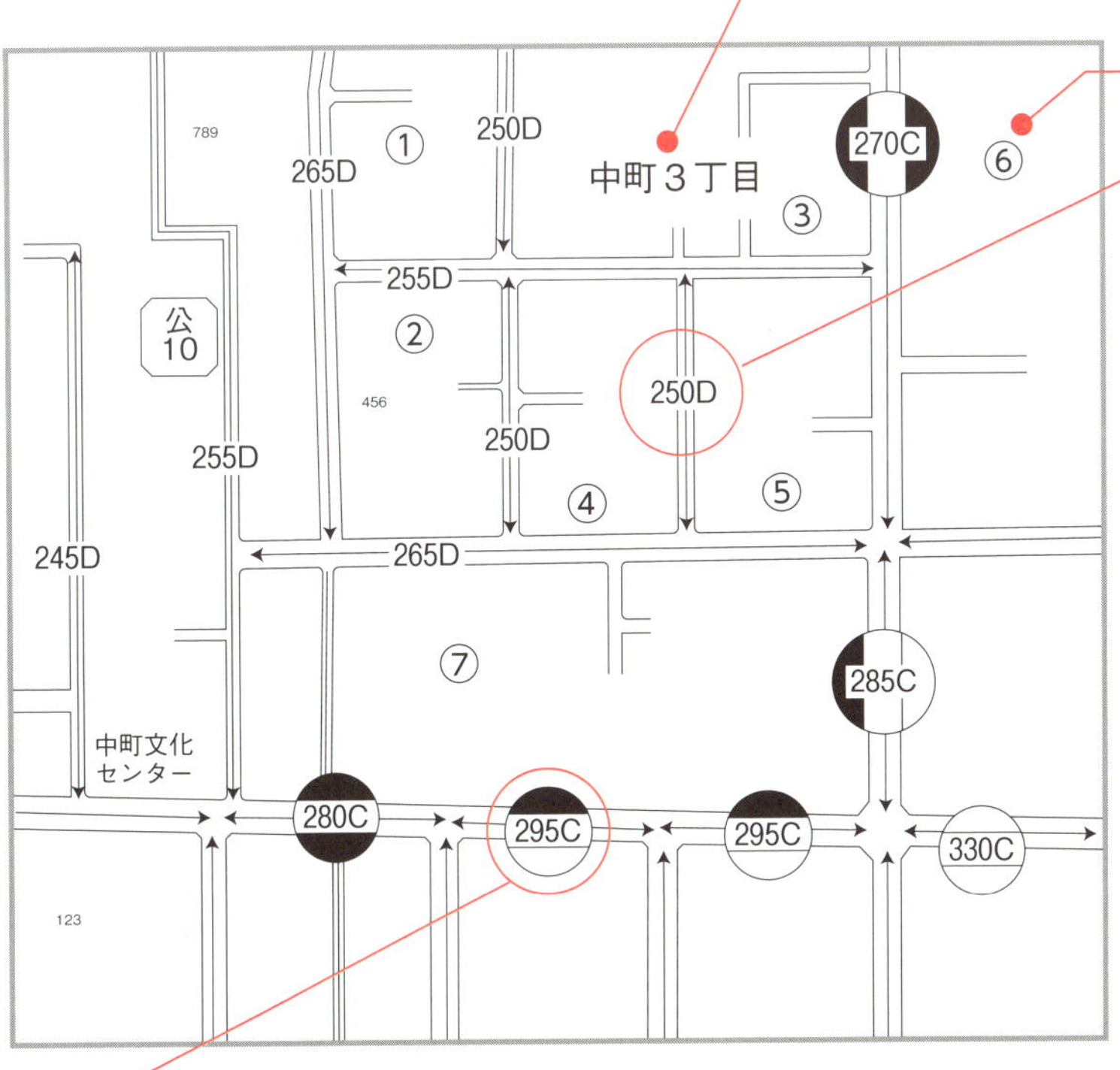

町丁名の表示

街区番号の表示

路線価と借地権割合

道路上に矢印で挟まれ記載されている数字が路線価。この例は道路の両側の地域が1㎡あたり25万円であることを表す

路線価の右にあるアルファベットは借地権割合。Dは60%（➡下表）

記号	借地権割合
A	90%
B	80%
C	70%
D	60%
E	50%
F	40%
G	30%

地区区分と適用範囲

路線価の数字を囲む丸やひし形などの記号は、地区区分を表している。また記号の一部が黒く塗りつぶされていたりするのは、その地区区分の適用範囲を表している（➡下表）

記　号	地区区分
なし	普通住宅地区
	ビル街地区
	高度商業地区
	繁華街地区
	普通商業・併用住宅地区
	中小工場地区
	大工場地区

記　号	適用範囲
	道路両側の全地域
	道路北側の全地域
	道路沿いのみ
	北側の道路沿いと南側の全地域
	北側の道路沿い

〈地区区分と適用範囲の例〉

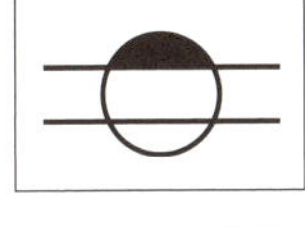

北側の道路沿いと南側全域が普通商業・併用住宅地区

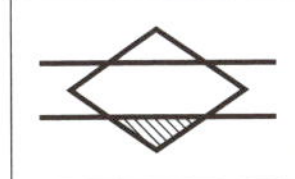

道路の北側の全地域が中小工場地区

目があります。

①奥行価格補正

奥行が長い、または短い宅地は、標準的な宅地に比べて評価が低くなります。そのため、路線価にその宅地の奥行距離に応じた奥行価格補正率（➡P111）を掛けて、1㎡あたりの価額を修正します。

②側方路線影響加算

正面と側方に道路がある宅地（角地および準角地）は、一方だけ道路に接している宅地よりも利用価値が高いとされます。このような宅地は、次のアとイの合計額を1㎡あたりの価額として評価します。

ア、奥行価格補正後の正面路線価

イ、奥行価格補正後の側方路線価に側方路線影響加算率（➡P111）を掛けた額

なお正面路線とは、2つの道路のうち奥行価格補正後の1㎡あたりの価額が高いほうの道路をいいます。

③二方路線影響加算

正面と裏面に道路がある宅地は、㈪の場合と同様に、次のアとイの合計額を1㎡あたりの価額とします。

ア、奥行価格補正後の正面路線価

イ、奥行価格補正後の裏面路線価に二方路線影響加算率（➡P111）を掛けた額

④間口狭小補正

間口の狭い宅地は、奥行価格補正後の路線価に、間口距離に応じた間口狭小補正率を掛けて減額修正します。

⑤奥行長大補正

奥行距離が間口距離の2倍以上になる宅地は、奥行価格補正後の路線価に一定の奥行長大補正率を掛けて減額修正します。

⑥がけ地補正

がけ地がある宅地は、がけ地がないとした場合の価額に、がけ地部分の地積の割合に応じたがけ地補正率を掛けて減額修正します。

⑦不整形地補正

形がいびつな宅地や三角地などの不整形地は、その不整形の程度や地積の大小などに応じて補正されます。

倍率方式は固定資産税評価額がベース

路線価の付いていない地域にある宅地は、倍率方式により評価します。

倍率方式による評価額は、その宅地の**固定資産税評価額**に一定の倍率を掛けて求めます。路線価方式のような、宅地の形状や道路付けを考慮した調整などはありません。

倍率は地域ごとに定められており、**評価倍率表**（➡P119）で確認することができます。評価倍率表は所轄の税務署や国税庁のホームページで閲覧することができます。

■倍率方式による評価額の求め方

固定資産税評価額 × 倍　率 ＝ 評価額

（倍率）評価倍率表に記載されている

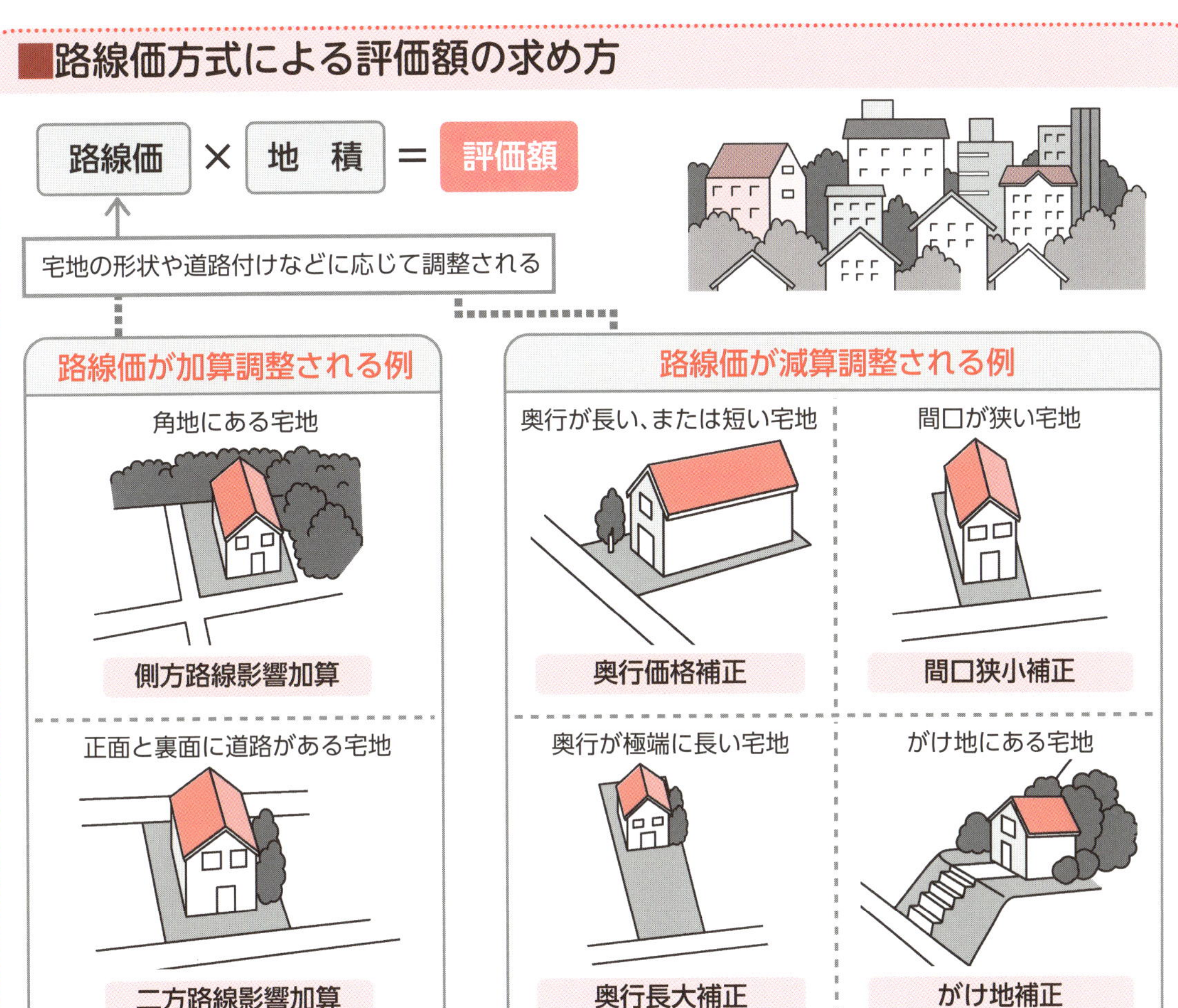

●調整項目別　宅地の評価額の求め方

調整項目	評価額の計算式
奥行価格補正	路線価×奥行価格補正率×地積＝評価額
側方路線影響加算	ア．正面路線価×奥行価格補正率 イ．側方路線価×奥行価格補正率×側方路線影響加算率 （ア＋イ）×地積＝評価額
二方路線影響加算	ア．正面路線価×奥行価格補正率 イ．裏面路線価×奥行価格補正率×二方路線影響加算率 （ア＋イ）×地積＝評価額
間口狭小補正	路線価×奥行価格補正率×間口狭小補正率×地積＝評価額
奥行長大補正	路線価×奥行価格補正率×奥行長大補正率×地積＝評価額
がけ地補正	路線価×奥行価格補正率×がけ地補正率×地積＝評価額

■路線価方式による評価額の計算例

一方のみ道路に面した宅地

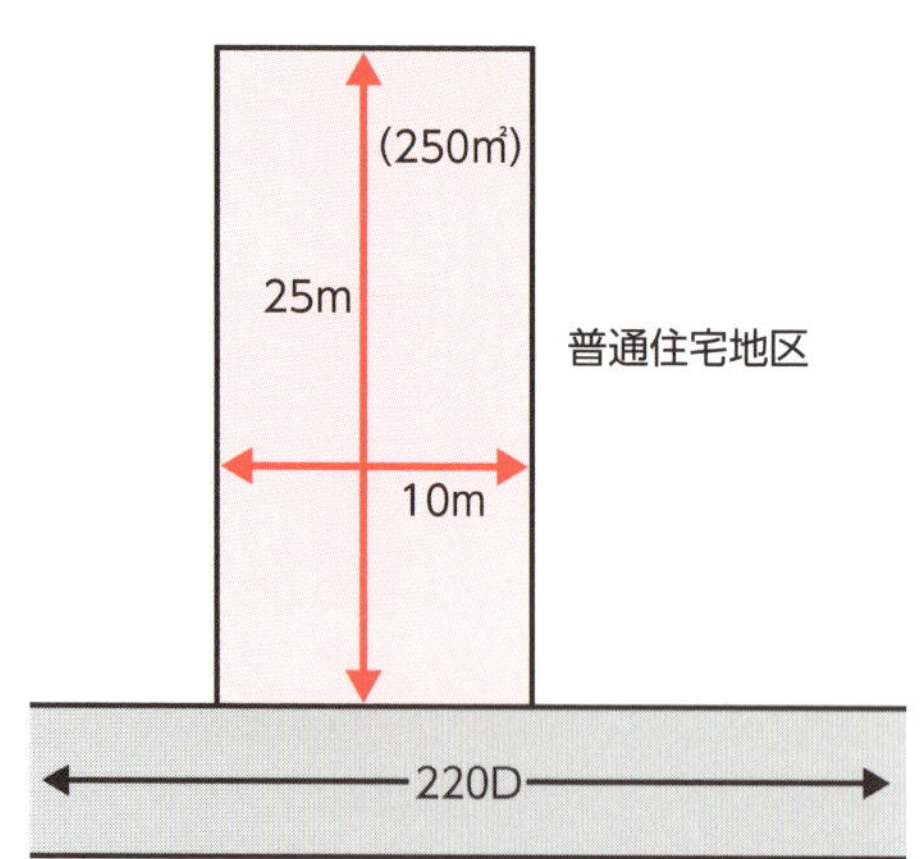

1㎡あたりの価額

220,000円×0.99＝217,800円
（路線価）（奥行価格補正率）

この宅地の評価額

217,800円×250㎡＝54,450,000円
（1㎡あたりの価額）（地積）

角　　地

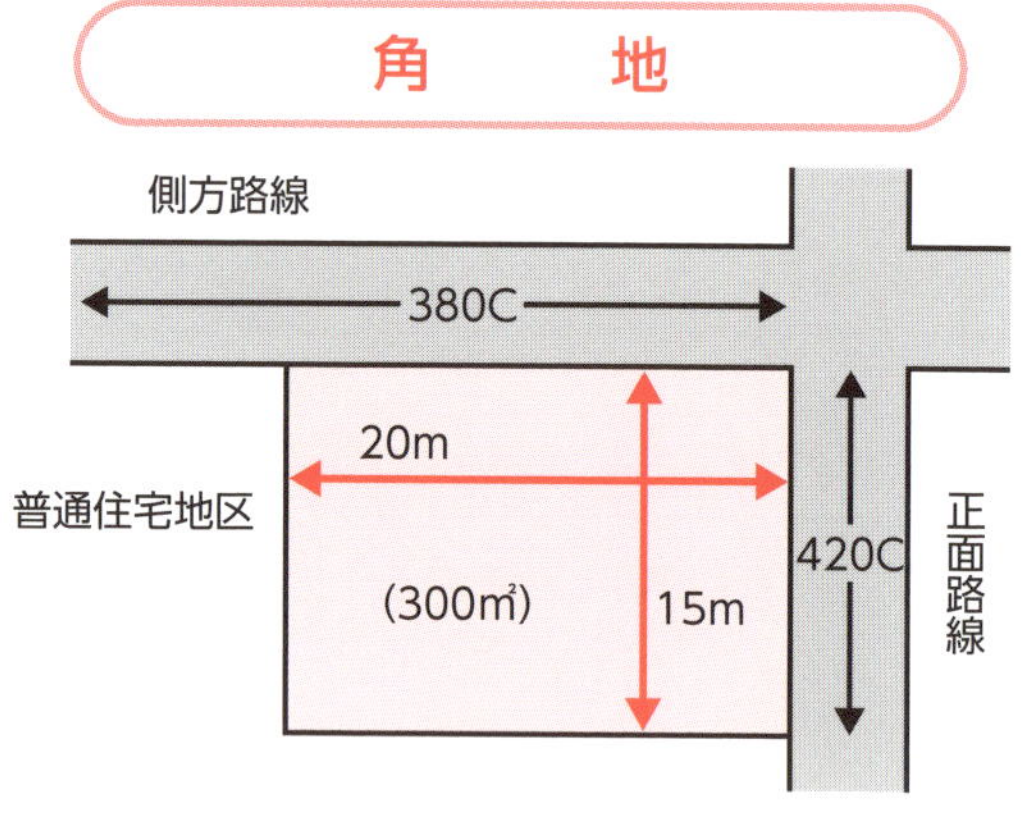

ア．正面路線価の奥行価格補正

420,000円×1.00＝420,000円
（正面路線価）（奥行価格補正率）

イ．側方路線影響加算の額

380,000円×1.00×0.03＝11,400円
（側方路線価）（奥行価格補正率）（側方路線影響加算率）

1㎡あたりの価額

420,000円＋11,400円＝431,400円
（ア）（イ）

この宅地の評価額

431,400円×300㎡＝129,420,000円
（1㎡あたりの価額）（地積）

なお、固定資産税評価額は自治体の固定資産課税台帳に登録された価格のことで、納税通知書などにも価格として書かれています。市区町村が発行する評価証明書で確認してください。

こんなときは

セットバックが必要な宅地

建築基準法により、建物の敷地は幅4m以上の道路に接することが必要ですが、現状で4mに満たない場合は、将来、建物を建て替えたりする際に、敷地の境界線を道路の中心線から2mの位置まで後退（セットバック）させなければなりません。

このような宅地は、宅地全体の価額から、道路敷きとして提供しなければならない部分に対応する価額の70%相当額を控除して評価することになっています。

セットバック部分は30%で評価
2m
中心線

●奥行価格補正率表

（2018年分以降用）

地区区分／奥行距離（m）	ビル街地区	高度商業地区	繁華街地区	普通商業・併用住宅地区	普通住宅地区	中小工場地区	大工場地区
4未満	0.80	0.90	0.90	0.90	0.90	0.85	0.85
4以上 6未満		0.92	0.92	0.92	0.92	0.90	0.90
6 〃 8 〃	0.84	0.94	0.95	0.95	0.95	0.93	0.93
8 〃 10 〃	0.88	0.96	0.97	0.97	0.97	0.95	0.95
10 〃 12 〃	0.90	0.98	0.99	0.99		0.96	0.96
12 〃 14 〃	0.91	0.99				0.97	0.97
14 〃 16 〃	0.92				1.00	0.98	0.98
16 〃 20 〃	0.93		1.00			0.99	0.99
20 〃 24 〃	0.94			1.00			
24 〃 28 〃	0.95				0.97		
28 〃 32 〃	0.96	1.00	0.98		0.95		
22 〃 36 〃	0.97		0.96	0.97	0.93		
36 〃 40 〃	0.98		0.94	0.95	0.92	1.00	
40 〃 44 〃	0.99		0.92	0.93	0.91		
44 〃 48 〃			0.90	0.91	0.90		
48 〃 52 〃		0.99	0.88	0.89	0.89		
52 〃 56 〃		0.98	0.87	0.88	0.88		
56 〃 60 〃		0.97	0.86	0.87	0.87		
60 〃 64 〃		0.96	0.85	0.86	0.86	0.99	1.00
64 〃 68 〃		0.95	0.84	0.85	0.85	0.98	
68 〃 72 〃	1.00	0.94	0.83	0.84	0.84	0.97	
72 〃 76 〃		0.93	0.82	0.83	0.83	0.96	
76 〃 80 〃		0.92	0.81	0.82			
80 〃 84 〃		0.90		0.81	0.82	0.93	
84 〃 88 〃		0.88					
88 〃 92 〃		0.86	0.80				
92 〃 96 〃	0.99	0.84		0.80	0.81	0.90	
96 〃 100 〃	0.97	0.82					
100 〃	0.95	0.80			0.80		

●側方路線影響加算率表

（2007年分以降用）

地区区分	加算率	
	角　地	準角地＊
ビル街地区	0.07	0.03
高度商業地区、繁華街地区	0.10	0.05
普通商業・併用住宅地区	0.08	0.04
普通住宅地区、中小工場地区	0.03	0.02
大工場地区	0.02	0.01

＊準角地とは、１本の道路の屈折部の内側に位置するもの

※東京都は３つの表すべてに独自補正率を適用

●二方路線影響加算率表

（2007年分以降用）

地区区分	加算率
ビル街地区	0.03
高度商業地区、繁華街地区	0.07
普通商業・併用住宅地区	0.05
普通住宅地区、中小工場地区、大工場地区	0.02

国税庁ホームページより

財産評価

居住用・事業用の宅地には大幅な評価減がある

自宅や店舗などの敷地は、居住や事業を続ければ評価額が**80%引き**になる

特例の適用を受けるには**相続税の申告**が必要

こんな宅地が評価減の対象になる

地価の高い都市部に住んでいると、自宅の敷地だけで相続税の基礎控除額を上回ってしまうことがあります。相続税を払うために自宅や店舗などを売却するのでは、家族や事業後継者の生活が成り立ちません。

そこで、住宅や事業に用いていた宅地を一定の者が取得し、要件を満たす場合には、一定面積までの評価額が80%または50%減額されることになっています。これを**小規模宅地等の特例**といいます。

対象となる宅地は、被相続人または被相続人と生計を一にしていた親族の居住用または事業用の宅地等（借地権などを含む）です。また、建物または構築物の敷地であることが条件です。

自宅敷地を配偶者が相続すれば80%引きに

減額される面積と割合は、左上図のとおり、**事業用**、**居住用**、**貸付事業用**の別に決まっています。

たとえば、被相続人が住んでいた宅地については、配偶者が取得した場合、または同居していた子が取得して相続税の申告期限まで居住を継続している場合は、**特定居住用宅地**として**330㎡まで80%引き**になります。

この「同居」にはいわゆる二世帯住宅も含まれ、2014年からは完全独立型の二世帯住宅であっても同居として適用が可能になりました。

ただし、親世帯と子世帯とで建物の区分所有登記をしている場合は同居とならず、子は特例を利用できません（被相続人と別生計の場合）。また配偶者が取得する場合でも、特例を適用できるのは宅地全体のうち被相続人の敷地利用権割合に応じた部分のみです。

なお、小規模宅地等の特例は2010年度に大改正があったため、以前シミュレーションを行った方は見直しが必要です。たとえば、居住部分と貸付部分のある建物の場合、改正前は一部でも居住用であれば敷地全体が80%引きになりましたが、現行では居住用・貸付用の面積で按分して適用されます（⬇左下図）。その他、特例利用のポイントはP216でも紹介しています。

遺産分割を済ませ申告書を提出する

特例の適用を受けるためには、**相続税がかからない場合でも申告書を提出**

特例の適用を受けられる宅地とは

宅地の要件　取得者の要件

特定事業用宅地

宅地の要件	取得者の要件
被相続人の事業*に用いていた宅地	親族がその事業を引き継いで申告期限まで営業し、かつその宅地を所有
被相続人と生計を一にする親族の事業*に用いていた宅地	その親族が事業を相続開始前から申告期限まで引き続き営み、かつその宅地を所有

→ **400㎡まで80%減額**

特定同族会社事業用宅地

宅地の要件	取得者の要件
被相続人およびその親族などが50%超の株式または出資を持つ会社の事業*に用いていた宅地	取得した親族が申告期限において役員であり、申告期限まで引き続きその宅地を所有し、その事業に使用

→ **400㎡まで80%減額**

*不動産貸付業などを除く

特定居住用宅地

宅地の要件	取得者の要件
被相続人が主として居住用としていた宅地	①配偶者が取得 ②同居していた親族が申告期限まで引き続き居住し、かつその宅地を所有 ③3年借家住まいの親族が取得し、申告期限まで所有※
被相続人と生計を一にする親族が居住用としていた宅地	①配偶者が取得 ②居住していたその親族が申告期限まで引き続き居住し、かつその宅地を所有

→ **330㎡まで80%減額**

貸付事業用宅地

宅地の要件	取得者の要件
被相続人または生計を一にする親族の不動産貸付業、駐車場業、自転車駐車場業（事業と称するに至らないものを含む）に用いていた宅地	親族がその事業を引き継いで（または引き続き）申告期限まで営業し、かつその宅地を所有

→ **200㎡まで50%減額**

※「3年借家住まい」とは相続開始前3年以内に日本国内にある自己または自己の配偶者の所有する家屋（被相続人が居住用としていた家屋を除く）に住んだことのない者をさす。ただし③は被相続人に配偶者および同居の法定相続人がいない場合に限る

注：このほか特定の郵便局舎の敷地も特例の対象になりますが、ここでは省略しています。

自宅兼賃貸マンションの場合の減額割合は？

居住用部分と貸付用部分のあるマンションなどの敷地は、それぞれの面積比で按分して減額割合を計算する

●下図の建物敷地を配偶者が相続する場合

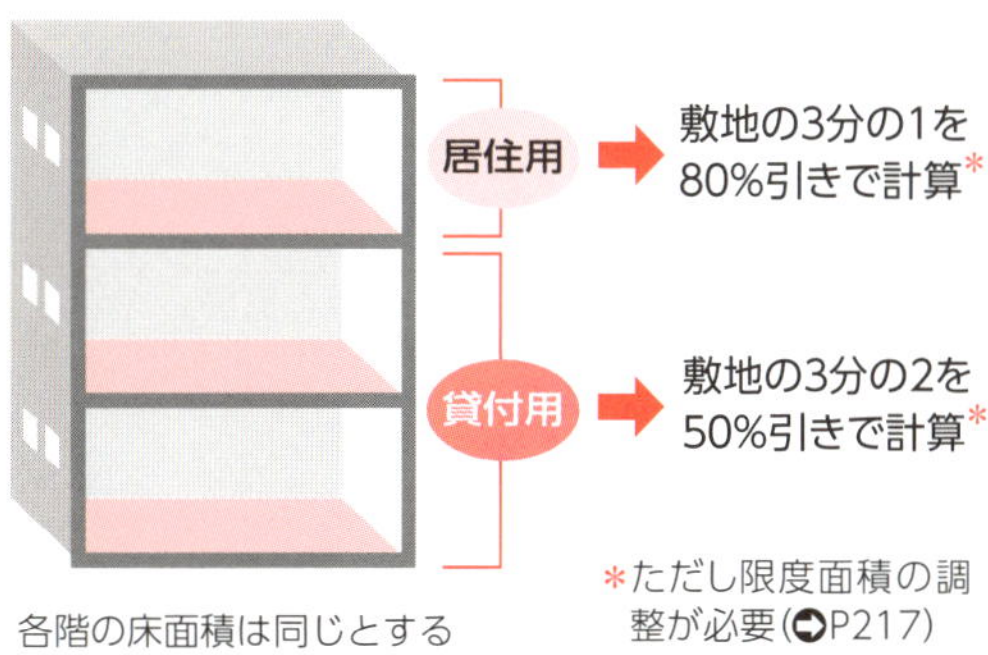

各階の床面積は同じとする

*ただし限度面積の調整が必要（➡P217）

しなければなりません。また、取得者によって適用の可否などが決まりますので、申告時までに遺産の分割が済んでいることが必要です。

なお、相続時精算課税を利用した贈与や相続開始前3年以内の贈与により取得した宅地については、この特例を適用することはできません。

また、2019年1月1日から2028年12月31日までの間に、事業に必要な不動産や減価償却資産を継承した場合は、相続税・贈与税の納付が猶予される制度が新設されました。

相続財産の算出

財産評価

借地権、定期借地権の評価方法

ここが大切！

借地権の評価額は更地価格に**借地権割合**を掛けて求める

定期借地権の価額は存続期間などをもとに評価する

借地権の評価額は借地権割合で決まってくる

建物を所有することを目的として土地を借りている場合の、その権利を**借地権**といいます。借地権も相続財産として相続税の課税対象になります。

借地権（普通借地権）の価額は、自用地としての評価額（更地と仮定した場合の評価額）に**借地権割合**を掛けて求めます。

借地権割合は、国税局が借地事情の似た地域ごとに定めるもので、一般的に土地の価額が高くなるほど高く設定されています。路線価方式の地域については路線価図にアルファベットで（➡P107）、倍率方式の地域については評価倍率表（➡P119）に表示されています。

なお、借地権の設定に際しては権利金やその他の一時金の支払いがなされるのが一般的ですが、このような借地権の取引慣行がない地域においては、借地権の価額は評価しません。

定期借地権の評価額は残存期間に応じて変わる

1992年施行の新・借地借家法により定期借地権制度が導入されて久しいですが、今では定期借地権付住宅がマイホームの形態のひとつとして定着しています。

定期借地権には**一般定期借地権**、**建物譲渡特約付借地権**、**事業用借地権**の3種類があります。

いずれも、価額は借地人に帰属する経済的利益（保証金など）と存続期間をもとに評定した価額によって評価する、というのが原則です。ただし、通常は左上図の計算式を用いて評価額を算出します。

定期借地権には存続期間の定めがあり、期間満了時の契約更新はできません。そのため、期間満了時に向けて評価額は少しずつ減少していきます。

こんなときは？ 親の土地に家を建てた

親が所有する土地に子どもが家を建てて住むことがよくあります。このようなケースで地代などの支払いがない、つまりタダで使っている場合は「使用貸借」といい、税務上は借地権がないものと扱われます。

したがって、子どもの借地権は財産として評価せず、また親の土地は更地としての評価になります。

■借地権、定期借地権の評価額の求め方

借地権

自用地としての評価額 × **借地権割合** ＝ 評価額

↑ 借地事情が似ている地域ごとに30〜90％

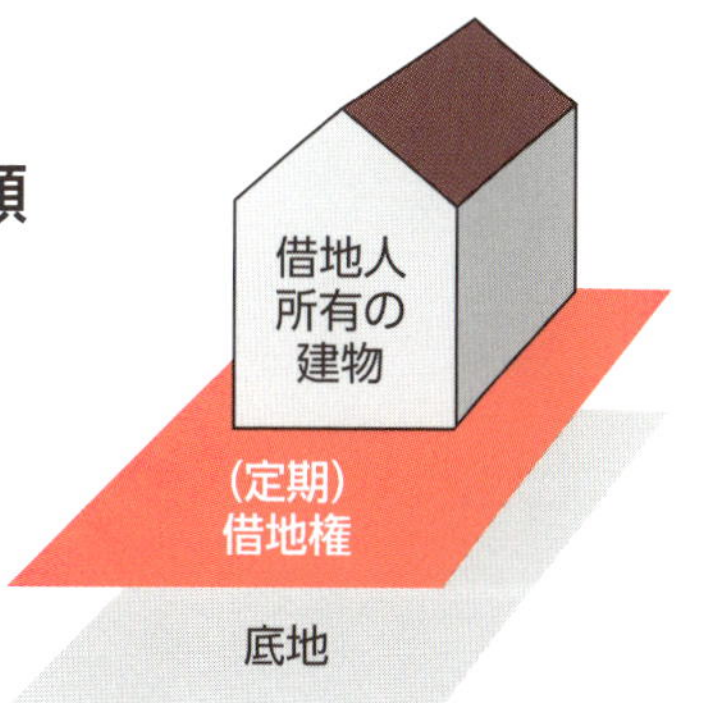

定期借地権

$$\text{自用地としての評価額} \times \frac{\text{設定時における借地人に帰属する経済的利益の総額}}{\text{設定時におけるその宅地の通常の取引価額}} \times \text{逓減率} = \text{評価額}$$

$$\text{●逓減率} = \frac{\text{課税時期の残存期間年数に応ずる基準年利率による複利年金現価率}}{\text{設定期間年数に応ずる基準年利率による複利年金現価率}}$$

■定期借地権の種類

種類	内容
一般定期借地権	●存続期間50年以上 ●建物を取り壊して返却
建物譲渡特約付借地権	●存続期間30年以上 ●期間経過後に地主が建物を買い取る
事業用借地権	●存続期間10〜50年 ●建物を取り壊して返却

◆借地権の評価方法は3つとも同じだが、その目的となる宅地（底地）の評価方法には違いがある（➡P116）

借地権も相続財産として評価される

財産評価

貸宅地、貸家建付地の評価方法

底地は、更地価格から**借地権の価額を控除**して評価する

一般定期借地権の底地は**底地割合**をもとに評価

借地権や定期借地権の底地の評価

借地権が設定された宅地は、地主の立場からみれば**貸宅地**（かしたくち）となります。

借地権の設定された宅地（底地）の価額は、自用地としての評価額から借地権の価額を控除して求めます。

同様に、定期借地権の設定された宅地についても、原則として自用地としての評価額から定期借地権の価額を控除して評価します。ただし、定期借地権の価額が自用地評価額の一定割合（残存期間に応じて20～5％）より小さい場合は、大きいほうの額を控除することができます。

一般定期借地権の底地は評価方法が異なる

前述の評価方法が、財産評価基本通達による原則的な方法です。しかし、定期借地権のなかでもっとも広く利用されている一般定期借地権の底地については、財産評価基本通達の定めにかかわらず別の方法で評価することになっています。

この評価方法では、自用地としての評価額から控除すべき定期借地権の相当額を、その宅地の**底地割合**をもとに算出します（⬇左上図の計算式）。

底地割合は、借地権割合の地域区分に応じて定められています。この割合は定期借地権の設定直後のものですから、残存期間が短くなるほど逓増（定期借地権の相当額は逓減）するように算式が組まれています。

なお、借地権割合の地域区分がA地域、B地域および借地権の取引慣行のない地域では、この評価方法は適用されません。したがって、これらの地域については財産評価基本通達による方法で評価します。また、借地人が地主の親族や同族法人などである場合も適用対象外とされています。

貸家建付地の評価では借家人の権利が考慮される

自分の所有する土地に建てた一軒家やアパートなどを他人に貸している場合の、その土地のことを**貸家建付地**といいます。

貸家建付地の価額は、借家人の存在を考慮して、自用地としての評価額より低く評価されます。

具体的には、左下図の計算式により評価額を求めます。算式中の借家権割合は全国一律の30％です。

■貸宅地の評価額の求め方

借地権が設定されている宅地

自用地としての評価額 － 借地権の価額 ＝ 評価額

借地人所有の建物
（定期）借地権
底地

定期借地権が設定されている宅地

財産評価基本通達による原則的な方法

自用地としての評価額 － 下記①②のいずれか大きいほうの額 ＝ 評価額

①定期借地権の価額
② 自用地としての評価額 × 定期借地権の残存期間に応ずる割合

●定期借地権の残存期間に応ずる割合

残存期間5年以下	5%
〃 5年超10年以下	10%
10年超15年以下	15%
15年超	20%

一般定期借地権が設定されている宅地

一般定期借地権の底地に関する個別通達

自用地としての評価額 － 定期借地権に相当する価額 ＝ 評価額

定期借地権に相当する価額＝
自用地としての評価額 ×（1－底地割合）× 逓減率（➡P115）

●底地割合

借地権割合		底地割合
C地域	70%	55%
D地域	60%	60%
E地域	50%	65%
F地域	40%	70%
G地域	30%	75%

A地域およびB地域は適用外。財産評価基本通達の方法による

■貸家建付地の評価額の求め方

自用地としての評価額 ×（1－ 借地権割合 × 借家権割合 × 賃貸割合）
＝ 評価額

借家権割合：一律30%

地主所有の貸家
貸家建付地

相続財産の算出

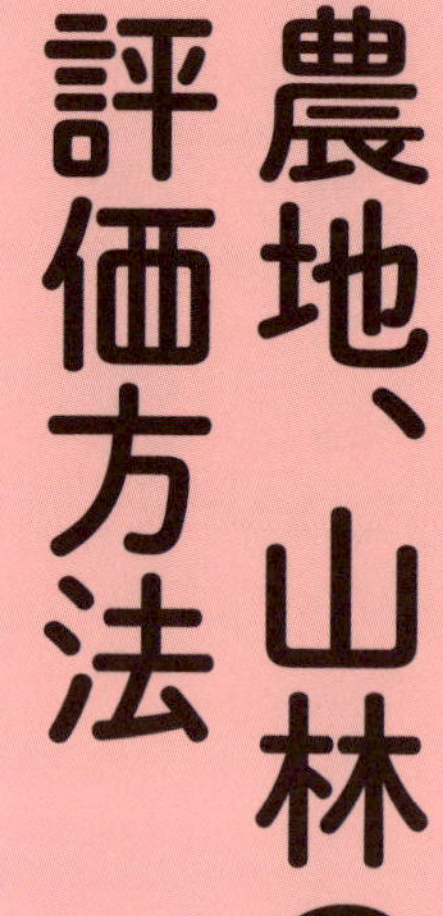

農地、山林の評価方法

ここが大切！

所在する地域などにより区分して評価する

方法は倍率方式と宅地比準方式のいずれかによる

農地がどこにあるかで評価方法が決まる

農地は、宅地への転用許可の要否や宅地の価格の影響などを考慮し、**純農地**、**中間農地**、**市街地周辺農地**、**市街地農地**の4種類に区分されます。

農地の評価方法には、**倍率方式**と**宅地比準方式**があります。純農地と中間農地は倍率方式、市街地農地は宅地比準方式または倍率方式、そして市街地周辺農地は市街地農地としての評価額の80％相当額で評価します。

倍率方式は宅地の場合と同様、その農地の固定資産税評価額に一定の倍率を掛けて評価額を求めます。倍率は評価倍率表で調べることができます。

宅地比準方式とは、その農地を宅地とみなした場合の価額から、その農地を宅地に転用する場合にかかる造成費を控除して評価する方法です。

「宅地とみなした場合の価額」は、その農地が路線価地域にあるときは路線価、倍率地域にあるときは評価する農地にもっとも近く、かつ似ている宅地の評価額をもとに計算します。

また、造成費は国税局が地域ごとに定めるもので、所轄の税務署や国税庁のホームページで確認できます。

山林の区分は3種類

山林も、基本的に農地と同様の方法で評価します。山林は3種類に区分され、**純山林**と**中間山林**は倍率方式、**市街地山林**は宅地比準方式または倍率方式となります。ただし、市街地山林について宅地への転用が見込めない場合には、近隣の純山林の価額に比準して評価することになっています。

■山林の区分と評価方法

区分	評価方法
純山林	倍率方式*
中間山林	倍率方式*
市街地山林	宅地比準方式*
	倍率の定められている地域は倍率方式

*計算式は左ページの農地のところを参照

■農地の区分と評価方法

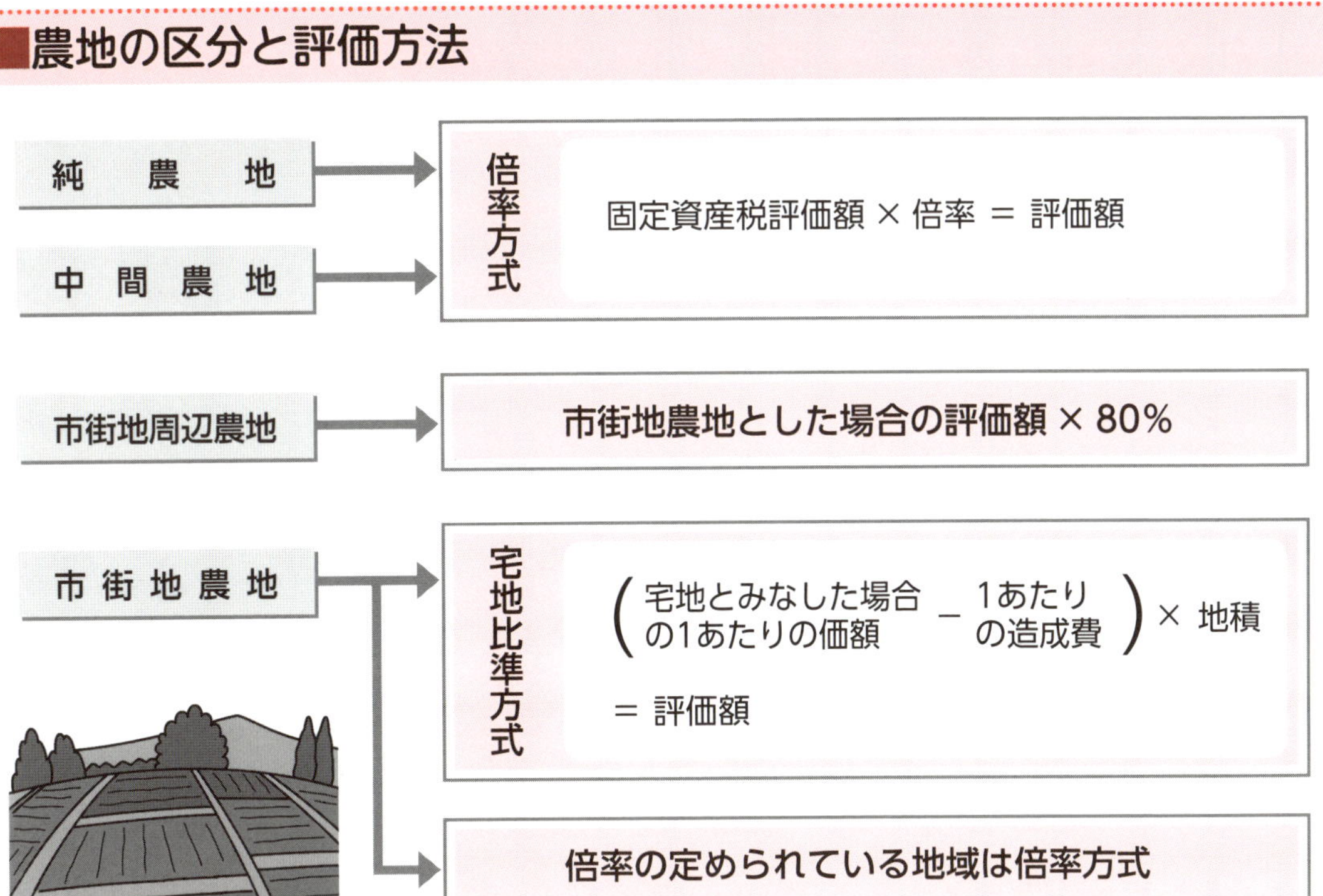

■評価倍率表の例

市区町村名：○○市　　　　○○税務署

音順	町（丁目）又は大字名	適用地域名	借地権割合	固定資産税評価額に乗ずる倍率等 宅地	田	畑	山林	原野
			%	倍	倍	倍	倍	倍
あ	相沢	滝田、下瀬、中瀬						
		1 国道100号線沿い	30	1.1	中 37	中 42	純 25	純 25
		2 上記以外の地域	30	1.1	純 19	純 20	中 21	中 21
		上記以外の地域	30	1.0	純 6.0	純 6.6	純 3.3	純 3.3
い	井草	全域	—	路線	周比準	周比準	比準	比準
	石川町	大倉、千原、坂下	—	路線	周比準	周比準	比準	比準
		戸田、上中原、中中原、下中原	40	1.1	中 52	中 88	中 175	中 175

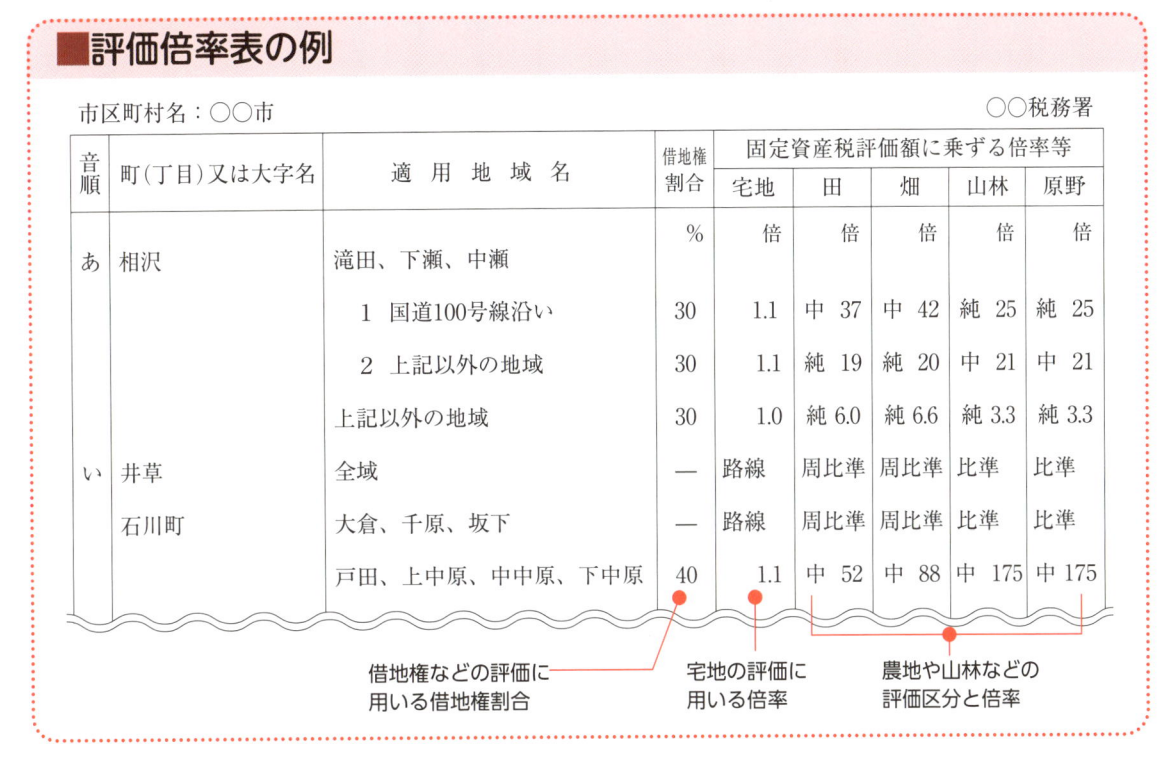

借地権などの評価に用いる借地権割合

宅地の評価に用いる倍率

農地や山林などの評価区分と倍率

財産評価

家屋、貸家の評価方法

家屋の評価額は固定資産税評価額と同じ

住宅や店舗などの**家屋**は倍率方式により評価します。倍率方式は固定資産税評価額に一定の倍率を掛けるものですが、家屋の倍率は全地域1・0倍です。したがって、**固定資産税評価額＝相続税評価額**となります。

家屋の固定資産税評価額は、家屋課税台帳または家屋補充課税台帳に登録されており、所在地の市区町村役場で確認することができます。

なお、家屋の建築中に相続が起こることもありますが、建築中の家屋には固定資産税評価額が付けられていません。そこで、この場合はその家屋の費用現価の70％相当額で評価することになっています。費用現価とは、課税時期（相続開始日）までにかかった建築費を課税時期の価額に計算し直したものです。

家屋の付属設備はどう評価するのか

家屋に付属する設備のうち、電気、ガス、給排水設備など家屋と構造上一体となっているものは、あらためて評価する必要はありません。

家屋から独立している設備、たとえば門や塀、また庭石や庭池などの庭園設備は、家屋とは別に評価します。

門や塀の価額は、新たに造る場合の建築費（**再建築価額**）から、建築時から課税時期までの償却費の合計額または減価の額を控除した金額の70％相当額で評価することになっています。

また、庭園設備は、課税時期において現況で取得する場合の価額（**調達価額**）の70％相当額で評価します。

家屋は**固定資産税評価額がそのまま評価額**となる

貸家は、通常は**自用家屋の70％**で評価

貸家は借家権割合と賃貸割合から計算する

賃貸に出している家やアパートなどの**貸家**は、通常の家屋の評価額から借家人が有する**借家権**の相当額を控除して評価します。

借家権割合は通常30％ですので、貸家は自用家屋の70％評価ということになります。

ただし、賃貸アパートなどのように各独立部分があり、課税時期に賃貸用にしていない部分があるときは、**賃貸割合**を反映させた評価となります。

なお、借家人側の借家権については、とくに権利金などの名称をもって取引されている地域でない限り、**課税財産として評価しません**。

■家屋、付属設備、貸家などの評価額の求め方

家　屋

固定資産税評価額 × 1.0 ＝ 評価額

建築中の家屋

費用現価 × 70% ＝ 評価額

門、塀などの設備

$$\left(\text{再建築価額} - \begin{array}{c}\text{償却費相当額}\\\text{または減価の額}\end{array}\right) \times 70\%$$

＝ 評価額

庭園設備

調達価額 × 70% ＝ 評価額

借　家　権

原則として評価しない

※配偶者居住権がある場合には、配偶者居住権の評価部分は配偶者が相続し、残りは、相続人が負担付不動産として相続することとなる。

貸　家

固定資産税評価額 ×（1 − 借家権割合 × 賃貸割合）＝ 評価額

借家権割合：一律30%

賃貸割合：各独立部分の床面積の合計に対する賃貸部分の割合

■貸家の評価額の計算例

●一部を自宅にしている貸家の場合

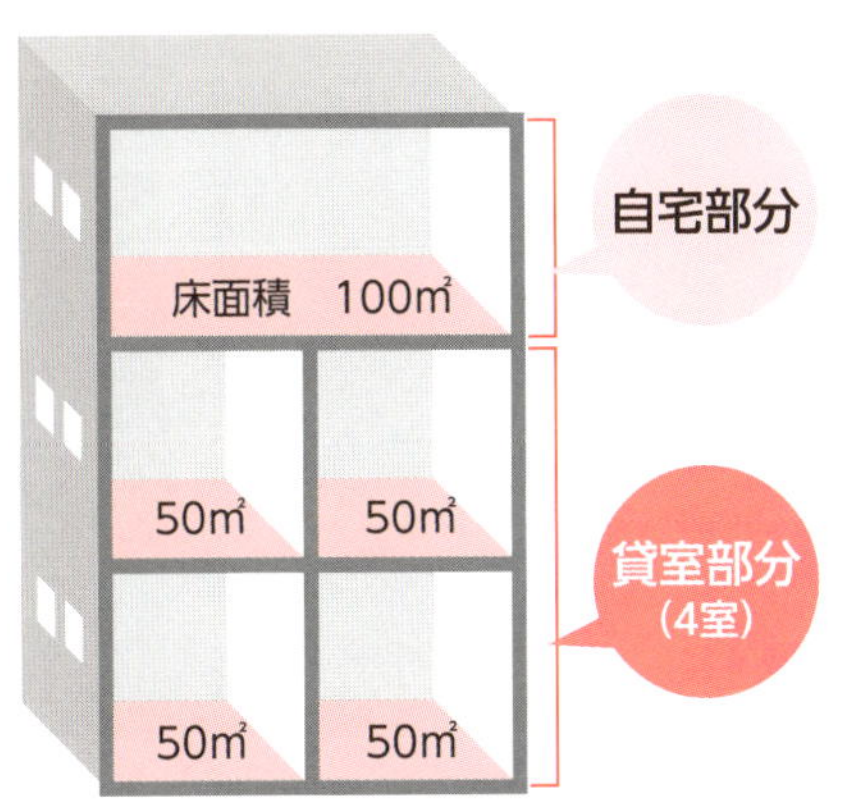

自宅部分

貸室部分（4室）

- ●固定資産税評価額　3,000万円
- ●借家権割合　30%
- ●各独立部分の床面積の合計　300㎡
- ●賃貸されている各独立部分の床面積の合計　200㎡

$$3{,}000\text{万円} \times \left(1 - 0.3 \times \frac{200}{300}\right) = \mathbf{2{,}400}\text{万円}$$

貸家の評価額

相続財産の算出

財産評価

上場株式、気配相場等のある株式の評価方法

ここが大切！

上場株式は**相続開始日の終値**と**直近3か月の各月の終値平均額**のうち**最低額**で評価する

上場株式は原則として相続開始日の終値で評価

株式は、**上場株式、取引相場のない株式、気配相場等のある株式**の3種類に分けてそれぞれに評価することになっています。

上場株式とは、証券取引所に上場されている株式をいいます。売買価格が明確である上場株式は、原則として相続開始日の最終価格（終値）によって評価します。

しかし、株価は毎日変動しているうえ、何らかの要因で急騰したり急落することがあります。相続開始日が1日違うだけで評価額が大きく変わってしまうようでは、課税の公平が図れません。そこで、左上図のように4つの価額が設定され、もっとも低い価額で評価することになっています。

なお、負担付贈与や個人間の対価をともなう取引により取得した株式については、課税時期（贈与日など）の最終価格により評価します。

気配相場等のある株式は2つの区分で評価

気配相場等のある株式とは、証券会社などの店頭で取引が行われている登録銘柄や店頭管理銘柄、公開途上にある株式をいいます。

登録銘柄や店頭管理銘柄は、上場株式の場合と同様に、左下図の4つの価額のうち、もっとも低い価額で評価します。

公開途上にある株式は、公募や売出しの際の公開価格によって評価します。公募などが行われないものについては、課税時期以前の取引価格などを勘案して評価するものとされています。

■株式の評価上の区分

区分	内容
上場株式	証券取引所に上場されている株式
気配相場等のある株式	●登録銘柄や店頭管理銘柄 ●公開途上にある株式
取引相場のない株式	上記以外の株式（➲P124）

■上場株式の評価方法

❶～❹のうちもっとも低い価額
＝ 評価額

❶ 相続開始日の最終価格

相続開始日

❹ 相続開始日の月の前々月の毎日の最終価格の平均額

❸ 相続開始日の月の前月の毎日の最終価格の平均額

❷ 相続開始日の月の毎日の最終価格の平均額

◆負担付贈与または個人間の対価をともなう取引により取得した上場株式は、課税時期の最終価格により評価する

■気配相場等のある株式の評価方法

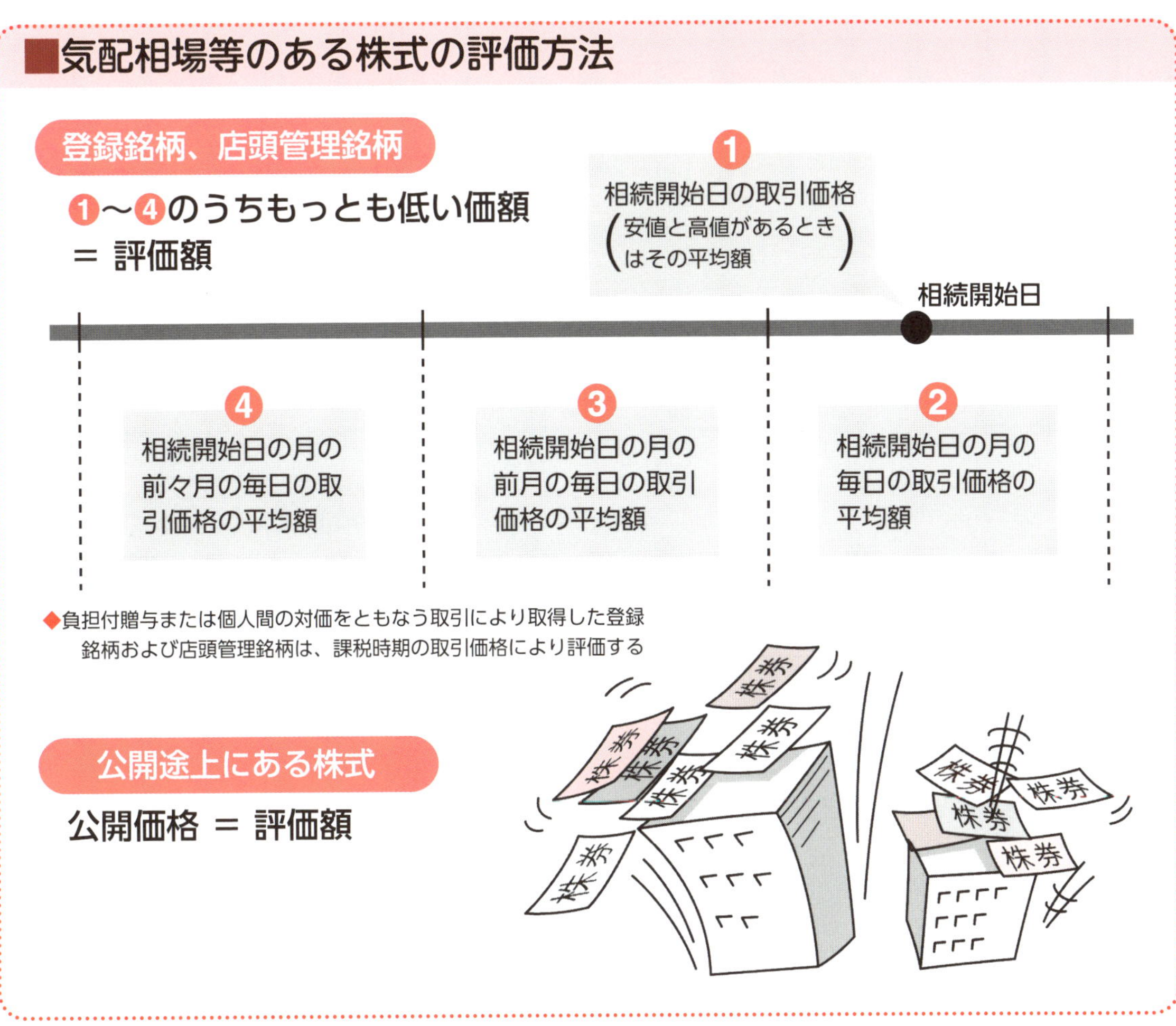

◆負担付贈与または個人間の対価をともなう取引により取得した登録銘柄および店頭管理銘柄は、課税時期の取引価格により評価する

公開途上にある株式

公開価格 ＝ 評価額

相続財産の算出

財産評価

取引相場のない株式の評価方法

同族株主などが取得した株式は、**類似業種比準価額、純資産価額、**それらを**併用した価額**のいずれかで評価

零細株主が取得した株式は**配当還元方式**で評価

株主の区分によって評価方法が変わる

取引相場のない株式は、株式を取得した株主の区分、評価しようとする株式の発行会社（以下「評価会社」という）の規模や資産の状態などにより評価方法が決められています。

まず、株主の区分により**原則的評価方式**と例外的な評価方式である**配当還元方式**のどちらで評価するのかが決まります（⬇左上図）。

株主がその評価会社の経営支配力を持っている株主（同族株主など）である場合には、原則的評価方式によります。原則的評価方式には、**類似業種比準方式**、**純資産価額方式**、**併用方式**の3つの方式があります。

それ以外の株主の場合は配当還元方式により評価することになります。

原則的評価方式では会社の規模がポイントに

原則的評価方式の場合は、次に評価会社の規模を判定します（⬇P126表）。これにより、原則的評価方式のどの方式で評価するかが決まります。

●大会社

原則として類似業種比準方式によります。類似業種比準方式は、評価会社の業種に類似した上場会社の株価をもとに評価額を算定する方法です。配当金額、利益金額、純資産価額の3つの比準要素があり、評価会社の業績がよいほど評価額が高くなります。

なお、選択により純資産価額方式を採用することも可能です。

●小会社

原則として純資産価額方式によります。純資産価額方式は、評価会社の1株あたりの純資産価額をもって評価額とする方法です。純資産価額とは会社の総資産や負債を相続税評価額に洗い替えて計算したものをいい、保有資産の時価が高いほど評価額が高くなります。

なお、選択により併用方式を採用することも可能です。

●中会社

類似業種比準価額と純資産価額を一定割合で折衷する併用方式で評価します。ただし、選択により純資産価額をもって評価することもできます。

以上が原則的な評価の概要です。同族株主等以外の株主が取得した株式は、会社の規模にかかわらず配当還元方式

■株主区分による評価方式の決定

同族株主がいる会社の場合

- 同族株主＊1
  - 株式取得後の議決権が５％以上 → 原則的評価方式
  - 株式取得後の議決権が５％未満
    - 中心的な同族株主＊2がいない場合 → 原則的評価方式
    - 中心的な同族株主がいる場合
      - 中心的な同族株主または役員 → 原則的評価方式
      - 上記以外 → 配当還元方式
- 同族株主以外の株主 → 配当還元方式

同族株主がいない会社の場合

- 議決権の合計が15％以上のグループに属する株主
  - 株式取得後の議決権が５％以上 → 原則的評価方式
  - 株式取得後の議決権が５％未満
    - 中心的な株主＊3がいない場合 → 原則的評価方式
    - 中心的な株主がいる場合
      - 役員 → 原則的評価方式
      - 役員以外 → 配当還元方式
- 議決権の合計が15％未満のグループに属する株主 → 配当還元方式

＊1 株主のひとりとその同族関係者の有する議決権の合計が30%以上（50%超のグループがあるときは、50%超）である場合のその株主と同族関係者

＊2 同族株主のひとりとその配偶者、直系血族、兄弟姉妹および1親等の姻族が有する議決権の合計が25%以上である場合のその株主

＊3 株主のひとりとその同族関係者の有する議決権の合計が15%以上のグループのうち、単独で10%以上の議決権を有する株主がいる場合のその株主

により評価します。配当還元方式とは、1年間の配当金額を一定の利率（10%）で還元して元本である株式の価額を評価する方法です。

特定の評価会社は純資産価額方式で評価

次のような特定の評価会社は、原則として純資産価額方式により評価することになっています。ただし、同族株

■評価会社の規模による評価方式の決定

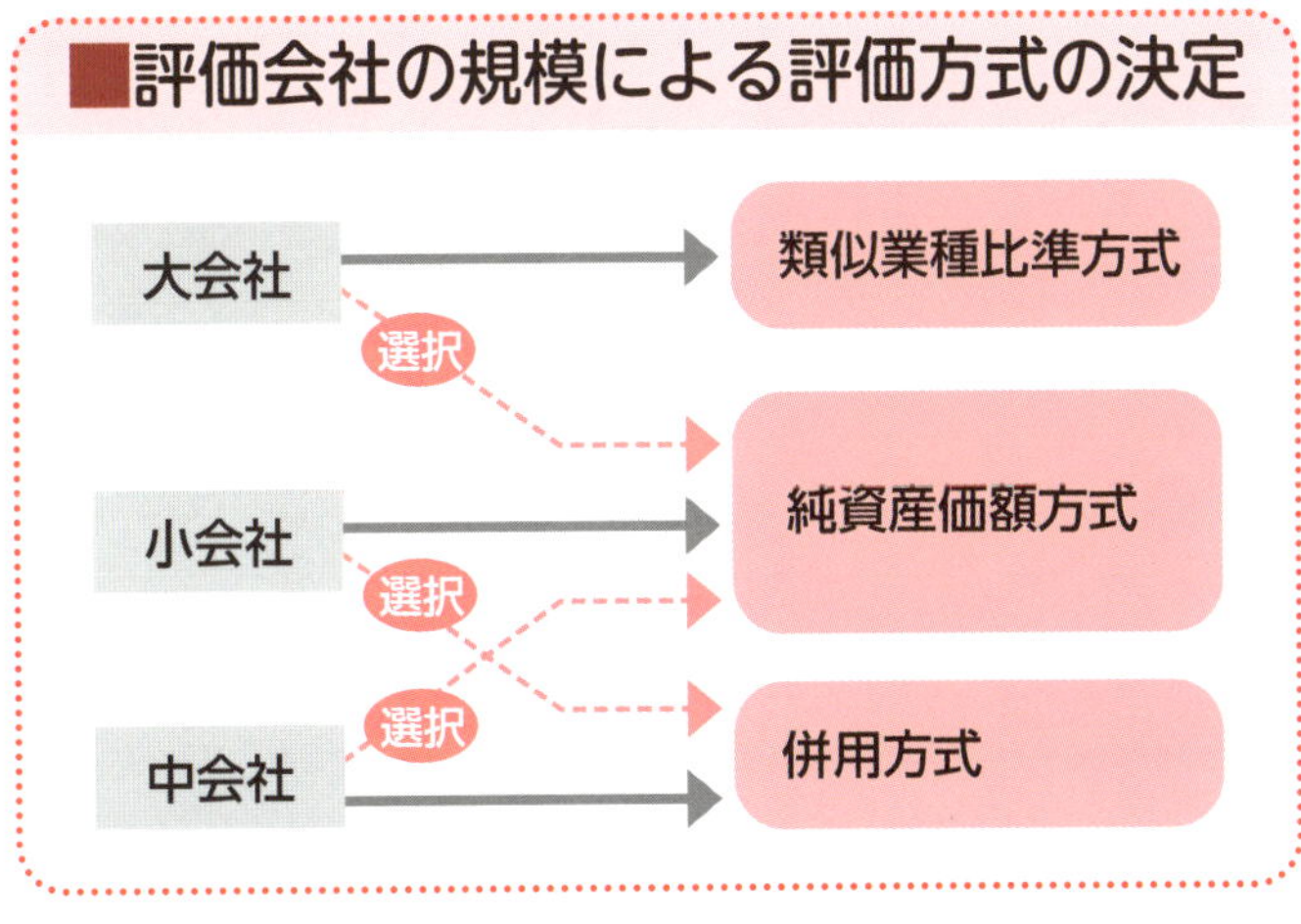

●評価会社の規模の区分

規模区分	区分の内容		総資産価額（帳簿価額によって計算した金額）および従業員数	直前期末以前1年間の取引金額
大会社	従業員数が70人以上または右のいずれかに該当する会社	卸売業	20億円以上 （従業員数が35人以下の会社を除く）	30億円以上
		小売・サービス業	15億円以上 （従業員数が35人以下の会社を除く）	20億円以上
		卸売業、小売・サービス業以外	15億円以上 （従業員数が35人以下の会社を除く）	15億円以上
中会社	従業員数が70人未満で右のいずれかに該当する会社（大会社に該当する場合を除く）	卸売業	7,000万円以上 （従業員数が５人以下の会社を除く）	２億円以上 30億円未満
		小売・サービス業	4,000万円以上 （従業員数が５人以下の会社を除く）	6,000万円以上 20億円未満
		卸売業、小売・サービス業以外	5,000万円以上 （従業員数が５人以下の会社を除く）	8,000万円以上 15億円未満
小会社	従業員数が70人未満で右のいずれにも該当する会社	卸売業	7,000万円未満または 従業員数が５人以下	２億円未満
		小売・サービス業	4,000万円未満または 従業員数が５人以下	6,000万円未満
		卸売業、小売・サービス業以外	5,000万円未満または 従業員数が５人以下	8,000万円未満

注：2017年度税制改正を受けて評価会社の規模区分の見直しが行われ、大会社および中会社の適用範囲が拡大されました。この改正は2017年１月１日以後の相続や贈与により取得した財産の評価に適用されます。

主等以外の株主については配当還元方式で評価することもできます。

①**比準要素数１の会社**……類似業種比準方式の３つの比準要素のうち直前期末の要素のいずれか２つがゼロであり、かつ直前々期末の要素のいずれか２つ以上がゼロである会社

②**株式保有特定会社**……総資産に占める株式などの割合が一定以上

③**土地保有特定会社**……総資産に占める土地などの割合が一定以上

このほか、開業後３年未満の会社なども特定の評価会社とされます。

一定の非上場株式には納税猶予の特例がある

事業承継税制として、**非上場株式等についての納税猶予の特例**が設けられています。これは、一定の非上場株式を先代経営者から後継者が取得した場合において、相続によるときは相続税のうち当該株式の課税価格の80％相当額が、また贈与によるときは当該株式に対応する贈与税の全額が、所要の手続きにより納税猶予となるものです。2015年からは適用要件の緩和や手続きの簡素化が行われています。

■取引相場のない株式の評価方式

類似業種比準方式

$$類似業種の株価 \times \left(\frac{\frac{Ⓑ}{B} + \frac{Ⓒ}{C} + \frac{Ⓓ}{D}}{3} \right) \times 斟酌率$$

＝ 1株あたりの評価額

Ⓑ、ⒸおよびⒹは1株あたりの資本金等の額を50円とした場合の金額

注：2017年度税制改正を受け、上図の評価方法における配当金額、利益金額、純資産価額の比重が、従来の1：3：1から1：1：1に変更されました。この改正は2017年1月1日以後に取得した財産の評価に適用されます。

算式中の記号の内容

	評価会社の金額	類似業種の金額
配当金額	Ⓑ	B
利益金額	Ⓒ	C
純資産価額	Ⓓ	D

●斟酌率

大会社	中会社	小会社
0.7	0.6	0.5

純資産価額方式

$$1株当たりの純資産価額 = \frac{各資産の相続税評価額の合計 - 負債合計 - 評価差額に対する法人税等相当額}{発行済株式数} = 1株あたりの評価額$$

◆中会社および小会社については、株式の取得者とその同族関係者の有する議決権の合計が50％以下の場合は、上記算出額の80％を評価額とする

併用方式

類似業種比準価額 × L ＋ 1株あたりの純資産価額 ×（1－L） ＝ 1株あたりの評価額

↑ 類似業種比準方式により求めた価額

↑ 純資産価額方式により求めた価額

算式中のＬは、中会社の場合は総資産価額（帳簿価額による）および従業員数または直前期末以前１年間の取引金額に応じて「0.90」「0.75」「0.60」のいずれかの割合。小会社の場合は「0.50」とする

配当還元方式

$$\frac{その株式に係る年配当金額^{*}}{10\%} \times \frac{1株あたりの資本金等の額}{50円} = 1株あたりの評価額$$

＊1株あたりの資本金等の額を50円とした場合の金額

預貯金などの金融資産の評価方法

預貯金は**既経過利息**を預入残高に加算

受益証券は**買取価格**などをもとに評価

公社債は**市場価格**または**発行価額**をもとに評価

定期性の預貯金は利息を加味して評価

預貯金のうち定期預金や定額貯金などの定期性のものは、相続開始日の預入残高に既経過利息を加算した金額で評価します。既経過利息とは、その時点で解約した場合に支払われる利息のことで、20・315%の源泉所得税額を控除した金額とします。

普通預金など定期性預貯金以外のものは、既経過利息が少額なものに限り、預入残高を評価額とします。

なお、預入残高が通帳で確認できないときは、金融機関に残高証明書を発行してもらい（有料）確認します。

貸付信託、証券投資信託の評価

貸付信託の受益証券は、発行した信託銀行などが相続開始日に買い取るとした場合の買取価格で評価します。具体的には、元本と既経過収益（源泉所得税控除後）の合計額から買取割引料を控除した金額となります。

既経過収益とは、相続開始日の前日までの期間の収益の分配金のことをいいます。既経過収益と買取割引料の金額は発行した信託銀行などで確認してください。

証券投資信託の受益証券は、相続開始日に解約請求または買取請求を行った場合に証券会社などから支払いを受けることができる価額により評価します。具体的な計算方法は左表を参照してください。

利付公社債、割引公社債などの評価

公社債（国債、地方債および社債）の価額は、**利付公社債、割引公社債、転換社債型新株予約権付社債**など、それぞれの区分にしたがい、銘柄ごとに評価をします。

具体的な評価方法は左表のとおりですが、いずれも券面額100円あたりを単位として評価することになっています。

上場されている公社債や、売買参考統計値が公表される銘柄として選定された公社債については、相続開始日における市場価格（最終価格または平均値）をもとにした評価額となります。

それ以外の市場価格のない公社債については、発行価額をもとに評価額を求めます。

●預貯金の評価方法

種　類	評価額
普通預金、通常貯金など	預入残高（既経過利息が少額なもの）
定期預金、定期貯金など	預入残高＋源泉所得税額控除後の既経過利息の額

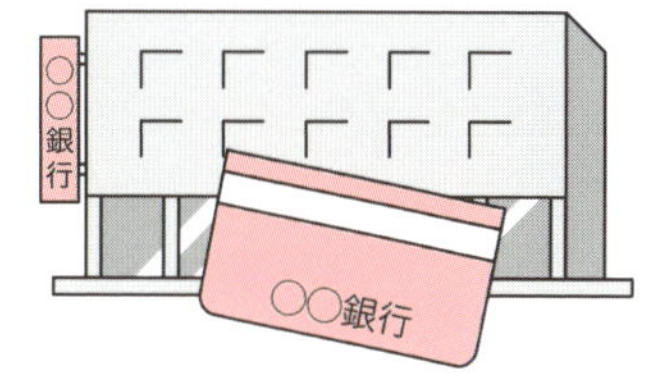

●貸付信託、証券投資信託の評価方法

種　類		評価額
貸付信託受益証券		元本の額＋源泉所得税額控除後の既経過収益の額－買取割引料
証券投資信託受益証券*	中期国債ファンド、MMFなど	基準価額＋再投資されていない未収分配金－源泉所得税額－信託財産留保額および解約手数料
	その他	基準価額－解約請求した場合の源泉所得税額－信託財産留保額および解約手数料

＊上場されている受益証券については上場株式の評価方法に準じる

●公社債の評価方法

種　類			評価額
利付公社債	上場銘柄		最終価格＋源泉所得税額控除後の既経過利息の額
	売買参考統計値が公表される銘柄		平均値＋源泉所得税額控除後の既経過利息の額
	その他		発行価額＋源泉所得税額控除後の既経過利息の額
割引公社債	上場銘柄		最終価格
	売買参考統計値が公表される銘柄		平均値
	その他		発行価額＋$\left(\text{券面額}－\text{発行価額}\right) \times \dfrac{\text{発行日から課税時期までの日数}}{\text{発行日から償還日までの日数}}$
転換社債型新株予約権付社債	上場銘柄、店頭登録銘柄		最終価格＋源泉所得税額控除後の既経過利息の額
	その他	下記以外	発行価額＋源泉所得税額控除後の既経過利息の額
		発行会社の株価が転換価格を超える場合	発行会社の株価$\times \dfrac{\text{100円}}{\text{その転換社債の転換価格}}$

いずれも券面額100円あたりを単位とし、［券面額÷100］の数を掛けて計算する
上場銘柄の「最終価格」は、売買参考統計値が公表される銘柄については、最終価格と平均値のいずれか低いほうの金額とする

相続財産の算出

財産評価

生命保険金、死亡退職金の課税価格

非課税限度額までは相続税がかからない

被相続人の死亡によって受け取る**生命保険金**や**損害保険金**（いわゆる**死亡保険金**）で、保険料の全部または一部を被相続人が負担していたものは、みなし相続財産として相続税の課税対象になります。

ただし、相続人が受け取る保険金には**非課税枠**が設けられています。すべての相続人が受け取った保険金の合計額がこの非課税枠内に収まっていれば、相続税はかかりません。

非課税の限度額は【**500万円×法定相続人の数**】で求めます。法定相続人の数には、相続を放棄した人も含まれます。また、法定相続人に含める養子の数については一定の制限があります（➡P140）。

受取保険金から差し引かれる金額

非課税限度額を超える保険金があるときは、その超える部分が課税対象となります。相続人それぞれの課税価格は、各人の受取保険金額から各人の非課税金額を控除した額です。各人の非課税金額は、全体の非課税限度額を受取保険金の割合に応じて按分した額となります（➡左上図）。

ここで注意したいのは、取得した保険金から**非課税金額を控除できるのは相続人だけ**ということです。したがって、内縁の配偶者や相続人でない孫が受け取った保険金は全額が課税価格となります。相続を放棄した人も非課税の適用を受けることはできません。

死亡退職金についても同様の非課税枠があります。非課税限度額や課税価格の計算方法は生命保険金の場合とまったく同じです。

ここが大切！

死亡保険金には一定の**非課税枠**がある

非課税になるのは**相続人が取得した保険金**のみ

こんなときは

契約上の受取人でない相続人が保険金を取得した

相続人Aが受取人である生命保険金の一部を、相続人Bが取得したとします。このような場合、Bには相続税の非課税の適用があるのでしょうか。

結論からいうと、Bが取得した保険金は非課税か否かという以前に、相続税ではなく贈与税の対象です。生命保険金は民法上の相続財産でなく、そもそも遺産分割の対象になりません。したがってBが取得した保険金はAからの贈与になります（代償分割の際の代償金を除く）。

■受取保険金のうち非課税となる金額

非課税限度額 × $\dfrac{\text{その相続人が取得した保険金の合計額}}{\text{すべての相続人が取得した保険金の合計額}}$ ＝ その相続人の非課税金額

非課税限度額

500万円 × 法定相続人の数

法定相続人の数え方（➡P140）

■生命保険金の課税価格の計算例

生命保険金を取得した人	相続人である妻	相続人である子A	相続を放棄した子B
取得した生命保険金額	**1,800万円**	**200万円**	**400万円**

- 法定相続人は妻、子A、子Bの３人
- 子Bは相続を放棄している
- 各人が左表のとおり生命保険金を取得した

① 非課税限度額………**500万円×3人＝1,500万円**

相続放棄した人も法定相続人の数に含まれる　**ここがポイント**

② 各人の非課税金額および課税価格

妻

［非課税金額］　1,500万円 × $\dfrac{1{,}800\text{万円}}{2{,}000\text{万円}}$ ＝ **1,350万円**

［課 税 価 格］　1,800万円 － 1,350万円　＝ **450万円**

子A

［非課税金額］　1,500万円 × $\dfrac{200\text{万円}}{2{,}000\text{万円}}$ ＝ **150万円**

［課 税 価 格］　200万円 － 150万円　＝ **50万円**

子B

［非課税金額］　適用なし

［課 税 価 格］　**400万円**

相続人でない人には非課税の適用がない　**ここがポイント**

財産評価

その他の財産の評価方法

家具、自動車などの一般動産の評価

家具、自動車、電化製品などの一般動産は、**売買実例価額**、**精通者意見価格**などを参考にして評価します。売買実例価額とは、いわゆる中古市場における相場などのことです。

売買実例価額などが不明の場合は、その動産と同種同規格の新品の小売価格から、経過年数に応じた減価（製造時から課税時期までの償却費の合計額または減価の額）を控除して評価することになっています。

一般動産は1個または1組を単位に評価するのが原則ですが、家庭用動産などで5万円以下のものについては、「家財一式50万円」というように一世帯ごとの評価としても差し支えありません。

書画や骨とう品の評価

書画や骨とう品などの美術品の価額は、**売買実例価額**、**精通者意見価格**などを参考にして評価します。この場合の精通者意見価格とは、プロの鑑定士による評価額をいいます。

ゴルフ会員権の評価

ゴルフ会員権の価額は、**取引価格の70％で評価**します。このとき取引価格に含まれない預託金などがあれば、その返還額を加算します。ただし、預託金返還請求権がなく、プレー権だけのゴルフ会員権は評価しません。

取引相場のない会員権については、預託金形式のものは預託金の返還額、株式形態のものは株式として評価した価額（預託金があれば加算）で評価します（詳しくは➡P134）。

定期金に関する権利の評価

生命保険会社などの個人年金や、死亡保険金を年金形式で受け取る場合の受給権は、定期金に関する権利として評価します。

定期金に関する権利は、給付事由が発生しているか、発生していないかの別に、前者については**有期定期金**、**無期定期金**、**終身定期金**の区分にしたがって評価します。具体的な評価方法はP134下図のとおりです。複雑な計算が必要ですが、国税庁のホームページ上で自動計算することができます。

5万円以下の家財は世帯ごとに**一括評価**できる

ゴルフ会員権は**取引価格の70％**で評価。ただしプレー権だけの会員権は評価しない

■その他のおもな財産の評価方法

財産	評価方法
構築物*	（再建築価額 － 償却費合計額または減価の額）× 70%
一般動産	売買実例価額、精通者意見価格 上記が不明の場合は新品小売価格－償却費合計額または減価の額
書画・骨とう品	売買実例価額、精通者意見価格
棚卸資産	●商品、製品、生産品 課税時期の販売価額 －（適正利潤の額 ＋ 予定経費 ＋ 消費税額） ●原材料 課税時期の仕入価額 ＋ 引取運賃などの経費 ●半製品、仕掛品 課税時期の仕入価額 ＋ 引取運賃や加工費などの経費
貸付金債権	元本＋既経過利息 回収不可能と認められる金額は元本から控除
受取手形	●期日到来済または6か月以内に期日が到来するもの　券面額 ●上記以外　相続開始日に割引した場合の回収額
ゴルフ会員権	取引価格×70%（取引相場がある場合。詳しくは➡P134）
著作権	年平均印税収入の額 × 0.5 × 評価倍率
電話加入権	●取引相場のあるもの　通常の取引価額 ●取引相場のないもの　国税局が定める標準価額
生命保険契約に関する権利	解約返戻金の額 剰余金の分配や前納保険料の支払いがあるときは加算

＊舗装路面、鉄塔、看板などの構築物（土地または家屋と一括して評価するものを除く）

■そのゴルフ会員権の評価額はいくら？

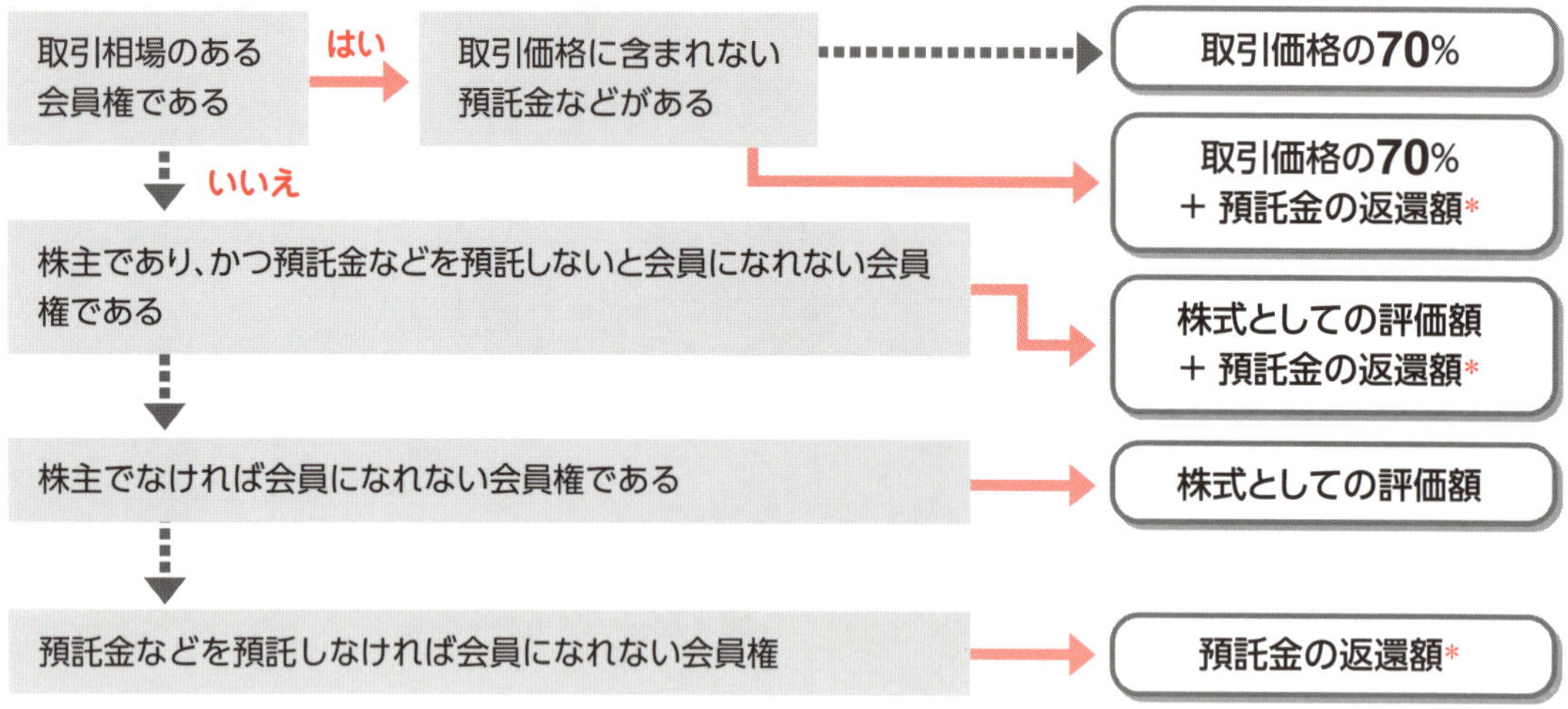

取引相場のある会員権である
→ はい → 取引価格に含まれない預託金などがある
　→ 取引価格の70%
　→ 取引価格の70% ＋ 預託金の返還額*
→ いいえ ↓

株主であり、かつ預託金などを預託しないと会員になれない会員権である → 株式としての評価額 ＋ 預託金の返還額*
↓
株主でなければ会員になれない会員権である → 株式としての評価額
↓
預託金などを預託しなければ会員になれない会員権 → 預託金の返還額*

＊直ちに預託金の返還を受けられない場合は、返還日までの期間に応じる基準年利率による複利現価の額

■定期金受給権の評価額の求め方

■給付事由が発生しているもの

注：2010年3月末までに締結した契約で、2011年3月末までの相続等によるものは評価方法が異なります。

次の❶～❸のうちもっとも大きい額 ＝ 評価額

❶解約返戻金の額
❷定期金に代えて一時金の給付を受けられる場合は、その一時金の額
❸予定利率による金額

予定利率による金額とは、次の計算により求めた金額

[有期定期金の場合]受給額の1年あたり平均額 × 複利年金現価率【算式1】
[無期定期金の場合]受給額の1年あたり平均額 ÷ 予定利率
[終身定期金の場合]受給額の1年あたり平均額 × 複利年金現価率【算式1】

■給付事由が発生していないもの

注：2010年3月末までの相続等によるものは評価方法が異なります。

[解約返戻金の支払いの定めがあるもの]
解約返戻金の額 ＝ 評価額

[解約返戻金の支払いの定めがないもの]

●保険料などが一時払いの場合
払込金額 × 複利終価率【算式2】 × 0.9 ＝ 評価額

●上記以外の場合
払込金額の１年あたり平均額 × 複利年金終価率【算式3】 × 0.9 ＝ 評価額

【算式１】複利年金現価率

$$\left\{1-\frac{1}{(1+r)^{n}}\right\}\Big/r$$

n：有期定期金の場合は給付期間の年数、終身定期金の場合は余命年数
r：予定利率

【算式2】複利終価率

$$(1+r)^{n}$$

n：経過期間の年数
r：予定利率

【算式3】複利年金終価率

$$\left\{(1+r)^{n}-1\right\}\Big/r$$

n：払込済期間の年数
r：予定利率

第4章

相続税の計算と申告・納付

相続手続きのゴールは、相続税の申告と納付です。
実務を税理士に任せる場合でも、
相続税の計算方法や物納などに関する知識は
税金対策を講じるうえで不可欠です。

相続税は3ステップで計算できる

ここが大切！

相続税を納めるのは、**相続や遺贈によって財産を取得した人**

手順どおりに行えば相続税は自分で計算できる

相続税を納めるのは相続人だけではない

相続税は、遺産の額（債務などを控除した正味の遺産額）が基礎控除額を超える場合に、その超える部分（課税遺産総額）にかかります。

相続税がかかる人は、相続や遺贈によって財産を取得した人です。また、相続時精算課税（➡P186）を利用して財産の贈与を受けた人も、その贈与財産について相続税がかかります。

相続税はこうして計算する

相続税は、遺産全体にかかる税額を財産の取得者に割り当てて各人の税額を求める、という少し変わった計算のしかたをします。そのため計算過程が複雑で、むずかしそうに感じます。

しかし、このような特徴を知ったうえで手順どおりに行えば、計算自体はさほどむずかしくありません。全体の流れをみてみましょう。

計算は、3つのステップを踏んで行っていきます。ステップ1では、財産を取得した人ごとに**課税価格**を求め、合計します。

なぜ各人ごとに計算するのかというと、ここで求めた各人の課税価格が、最後に相続税額を振り分ける際の割合の基準になるからです。

ステップ2では、課税価格の合計から基礎控除額を差し引いて**課税遺産総額**を求めます。そして、これを法定相続人が法定相続分で相続したものと仮定して**相続税の総額**を割り出します。

この相続税の総額を、最終ステップで実際に財産を取得した人に、実際の取得割合に応じて配分します。そして各人の実情に合わせた一定の加算や減算を行い、**納付税額**を算出します。

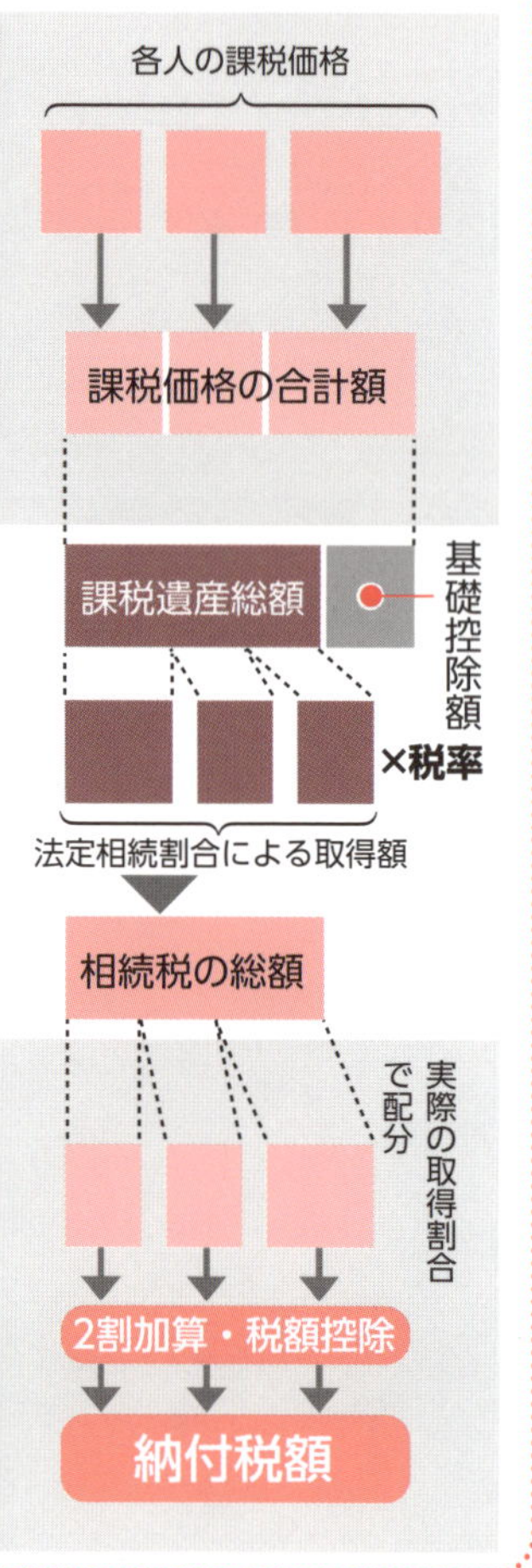

■相続税がかかるのはこんな人

- 相続または遺贈により財産をもらった相続人
- 遺贈により財産をもらった相続人でない人
- 死因贈与により財産をもらった人
- 相続時精算課税の適用を受ける贈与財産をもらった人

嫁や知人などが遺言で財産をもらった場合、相続を放棄した人が生命保険金を取得した場合など

■相続税の計算の流れ

ステップ1　課税価格の計算➡P138

各人の課税価格を求める ▶ 合計する ▶ **課税価格の合計額**

ステップ2　相続税の総額の計算➡P140

基礎控除額を引いて課税遺産総額を求める ▶ 法定相続分で分けて税率を掛ける ▶ 算出税額を合計する ▶ **相続税の総額**

ステップ3　各人の納付税額の計算➡P142

相続税の総額を各人の取得割合に応じて分ける ▶ 2割加算 ▶ 税額控除 ▶ **各人の納付税額**

相続税の計算

［ステップ1］課税価格を求める

課税価格は一人ひとり計算する

ステップ1では、相続税の計算の基礎となる**課税価格**を求めます。

その前提として、まずは相続や遺贈によって取得したすべての財産の価額を決めなければなりません。じつは、相続税の算出過程でいちばんむずかしいのが、この財産の評価です。一般的には税理士が行いますが、相続税の実務経験の豊かな税理士とそうでない税理士とで結果が大きく違ってくることもあるほどです。

さて、財産の価額が決まったら、財産を取得した人ごとに左上図のように課税価格を計算します。

まず、その人が取得した相続財産に、相続時精算課税に係る贈与財産があれば加算します。相続時精算課税はもともと相続税の対象になることを前提とした制度ですので、たとえその人が相続財産を取得していなくても課税価格としなければなりません。

次に、その人が負担した債務と葬式費用の額を差し引きます。

そして最後に、相続開始前3年以内に被相続人から贈与された財産を加算します。

こちらは相続や遺贈によって財産を取得した人（みなし相続財産取得者を含む）だけが加算することになっています。

こうして求めた各人の課税価格を合計し、相続税の課税価格を出します。

マイナスの財産は控除される

被相続人の債務や葬儀にかかった費用は、**債務控除**として課税価格から差し引くことができます。

対象になる債務は、被相続人の死亡時にあった確実な債務です。なお、被相続人の死亡後に相続人などが納めることになった所得税などの税金は確定債務として控除できます。

他方、確実な債務であっても、被相続人が生前に購入した墓地の未払金など、非課税財産についての債務は控除することができません。

この債務控除は、**相続人と包括受遺者だけ**に認められたものです。相続人でも包括受遺者でもない嫁やきょうだい、あるいは相続を放棄した人などは、たとえ実際に債務を負担していたとしても控除の適用はありません。

ただし相続を放棄した人が負担した葬式費用については、その人が遺贈で

相続開始前3年以内の贈与財産も課税価格に取り込まれる

債務控除が適用されるのは、相続人と包括受遺者だけ

■課税価格の計算方法

財産を取得した人ごとに計算する

相続や遺贈により取得した財産の価額 － 非課税財産の価額 ＋ 相続時精算課税に係る贈与財産の価額 － 債務および葬式費用の金額 ＋ 相続開始前3年以内の贈与財産の価額 ＝ 各人の課税価格

本来の相続財産とみなし相続財産の合計

債務・葬式費用を差し引いた結果、赤字のときはゼロとし、そのうえで次の計算に進む

●葬式費用になるもの、ならないもの

葬式費用になるもの	死体の捜索または死体や遺骨の運搬にかかった費用
	葬式や葬送に際し、またはそれらの前に、火葬や埋葬、納骨、遺体や遺骨の回送にかかった費用（仮葬式と本葬式を行ったときはその両方）
	葬式の前後に生じた出費で、通常葬式にともなうものと認められる費用（通夜にかかった費用など）
	葬式にあたりお寺などに支払ったお布施などで、被相続人の職業、財産、その他の事情に照らして相当と認められるもの
葬式費用にならないもの	香典返しのためにかかった費用
	墓石や墓地の買入費または借入料
	初七日や法事のためにかかった費用
	医学上または裁判上の特別の処置にかかった費用

葬式費用も債務控除の対象になる

もらった財産の価額から控除できることになっています。

こんなときは ✓ ?

遺産分割が済んでいない

相続税の申告時までに遺産の分割が済んでいない場合は、とりあえず法定相続分どおりに財産を取得したものと仮定して、仮の税額を納付することになります。

そして後日、遺産の分割方法が決まったら計算し直し、修正申告または更正の請求によって納付税額の過不足を修正します（➡P150）。

［ステップ2］相続税の総額を求める

課税遺産総額を法定相続人に配分する

ステップ2では、課税される遺産全体にどれだけの相続税がかかるのかを計算していきます。

最初に、ステップ1で求めた課税価格の合計額から相続税の**基礎控除額**を差し引いて**課税遺産総額**を求めます。基礎控除額は2015年分から改正され、**［3,000万円＋600万円×法定相続人の数］**で計算します。

課税遺産総額が算出されたら、これを法定相続人が法定相続分どおりに取得したものと仮定して、各相続人の取得金額を計算します。このとき、実際にどのように遺産を取得したかはまったく関係ありません。

続いて、各人の取得金額（法定相続分に応じる取得金額）に税率を掛けて税額を出します。税額は、相続税の速算表（➊下表）を使って計算します。

こうして求めた各人の税額を最後に合計します。これが**相続税の総額**になります。

相続税法での法定相続人の数え方

ところで、相続税の計算では、前述の基礎控除額をはじめ法定相続人の数が関係してくる場面がいくつかあります。相続税法上の法定相続人の数え方には一定の決まりがあり、民法の法定相続人とは必ずしも一致しませんので注意が必要です。

まず、相続の放棄があった場合には、その放棄がなかったものとして人数を数えます。また被相続人に養子がいる場合、法定相続人に含める養子の数は次のような制限があります。

ここが大切！

法定相続人の数に応じた**基礎控除額**が適用される

相続税の総額は実際の遺産分割とは関係なく計算する

●相続税の速算表

（2015年以後）

法定相続分に応じる取得金額		税　率	控除額
	1,000万円以下	10%	―
1,000万円超	3,000万円以下	15%	50万円
3,000万円超	5,000万円以下	20%	200万円
5,000万円超	1億円以下	30%	700万円
1億円超	2億円以下	40%	1,700万円
2億円超	3億円以下	45%	2,700万円
3億円超	6億円以下	50%	4,200万円
6億円超		55%	7,200万円

●実子がいる場合………1人まで
●実子がいない場合……2人まで
ただし、次の人は実子とみなされ、この養子の数の制限を受けません。
①民法の特別養子縁組による養子
②配偶者の実子（連れ子）で被相続人の養子となった者
③被相続人の実子、養子、直系卑属の代襲相続人となった直系卑属
相続税の総額を計算するときも、この規定により相続人の数に算入された人を法定相続人として計算します。

■ステップ2の計算手順

1 基礎控除額を計算する

3,000万円＋600万円×法定相続人の数＝基礎控除額

▼

2 課税遺産総額を計算する

課税価格の合計額－基礎控除額＝課税遺産総額

▼

3 法定相続人が法定相続分で取得したと仮定した場合の各人の取得金額を計算する

課税遺産総額×法定相続分＝法定相続分に応じる取得金額

▼

4 相続税の速算表を使って、各人の取得金額に係る税額を計算する

法定相続分に応じる取得金額×税率－控除額＝算出税額

▼

5 各人の算出税額を合計する → **相続税の総額**

■法定相続人の数え方の例

相続を放棄した人がいるケース

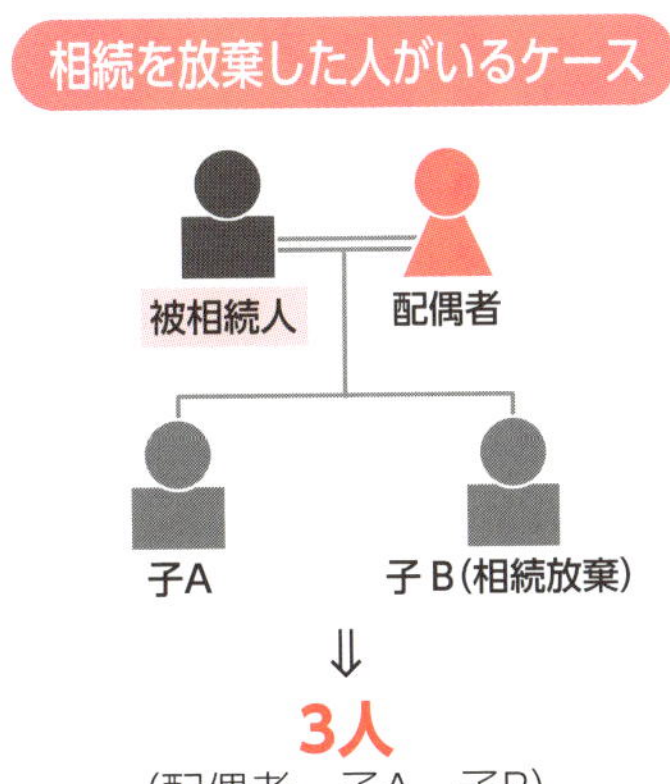

⇓
3人
（配偶者、子A、子B）

養子がいるケース

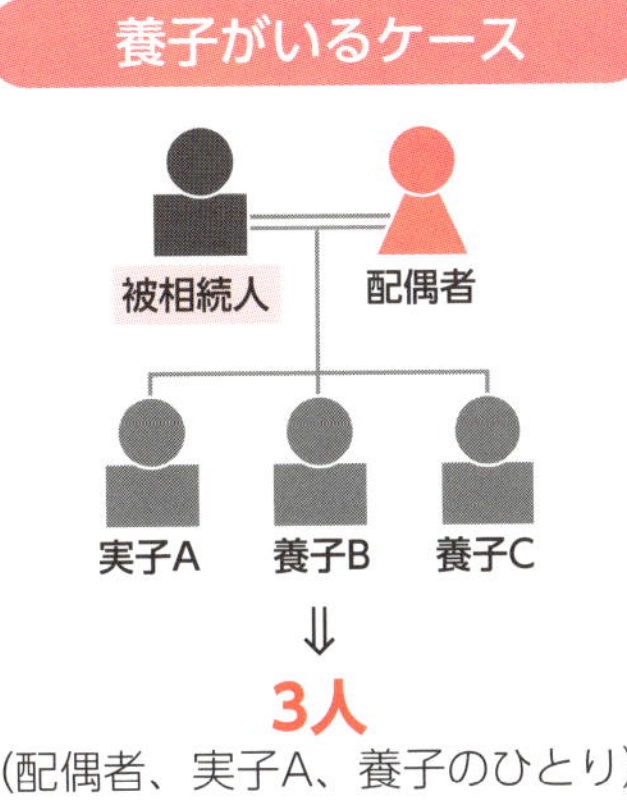

⇓
3人
（配偶者、実子A、養子のひとり）

代襲相続人がいるケース

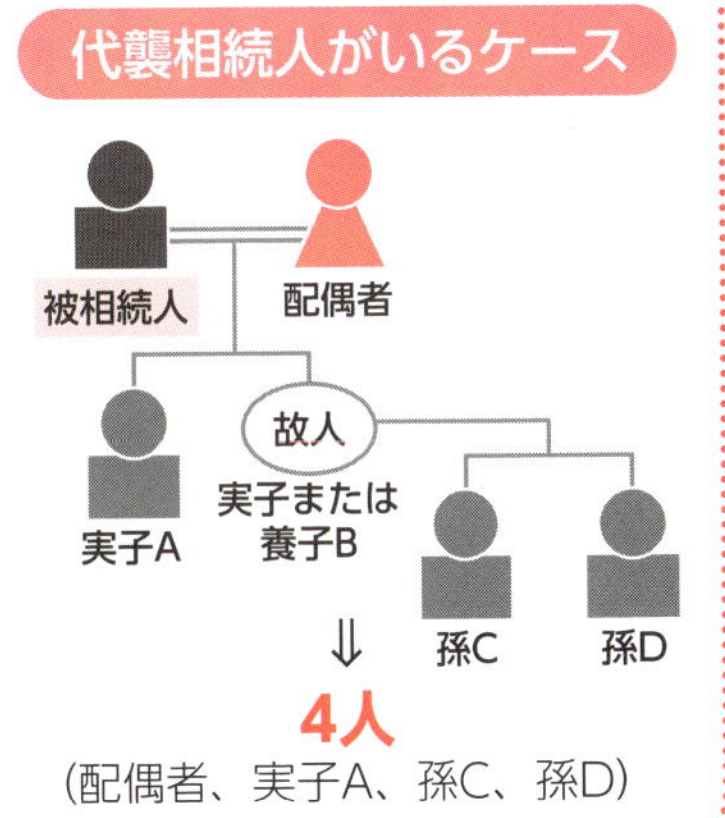

⇓
4人
（配偶者、実子A、孫C、孫D）

相続税の計算

［ステップ3］各人の納付税額を求める

実際の取得割合に応じて納付税額を計算する

最終段階のステップ3で、いよいよ財産の取得者がそれぞれに納める税額を計算します。

各人の税額は、ステップ2で求めた相続税の総額を実際の財産の取得割合で按分した金額となります。具体的には、ステップ1で求めた各人の課税価格を課税価格の合計額で割り、それを按分割合として相続税の総額に掛けます（➡上図）。

これで各人の税額が算出されましたが、まだ終わりではありません。次に述べる**2割加算**と**税額控除**を行い、実際に納付すべき税額が確定します。

■各人の相続税額の計算方法

相続税の総額 × **按分割合** ＝ その人の相続税額

按分割合 ＝ その人の課税価格 / 課税価格の合計額

2割加算の対象になる人とは

2割加算とは、財産を取得した人が次に該当する人以外である場合に、相続税額にその20％相当額を加算するというものです。

①1親等の血族（父母または子）
②代襲相続人となった直系卑属
③配偶者

つまり、被相続人のきょうだいや祖父母が相続人であったり、孫（代襲相続人である孫を除く）が遺贈を受けたりした場合には、税額が20％アップす

養子でも孫への飛び越し相続は2割加算の対象

ここが大切！

被相続人のきょうだいや孫、内縁の配偶者などの相続税額は**20％アップ**する

配偶者の相続税額には**大幅な軽減**がある

■2割加算の対象になる人、ならない人

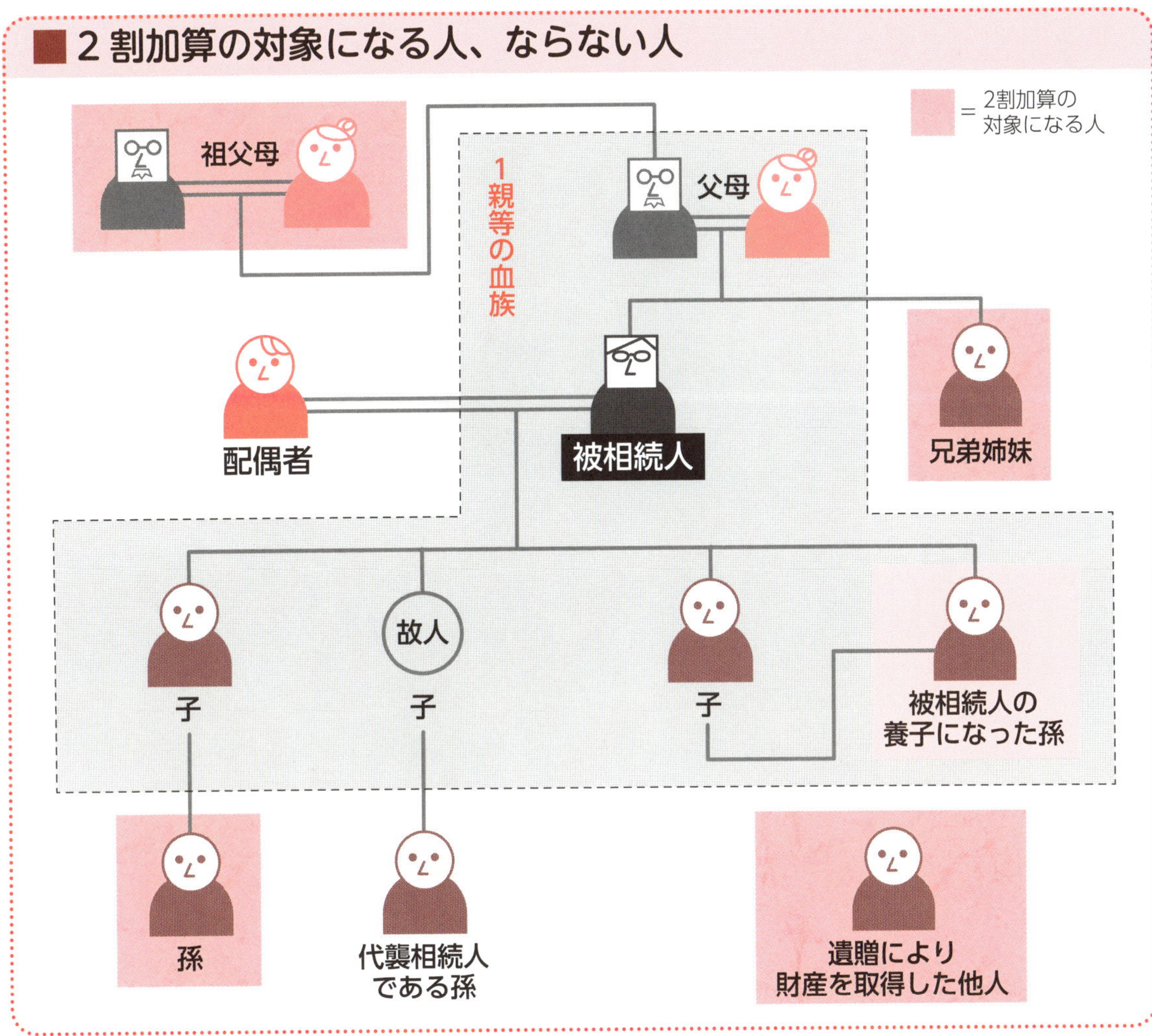

るということです。

また、養子は1親等の血族ですが、その養子が被相続人の孫である場合には例外的に2割加算の対象になります（代襲相続人である孫を除く）。

このような決まりがあるのは、後順位の相続人が相続するのは偶然性が高いこと、また子を飛び越して孫が財産を取得すると相続税を1回免れることになるためです。

なお、2割加算後の金額がその人の課税価格の70％を超えるときは、その70％の金額を相続税額とします。つまり、相続税額はどんなに高くても課税価格の70％までということです。

相続税には8種類の税額控除がある

税額控除は全部で8種類あります。なかでも**配偶者の税額軽減**は控除額が非常に大きいため、遺産分割における配偶者の取得額または取得割合が相続税の納付税額に大きく影響することになります。

以下、控除の内容を簡単にみていきましょう。控除の順序もこのとおりに行います。

税額控除と納付税額の算出

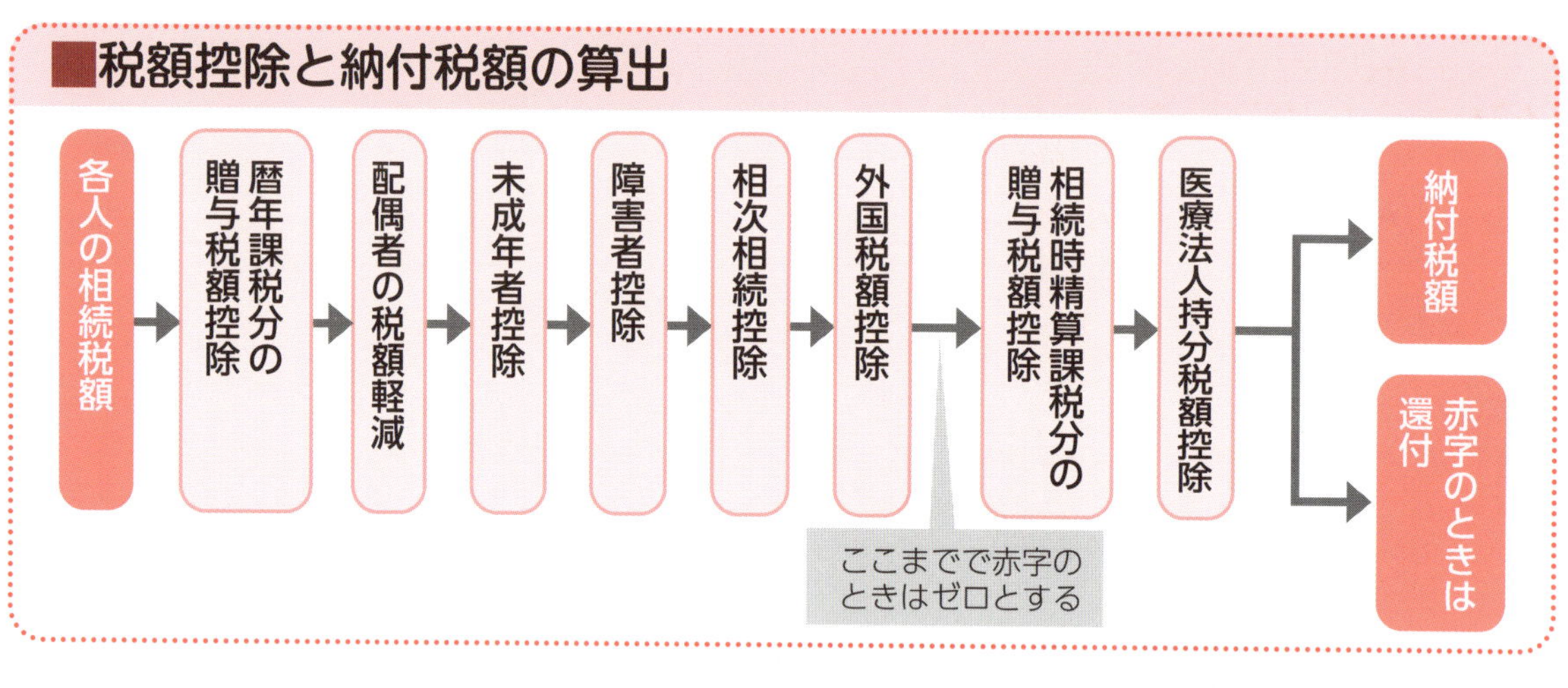

①暦年課税分の贈与税額控除

相続開始前3年以内の贈与財産について贈与税が課税されていた場合には、贈与税と相続税の二重課税を防ぐため、その贈与税額を控除します。

この贈与財産の相続財産への加算期間は、2024年1月1日の贈与分より、「3年以内」が「7年以内」に延長されますが、延長された4年間分については、総額100万円が相続税の課税価格には加算されません。

②配偶者の税額軽減

配偶者が取得した財産が法定相続分以下もしくは1億6,000万円以下であれば、配偶者に納付税額は発生しません。

ただし、この控除の対象になるのは、遺産分割や単独相続などによって配偶者が実際に取得した財産に限られます。したがって、遺産分割が済んでいない場合には原則として控除の適用はありません（➡P150）。

③未成年者控除

相続開始時の年齢が20歳未満で相続人（放棄した人を含む）である人は、一定額を控除することができます。

なお、この未成年者控除と次の障害者控除は、控除額が相続税額を超える場合には、超える金額をその人の扶養義務者の相続税額から控除できます。

④障害者控除

障害者であり、かつ相続人（放棄した人を含む）である人は一定額を控除することができます。

⑤相次相続控除

今回の相続開始前10年以内に被相続人が相続などにより財産を取得していた場合には、今回の相続人の税額から一定額を控除することができます。

⑥外国税額控除

外国にある財産を取得し、その国で相続税に相当する税金が課税されていた場合には、一定額を控除します。

⑦相続時精算課税分の贈与税額控除

相続時精算課税の適用を受ける贈与財産について贈与税が課税されていた場合は、その贈与税額を控除します。この控除は前の6つとは性質が異なり、税額の精算を目的としています。そのため控除によって税額が赤字になった場合は、その金額が還付されます。

⑧医療法人持分税額控除

取得認定医療法人の持分を申告期限までに放棄した場合に適用されます。

配偶者の税額軽減額の求め方

$$相続税の総額 \times \frac{①と②のうち少ないほうの金額}{課税価格の合計額} = 軽減額$$

①課税価格の合計額×配偶者の法定相続分

(1億6,000万円未満のときは、1億6,000万円)

②配偶者の課税価格

〈計算例〉

- 相続人は配偶者と子2人
- 課税価格の合計額は2億円
- 相続税の総額は2,700万円

●配偶者の課税価格が1億円の場合

$$2{,}700万円 \times \frac{1億円}{2億円} = 1{,}350万円$$

(軽減額)

➡配偶者の相続税額は1,350万円、よって納付税額はゼロ

●配偶者の課税価格が2億円の場合

$$2{,}700万円 \times \frac{1.6億円}{2億円} = 2{,}160万円$$

(軽減額)

➡配偶者の相続税額は2,700万円、よって納付税額は540万円

その他の税額控除額の求め方

暦年課税分の贈与税額控除

$$その贈与を受けた年分の贈与税額 \times \frac{相続税の課税価格に加算した贈与財産の価額}{その年分の贈与税の課税価格に算入された財産の価額の合計額} = 控除額$$

未成年者控除

10万円×満20歳になるまでの年数＝控除額

(1年未満の端数は切上げ)

障害者控除

[一般障害者]

10万円×満85歳になるまでの年数＝控除額

(1年未満の端数は切上げ)

[特別障害者]

20万円×満85歳になるまでの年数＝控除額

(1年未満の端数は切上げ)

相次相続控除

$$A \times \frac{C^{*}}{B-A} \times \frac{D}{C} \times \frac{10-E}{10} = 控除額$$

A：被相続人が前の相続の際に課税された相続税額

B：被相続人が前の相続の際に取得した財産の価額

C：今回の相続で相続人や受遺者の全員が取得した財産の価額の合計額

D：今回の相続で、その相続人が取得した財産の価額

E：前の相続から今回の相続までの期間（1年未満の端数は切捨て）

＊ $\frac{C}{B-A}$ が1を超えるときは1で計算

相続税の計算シート

左ページの記入例を参考にして、あなたの家族の相続税額を計算してみましょう。

ステップ1 課税価格の計算

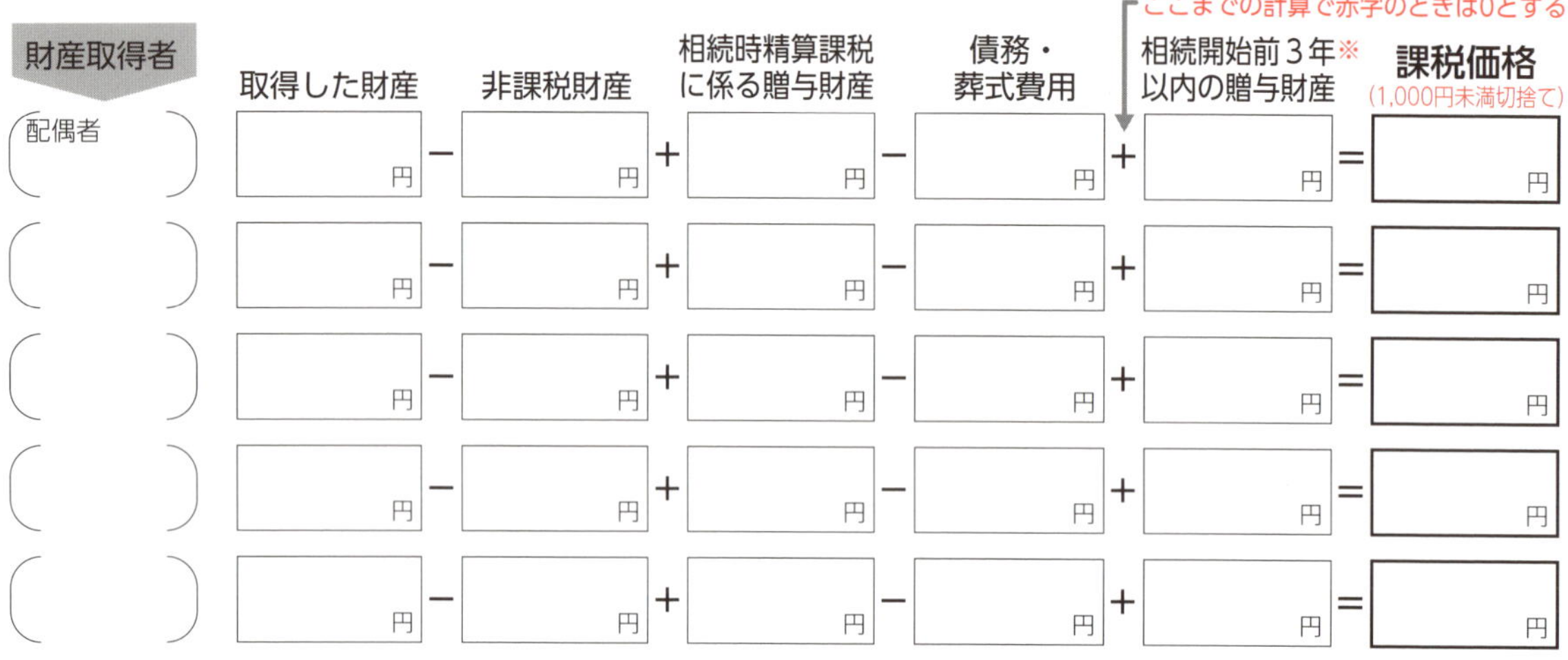

課税価格の合計額 円

※相続時精算課税に係る贈与は除く

ステップ2 相続税の総額の計算

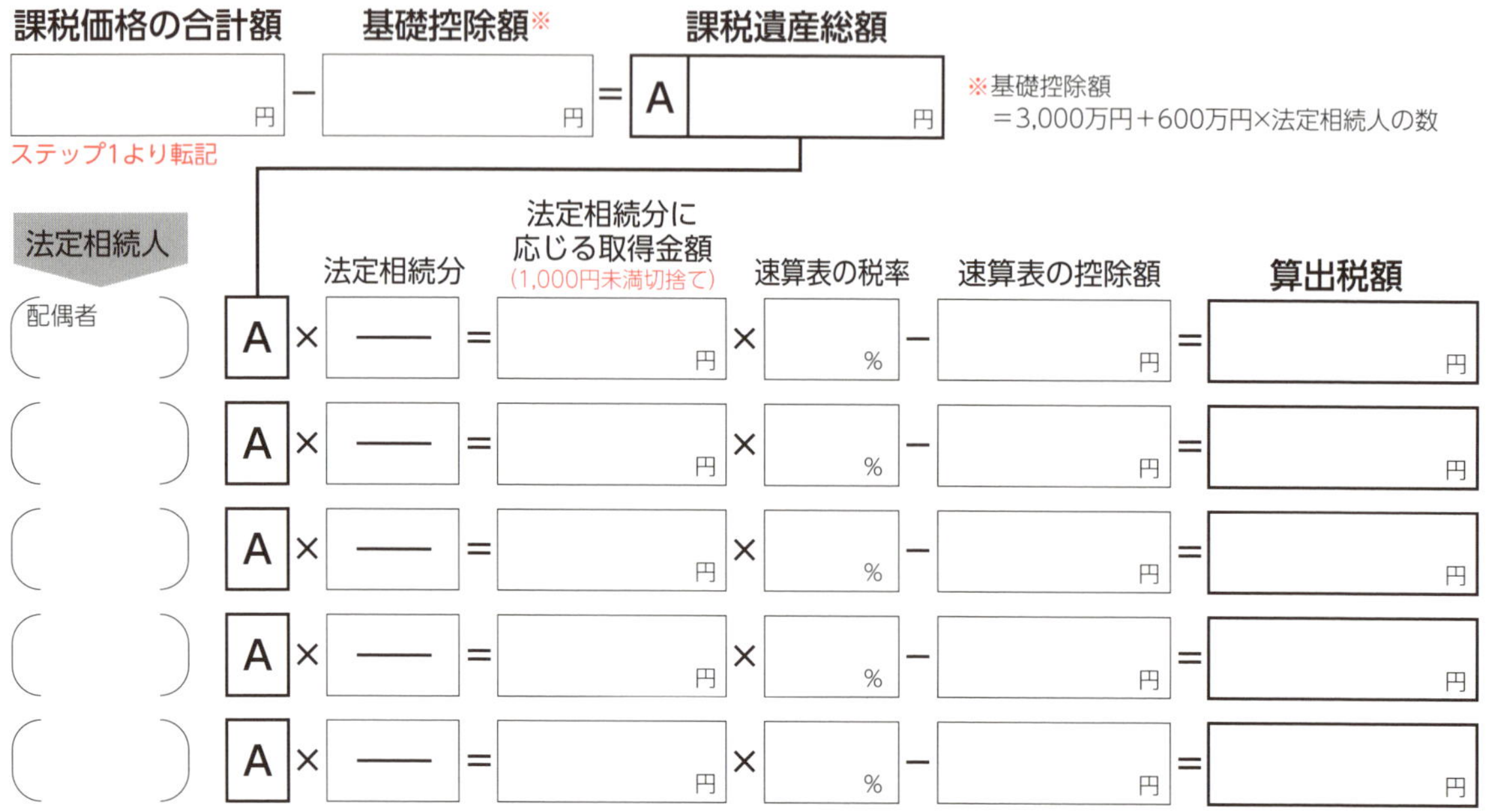

相続税の総額（100円未満切捨て） B 円

P148へ続く

記入例

設定：財産の取得者は配偶者、長男、長女で、法定相続人も同じ

ステップ1　課税価格の計算

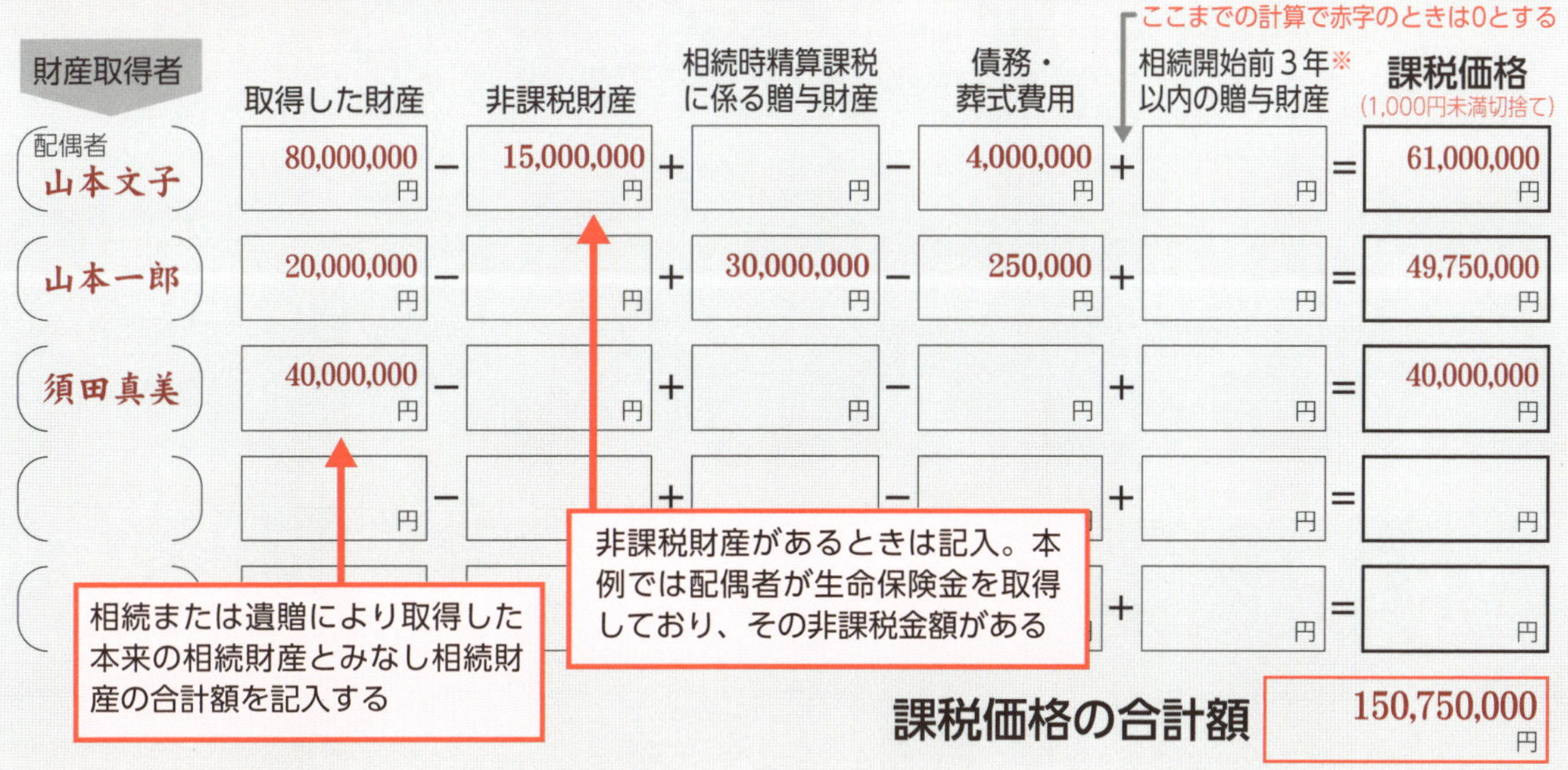
ここまでの計算で赤字のときは0とする

財産取得者	取得した財産		非課税財産		相続時精算課税に係る贈与財産		債務・葬式費用		相続開始前3年※以内の贈与財産		課税価格(1,000円未満切捨て)
配偶者 山本文子	80,000,000円	−	15,000,000円	＋	円	−	4,000,000円	＋	円	＝	61,000,000円
山本一郎	20,000,000円	−	円	＋	30,000,000円	−	250,000円	＋	円	＝	49,750,000円
須田真美	40,000,000円	−	円	＋	円	−	円	＋	円	＝	40,000,000円
	円	−	円	＋	円	−	円	＋	円	＝	円
	円	−	円	＋	円	−	円	＋	円	＝	円

相続または遺贈により取得した本来の相続財産とみなし相続財産の合計額を記入する

非課税財産があるときは記入。本例では配偶者が生命保険金を取得しており、その非課税金額がある

課税価格の合計額　150,750,000円

※相続時精算課税に係る贈与は除く

ステップ2　相続税の総額の計算

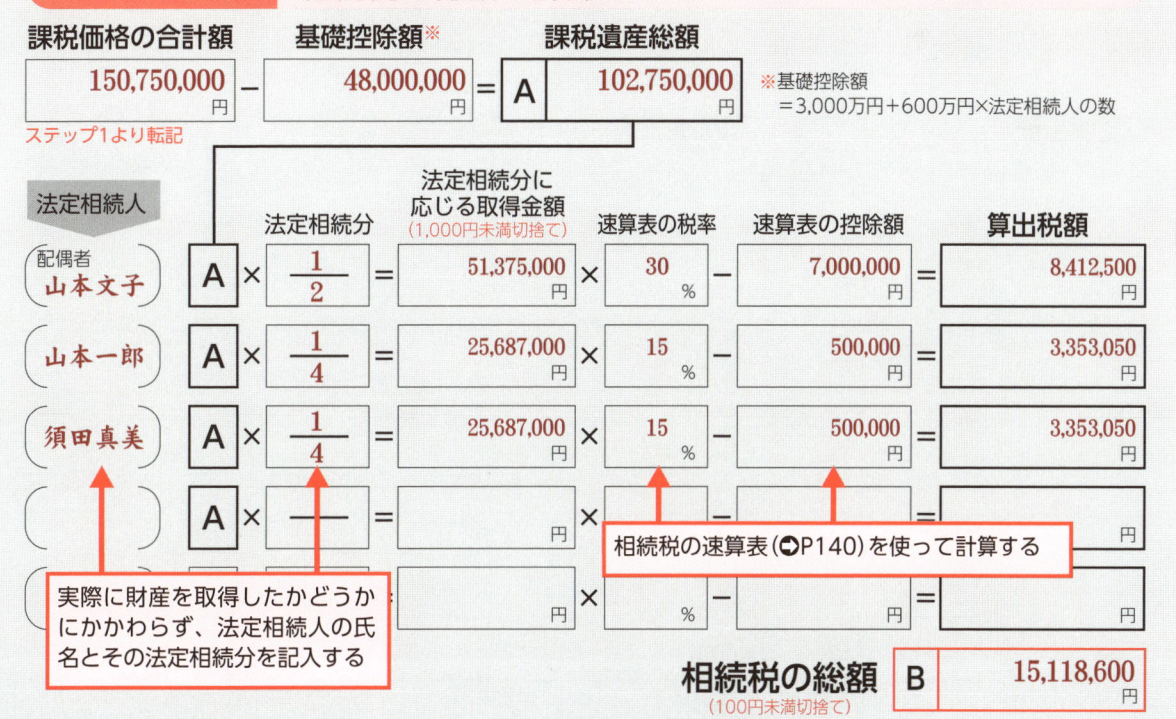

課税価格の合計額		基礎控除額※		課税遺産総額
150,750,000円	−	48,000,000円	＝	A　102,750,000円

ステップ1より転記

※基礎控除額
＝3,000万円＋600万円×法定相続人の数

法定相続人			法定相続分		法定相続分に応じる取得金額(1,000円未満切捨て)		速算表の税率		速算表の控除額		算出税額
配偶者 山本文子	A	×	1/2	＝	51,375,000円	×	30%	−	7,000,000円	＝	8,412,500円
山本一郎	A	×	1/4	＝	25,687,000円	×	15%	−	500,000円	＝	3,353,050円
須田真美	A	×	1/4	＝	25,687,000円	×	15%	−	500,000円	＝	3,353,050円
	A	×		＝	円	×	%	−	円	＝	円
	A	×		＝	円	×	%	−	円	＝	円

実際に財産を取得したかどうかにかかわらず、法定相続人の氏名とその法定相続分を記入する

相続税の速算表(➡P140)を使って計算する

相続税の総額(100円未満切捨て)　B　15,118,600円

ステップ3 各人の納付税額の計算

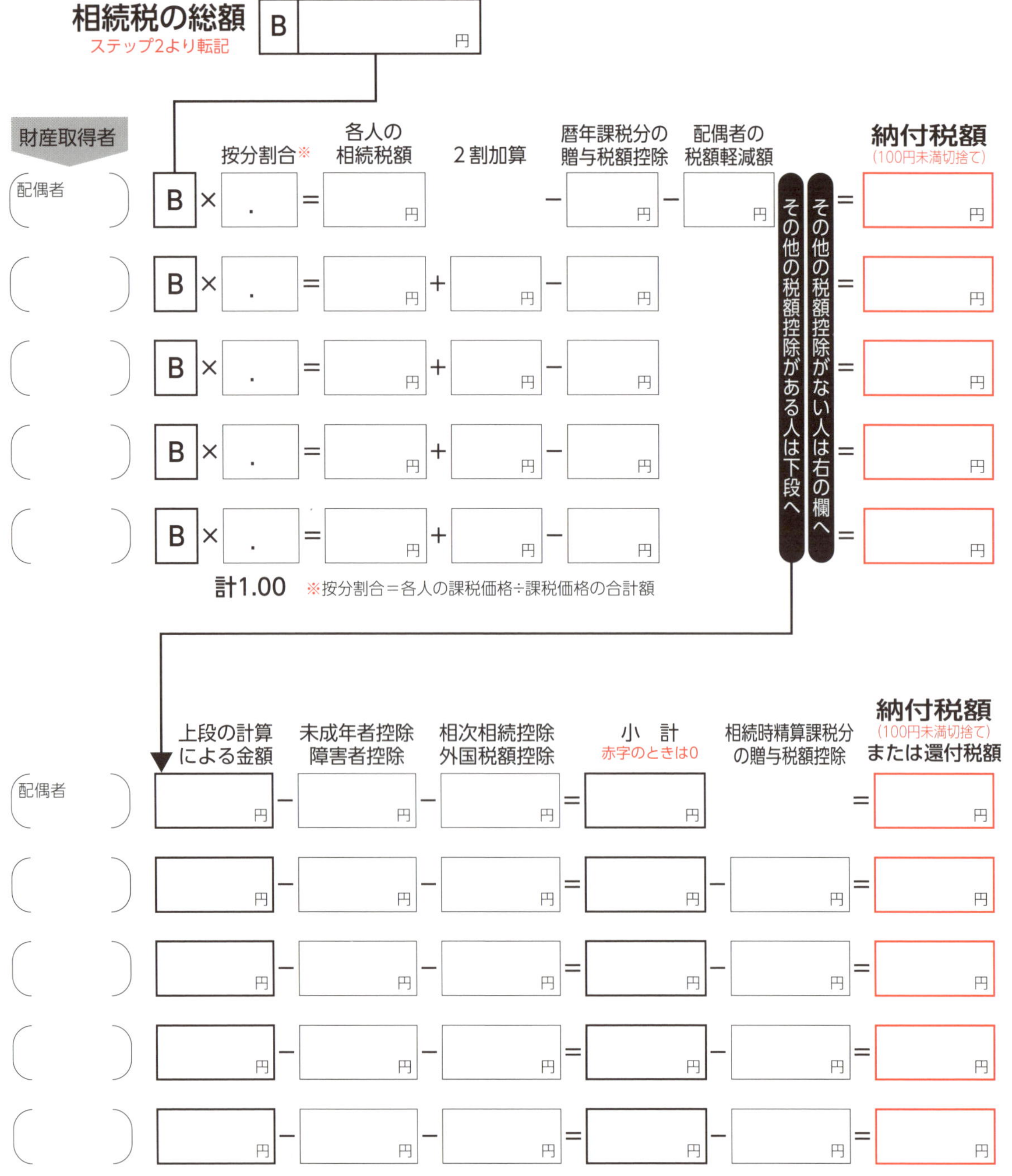

相続税の総額
ステップ2より転記
B
円
財産取得者
按分割合※
各人の相続税額
2割加算
暦年課税分の贈与税額控除
配偶者の税額軽減額
納付税額
(100円未満切捨て)
配偶者
その他の税額控除がない人は右の欄へ
その他の税額控除がある人は下段へ
計1.00
※按分割合＝各人の課税価格÷課税価格の合計額
上段の計算による金額
未成年者控除
障害者控除
相次相続控除
外国税額控除
小　計
赤字のときは0
相続時精算課税分の贈与税額控除
納付税額
(100円未満切捨て)
または還付税額

記入例

ステップ3 各人の納付税額の計算

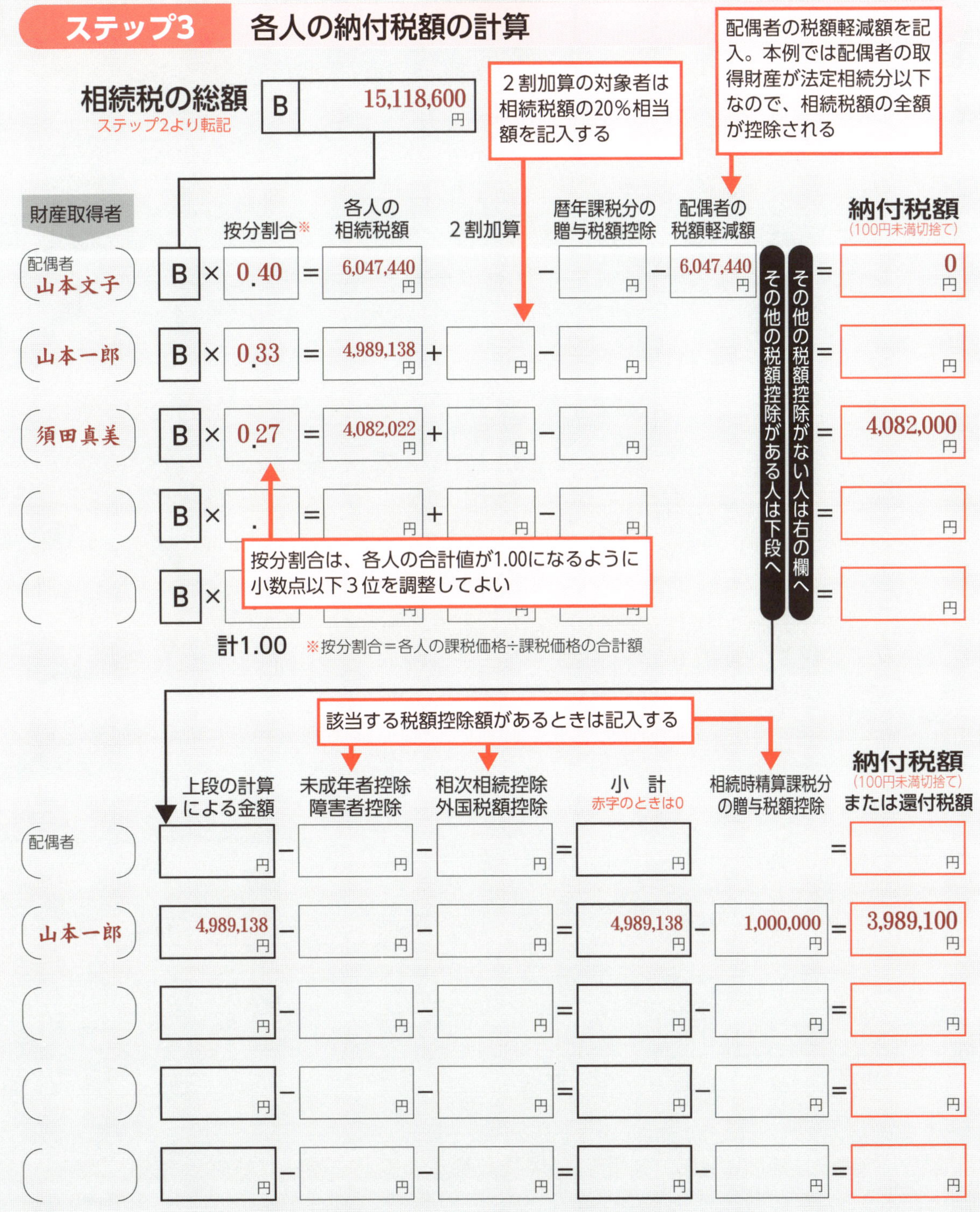

相続税の総額
ステップ2より転記
B 15,118,600 円
2割加算の対象者は相続税額の20%相当額を記入する
配偶者の税額軽減額を記入。本例では配偶者の取得財産が法定相続分以下なので、相続税額の全額が控除される
財産取得者
按分割合※
各人の相続税額
2割加算
暦年課税分の贈与税額控除
配偶者の税額軽減額
納付税額
(100円未満切捨て)
配偶者 山本文子 B × 0.40 = 6,047,440 円 − 円 − 6,047,440 円 = 0 円
山本一郎 B × 0.33 = 4,989,138 円 + 円 − 円 = 円
須田真美 B × 0.27 = 4,082,022 円 + 円 − 円 = 4,082,000 円
その他の税額控除がない人は右の欄へ
その他の税額控除がある人は下段へ
按分割合は、各人の合計値が1.00になるように小数点以下3位を調整してよい
計1.00
※按分割合=各人の課税価格÷課税価格の合計額
該当する税額控除額があるときは記入する
上段の計算による金額
未成年者控除 障害者控除
相次相続控除 外国税額控除
小計
赤字のときは0
相続時精算課税分の贈与税額控除
納付税額
(100円未満切捨て)
または還付税額
配偶者
山本一郎 4,989,138 円 − 円 − 円 = 4,989,138 円 − 1,000,000 円 = 3,989,100 円

相続税の計算

申告

相続税の申告のしかた

ここが大切！

相続税の申告期限は、相続開始を知った日の翌日から**10か月目の日**

小規模宅地等の特例などを受けるためには**申告が必要**

基礎控除額を超える場合は申告が必要

相続税の申告をしなければならない人は、相続や遺贈、相続時精算課税の適用を受ける贈与により財産を取得した人で、各人の課税価格の合計額が基礎控除額を超える場合です。基礎控除額を超えていない場合は申告の必要はありません。

ただし、小規模宅地等の特例（➡P112）を適用することにより、課税価格の合計額が基礎控除以下になるという場合には、申告書を提出しなければなりませんので注意しましょう。

申告は、相続の開始を知った日（通常は被相続人の死亡日）の翌日から10か月以内に行うことになっています。たとえば死亡日が1月15日であれば、11月15日が申告期限ということになります。

申告書の提出先は、被相続人の死亡当時の住所地を管轄する税務署です。申告書を提出する人の住所地の税務署ではありません。

取得した財産に変更があったとき

申告期限までの10か月は、あっという間です。申告義務があるにもかかわらず期限までに申告しなかった場合には、無申告加算税などがかかってきますので気を付けましょう。

遺産の分割が済んでいないからといって申告期限が延びることはありません。この場合は、各相続人などが法定相続分どおりに財産を取得したものとして相続税額を計算し、申告と納付を行うことになります。

その際、小規模宅地等の特例や配偶者の税額軽減は適用されないことに注意が必要です。

申告後に遺産が分割され、課税価格が申告内容と異なることとなった場合は、**修正申告**（税額が増える場合）または**更正の請求**（税額が減る場合）により、先の申告内容を修正することができます。

相続税には、このように申告後に課税価格が変動したり、相続人に異動が生じるなど相続税特有の問題があるため、修正申告や更正の請求の特則が設けられているのです。

このような特別な理由によらなくても、申告内容が間違っていた場合には修正申告などを行えます。ただし、この場合の修正申告には過少申告加算税がかかります。特則にもとづく修正申告（期限内に申告書を提出していた場合）には加算税がかかりません。

なお、遺産が未分割だったため小規模宅地等の特例や配偶者の税額軽減などを受けずに申告し、その後遺産が分割されたときは、更正の請求書を提出することにより特例の適用を受けることができます。ただし、原則として申告期限後3年以内に分割された場合に限られますので注意しましょう。

■申告のスケジュール

申告書の提出義務者

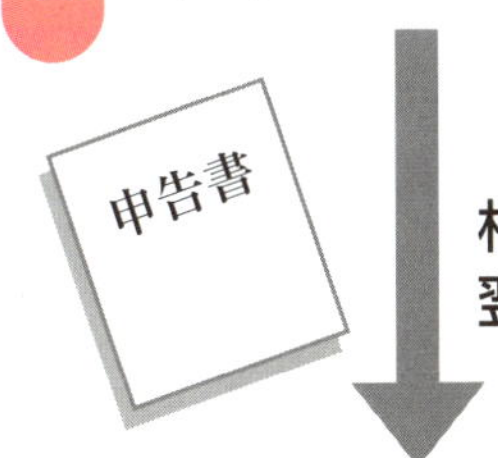

相続や遺贈などにより財産を取得し、納付すべき税額がある人

申告書

相続開始を知った日の翌日から10か月以内

提出先

被相続人の死亡時の住所地を管轄する税務署

こんなときは ？ 還付を受けられる

相続時精算課税の適用者で贈与税額控除による還付を受けられる人は、還付請求のための申告書を提出できます。この場合の申告期限は、相続開始を知った日の翌日から5年以内です。

申告書の提出は、ほかの申告者との共同・単独のどちらでもかまいません。

■修正申告、更正の請求ができるおもなケース

1. 未分割遺産の分割が確定し、課税価格に変動があった
2. 認知などにより相続人に異動が生じた
3. 遺留分の減殺請求があり、返還等すべき額が確定した
4. 遺贈にかかわる遺言書が発見された、遺贈の放棄があった
5. 未分割遺産の３年以内の分割により小規模宅地等の特例や配偶者の税額軽減などが適用されるようになった

①〜④ → 税額が増える場合 → **修正申告**

①〜④ → 税額が減る場合 → **更正の請求**

⑤ → **更正の請求**

更正の請求：その事由が生じた日の翌日から４か月以内

◆このほか申告内容に誤りがあった場合も、修正申告や更正の請求（更正の請求は申告期限から５年以内*）を行える

*2011年12月2日より前に申告期限が到来する国税については申告期限から１年以内

申告

相続税の計算

申告書の種類と記入のしかた

財産の取得者たちが共同で提出する

相続税の申告書は、財産を取得した人がそれぞれに提出する必要はありません。1通の申告書に全員が署名押印すればOKです。しかし互いに連絡を取ることがむずかしいような場合には別々に提出してもかまいません。

相続税の申告書の作成は、所得税などに比べて格段に煩雑です。遺産額が多額だったり、評価のむずかしい財産があるような場合には、やはり税理士に依頼するほうが安心でしょう。

しかし遺産額がそれほど多くなく、たとえば自宅がおもな財産で、小規模宅地等の特例を利用すれば税金がかからないといったケースなら、自分で作成することも十分可能です。

ケースに応じて必要な書類だけ記入する

申告書は、第1表から第15表までの20種類の申告書等と、それらの付表からなっています。このうち相続税額の計算を行うメインの「申告書」が第1表で、そのほかは第1表に付随する計算書や明細書になります。

といっても、これらの計算書や明細書のすべてを使用するわけではありません。たとえば第4表～第8表は、適用する税額控除がなければ記入は不要です。

そのほかについても、たとえば生命保険金の受取りがある場合は第9表、というようにケースに応じて使用します。必要な書類を選び、あとは記入の順序にしたがって申告書類を作成していくことになります。

申告書の用紙は最寄りの税務署のほか、国税庁のホームページでも提供されています。記入方法の手引きもありますので、あわせて入手しましょう。

ここが大切！

申告書は**記入の順序**にしたがい、必要な書類だけ記入すればOK

自分ではむずかしいと思ったら、早めに**税理士**に依頼しよう

申告書の内容
課税価格の合計額、相続税の総額、各人の納付税額の計算
農業投資価格による相続税額の計算
税額控除額の計算
課税財産および被相続人の債務などについての計算や明細

●相続税の主な申告書一覧

申告書の種類		参照ページ
第1表	相続税の申告書（付表1～5（別表1．2）あり）	P154
第2表	相続税の総額の計算書	P155
第3表	財産を取得した人のうちに農業相続人がいる場合の各人の算出税額の計算書	―
第4表	相続税額の加算金額の計算書（付表あり）	―
第4表の2	暦年課税分の贈与税額控除額の計算書	―
第5表	配偶者の税額軽減額の計算書	P161
第6表	未成年者控除額・障害者控除額の計算書	―
第7表	相次相続控除額の計算書	―
第8表	外国税額控除額・農地等納税猶予税額の計算書	―
第8の2表	株式等納税猶予税額の計算書（付表1～4あり）	―
第8の3表	山林納税猶予税額の計算書（付表あり）	―
第8の4表	医療法人持分納税猶予税額・税額控除の計算書（付表あり）	―
第8の7表	納税猶予税額等の調整計算書	―
第9表	生命保険金などの明細書	P159
第10表	退職手当金などの明細書	―
第11表	相続税がかかる財産の明細書	P156
第11の2表	相続時精算課税適用財産の明細書／相続時精算課税分の贈与税額控除額の計算書	―
第11・11の2表の付表1～4	〈付表1〉小規模宅地等についての課税価格の計算明細書（別表あり）（以下略）	P160
第12表	農地等についての納税猶予の適用を受ける特例農地等の明細書	―
第13表	債務及び葬式費用の明細書	P157
第14表	純資産価額に加算される暦年課税分の贈与財産価額（中略）の明細書	―
第15表	相続財産の種類別価額表	P158

注：この一覧は2024年分用のものです。申告書等の様式は変わる場合があります。

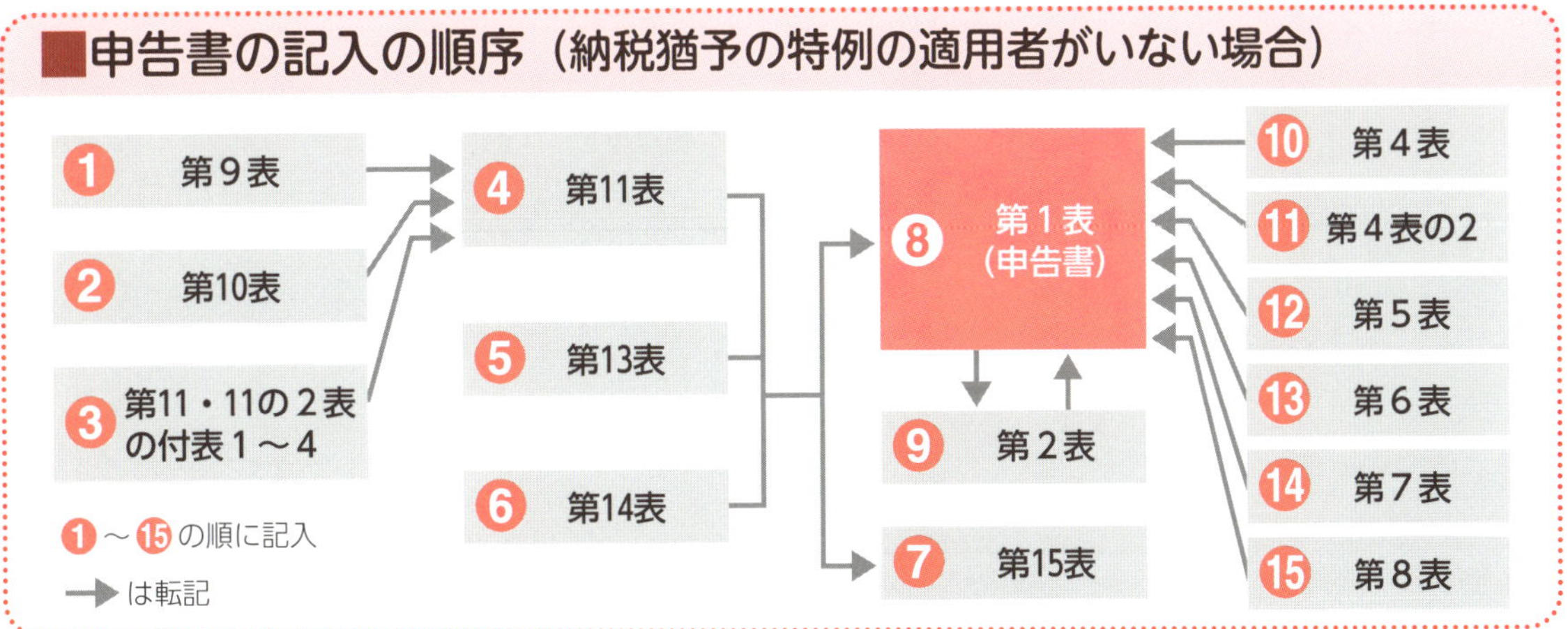

相続税の申告書（第1表）

第1表では、所定の計算書や明細書で算出した金額を転記し、課税価格や各人の納付税額を計算していく

被相続人について記入する

財産を取得した人ごとに記入する。1枚目にはひとりしか記入できないため、残りの人は（続）の用紙に書いていく

相続税の申告書　FD3561

相続開始年月日　○年2月5日

各人の合計	財産を取得した人
（被相続人）ヤマカワ ヨシロウ　山川 芳郎	ヤマカワ ヨシコ　山川 良子
	123400000000
○年5月5日（年齢72歳）	○年3月12日（年齢65歳）
京都品川区○○1丁目3番5号	〒141-0000　品川区○○1丁目3番5号　03-XXXX-XXXX
会社役員	妻　無職
	相続・遺贈・相続時精算課税に係る贈与
236865022	107128969
21966540	6304200
214898482	
214898000	100824000
3人　48000000	左の欄には、第2表の②欄の⑪の人数及び⊘の金額を記入します。
30724000	左の欄には、第2表の⑧欄の金額を記入します。
1.00	0.46
30724000	14133040
14133040	14133040
14133040	14133040
16590960	0
00	00
16590900	
00	00
16590900	00

税理士法第30条の書面提出有
税理士法第33条の2の書面提出有
（資4－20－1－1－A4統一）第1表（令元.7）

相続税の申告書(続)　FD3562

財産を取得した人	財産を取得した人
ヤマカワ コウイチ　山川 浩一	ナカジマ トモコ　中島 知子
500000000	345600000000
10月21日（年齢42歳）	○年4月2日（年齢39歳）
○○1丁目3番5号　-XXXX-XXXX	〒231-0000　横浜市中区○○3丁目2番1号　045-XXX-XXXX
長男　会社員	長女　会社員
遺贈・相続時精算課税に係る贈与	相続・遺贈・相続時精算課税に係る贈与
76172500	53563553
15662340	
60510160	53563553
60510000	53563000
	0.25
8909960	7681000
8909960	7681000
00	00
8909900	7681000
00	00
8909900	7681000

（資4－20－2－1－A4統一）第1表(続)（令元.7）

各人が納付する税額

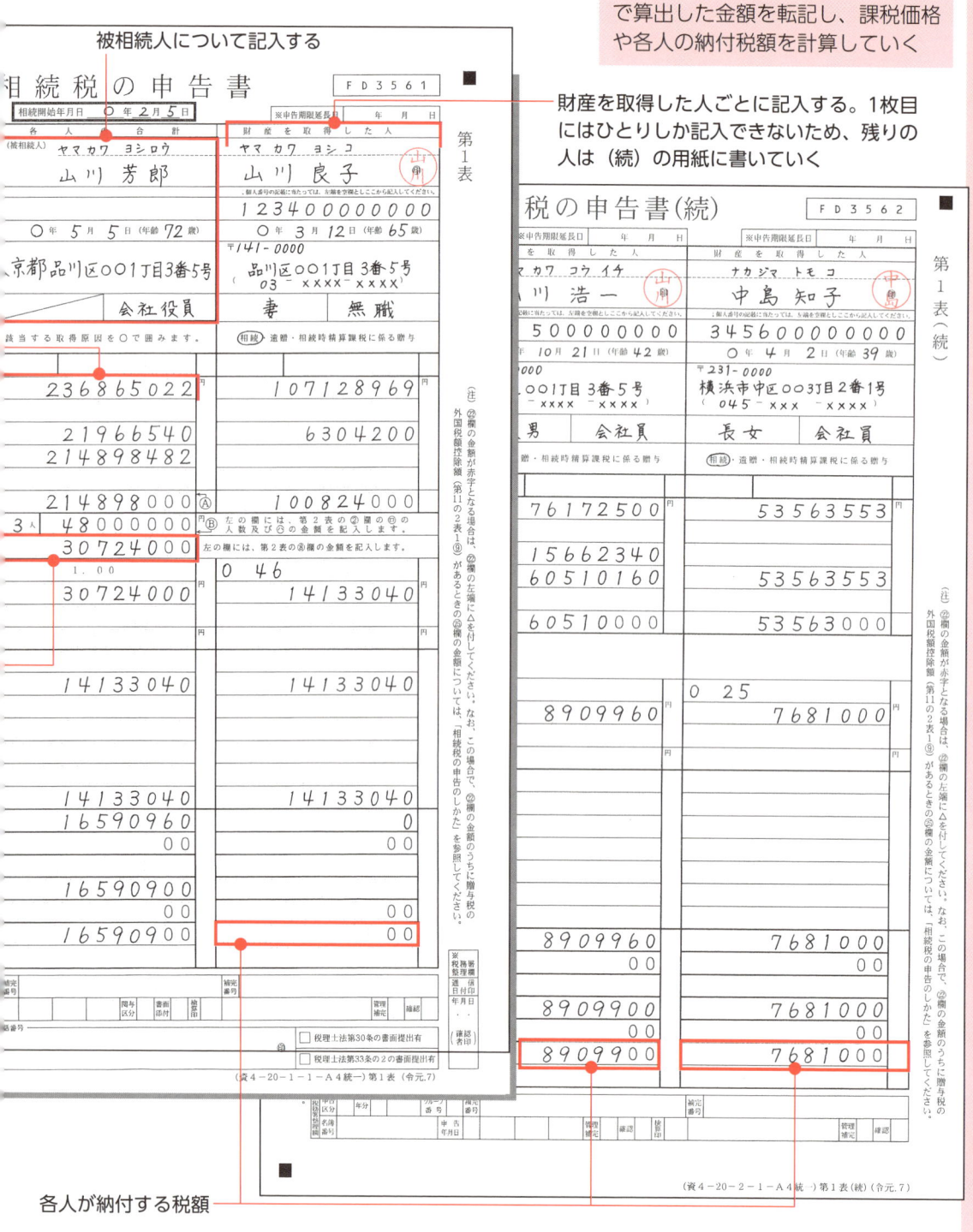

注：P154～161の申告書等は2020年分用のものです。申告書等の様式は変わる場合があります。

相続税の総額の計算書（第2表）

第2表では、法定相続人が法定相続分どおりに財産を取得したものとして相続税の総額を計算し、第1表に転記する

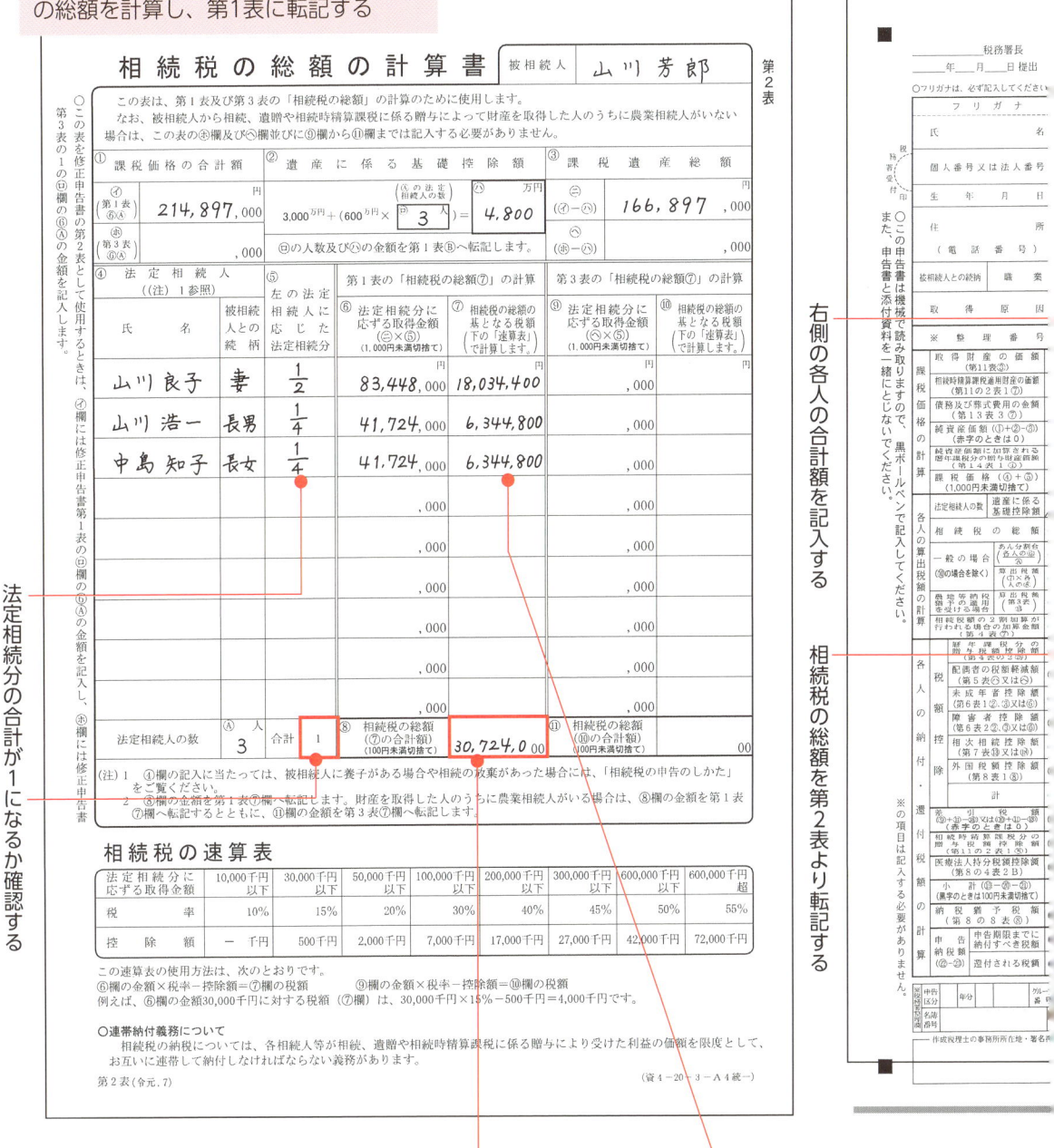

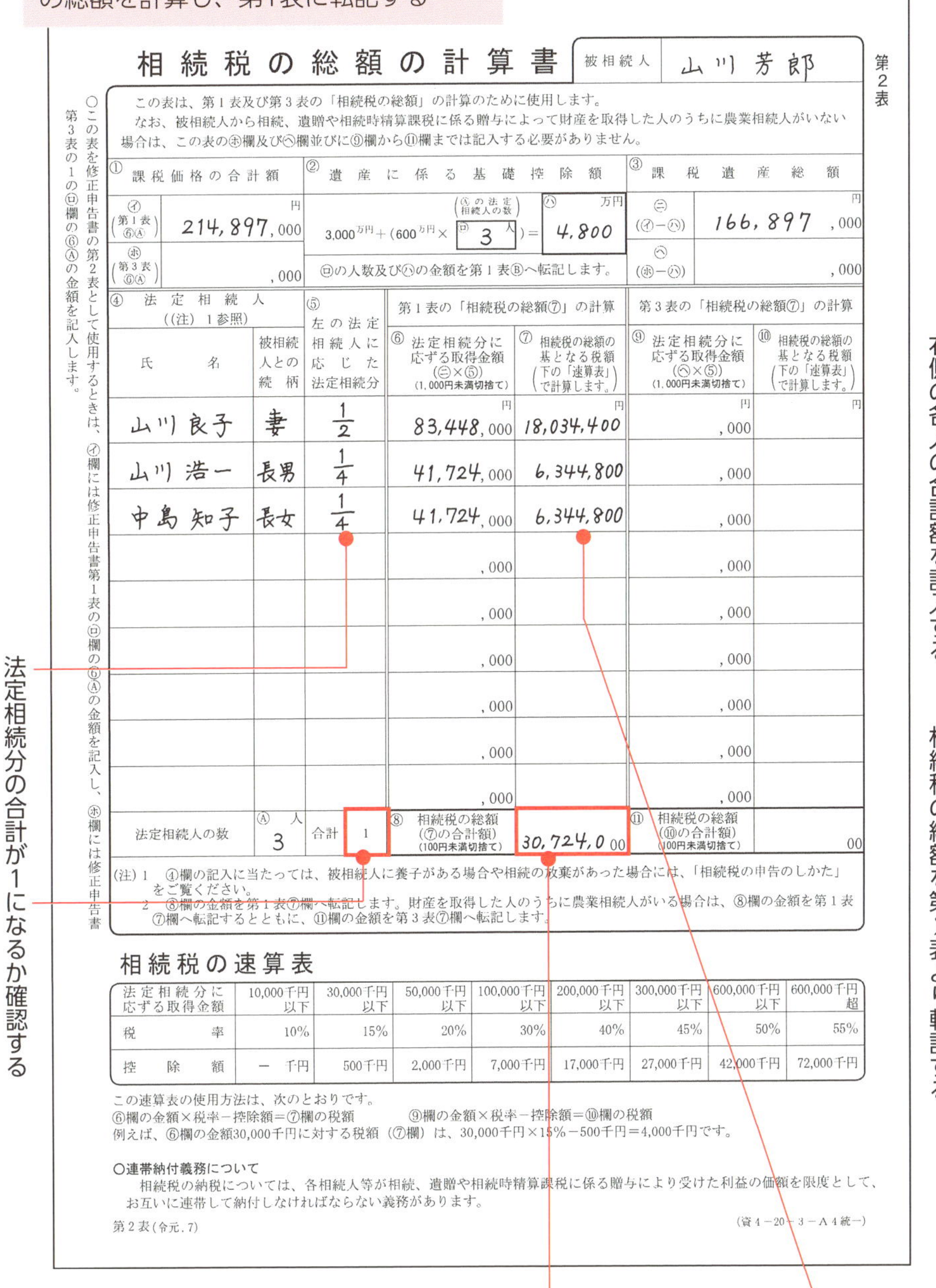

相続税の総額の計算書

被相続人　山川芳郎　　第2表

○この表を修正申告書の第2表として使用するときは、①欄には修正申告書第1表の回欄の⑥Ⓐの金額を記入し、㋭欄には修正申告書第3表の1の回欄の⑥Ⓐの金額を記入します。

この表は、第1表及び第3表の「相続税の総額」の計算のために使用します。
なお、被相続人から相続、遺贈や相続時精算課税に係る贈与によって財産を取得した人のうちに農業相続人がいない場合は、この表の㋭欄及び㋬欄並びに⑨欄から⑪欄までは記入する必要がありません。

① 課税価格の合計額		② 遺産に係る基礎控除額	③ 課税遺産総額	
㋑（第1表 ⑥Ⓐ）	214,897,000円	3,000万円＋（600万円×㋺〔㋑の法定相続人の数〕3人）＝㋩ 4,800万円	㋥（㋑－㋩）	166,897,000円
㋭（第3表 ⑥Ⓐ）	,000	㋺の人数及び㋩の金額を第1表Ⓑへ転記します。	㋬（㋭－㋩）	,000

④ 法定相続人（（注）1参照）氏名	被相続人との続柄	⑤ 左の法定相続人に応じた法定相続分	第1表の「相続税の総額⑦」の計算 ⑥ 法定相続分に応ずる取得金額（㋥×⑤）（1,000円未満切捨て）	⑦ 相続税の総額の基となる税額（下の「速算表」で計算します。）	第3表の「相続税の総額⑦」の計算 ⑨ 法定相続分に応ずる取得金額（㋬×⑤）（1,000円未満切捨て）	⑩ 相続税の総額の基となる税額（下の「速算表」で計算します。）
山川良子	妻	1/2	83,448,000円	18,034,400円	,000円	円
山川浩一	長男	1/4	41,724,000	6,344,800	,000	
中島知子	長女	1/4	41,724,000	6,344,800	,000	
			,000		,000	
			,000		,000	
			,000		,000	
			,000		,000	
			,000		,000	
			,000		,000	
法定相続人の数	Ⓐ 3人	合計 1	⑧ 相続税の総額（⑦の合計額）（100円未満切捨て）	30,724,000	⑪ 相続税の総額（⑩の合計額）（100円未満切捨て）	00

（注）1 ④欄の記入に当たっては、被相続人に養子がある場合や相続の放棄があった場合には、「相続税の申告のしかた」をご覧ください。
2 ⑧欄の金額を第1表⑦欄へ転記します。財産を取得した人のうちに農業相続人がいる場合は、⑧欄の金額を第1表⑦欄へ転記するとともに、⑪欄の金額を第3表⑦欄へ転記します。

相続税の速算表

法定相続分に応ずる取得金額	10,000千円以下	30,000千円以下	50,000千円以下	100,000千円以下	200,000千円以下	300,000千円以下	600,000千円以下	600,000千円超
税率	10%	15%	20%	30%	40%	45%	50%	55%
控除額	－千円	500千円	2,000千円	7,000千円	17,000千円	27,000千円	42,000千円	72,000千円

この速算表の使用方法は、次のとおりです。
⑥欄の金額×税率－控除額＝⑦欄の税額　　⑨欄の金額×税率－控除額＝⑩欄の税額
例えば、⑥欄の金額30,000千円に対する税額（⑦欄）は、30,000千円×15%－500千円＝4,000千円です。

○連帯納付義務について
相続税の納税については、各相続人等が相続、遺贈や相続時精算課税に係る贈与により受けた利益の価額を限度として、お互いに連帯して納付しなければならない義務があります。

第2表（令元.7）　　（資4－20－3－A4統一）

法定相続分の合計が1になるか確認する

この金額を第1表に転記する

相続税の速算表を使って計算した税額を記入する

税務署長　年　月　日提出
○フリガナは、必ず記入してください。
フリガナ／氏名／個人番号又は法人番号／生年月日／住所（電話番号）／被相続人との続柄／職業／取得原因／※整理番号
○この申告書は機械で読み取りますので、黒ボールペンで記入してください。また、申告書と添付資料を一緒にとじないでください。
課税価格の計算：取得財産の価額（第11表③）／相続時精算課税適用財産の価額（第11の2表1⑦）／債務及び葬式費用の金額（第13表3⑦）／純資産価額（①＋②－③）（赤字のときは0）／純資産価額に加算される暦年課税分の贈与財産価額（第14表1④）／課税価格（④＋⑤）（1,000円未満切捨て）
各人の算出税額の計算：法定相続人の数／遺産に係る基礎控除額／相続税の総額／一般の場合（⑩の場合を除く）あん分割合（各人の⑥／Ⓐ）／算出税額（⑦×各人の⑧）／農地等納税猶予の適用を受ける場合 算出税額（第3表③）／相続税額の2割加算が行われる場合の加算金額（第4表⑦）
各人の納付・還付税額の計算：税額控除 暦年課税分の贈与税額控除額（第4表の2㉓）／配偶者の税額軽減額（第5表㋥又は㋭）／未成年者控除額（第6表1②、③又は⑥）／障害者控除額（第6表2②、③又は⑥）／相次相続控除額（第7表⑬又は⑱）／外国税額控除額（第8表1⑧）／計／差引税額／相続時精算課税分の贈与税額控除額（第11の2表1⑧）／医療法人持分税額控除額（第8の4表2B）／小計（⑲－⑳－㉑）（黒字のときは100円未満切捨て）／納税猶予税額（第8の8表⑧）／申告納税額（㉒－㉓）申告期限までに納付すべき税額／還付される税額
※の項目は記入する必要がありません。
作成税理士の事務所所在地・署名

右側の各人の合計額を記入する

相続税の総額を第2表より転記する

相続税がかかる財産の明細書（第11表）

第11表には、相続時精算課税の適用を受ける財産を除いた課税財産について明細を記入する

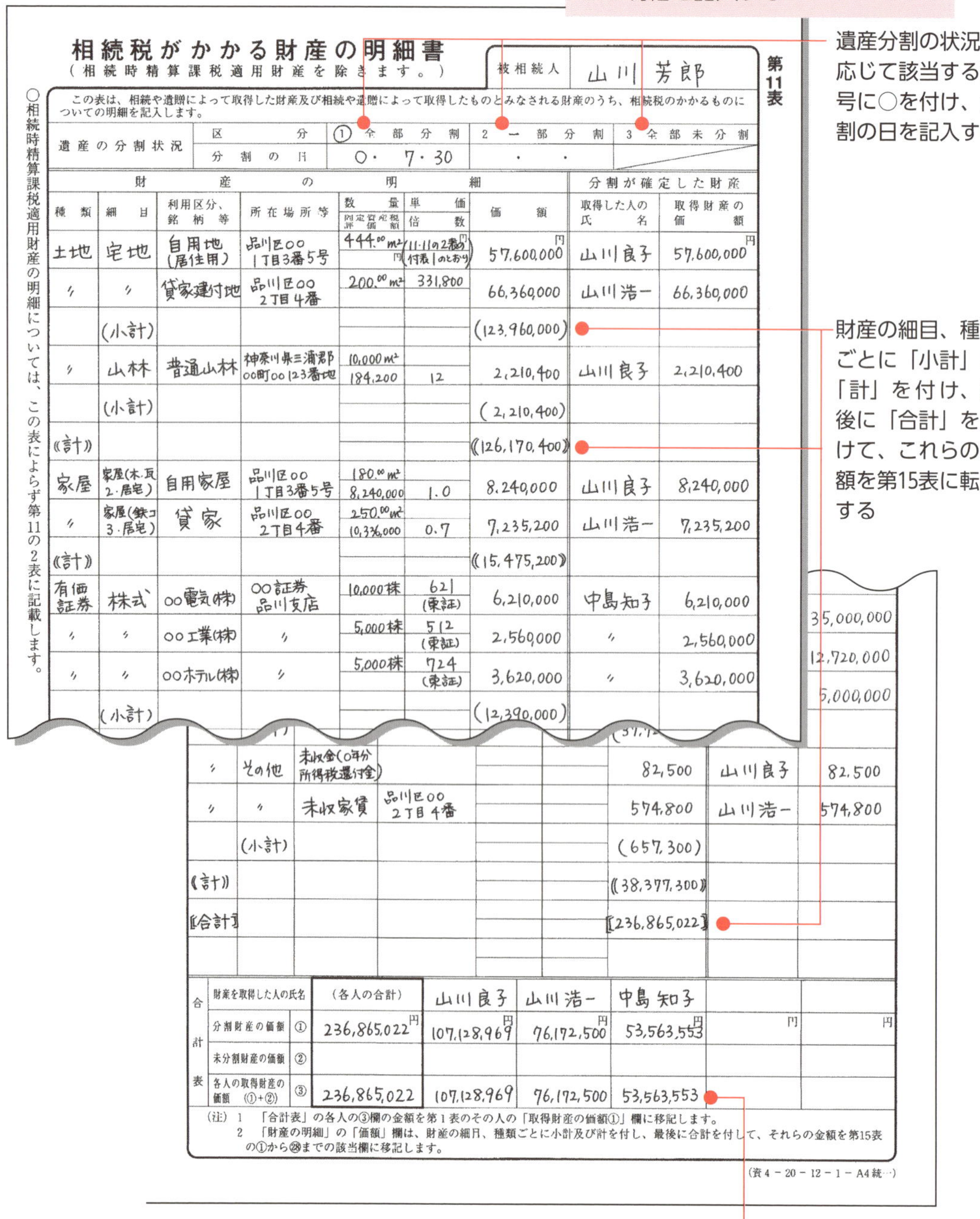

相続税がかかる財産の明細書
（相続時精算課税適用財産を除きます。）

被相続人　山川　芳郎　　第11表

この表は、相続や遺贈によって取得した財産及び相続や遺贈によって取得したものとみなされる財産のうち、相続税のかかるものについての明細を記入します。

遺産の分割状況				
区分	① 全部分割	2 一部分割	3 全部未分割
分割の日	○・7・30	・・	

種類	細目	利用区分、銘柄等	所在場所等	数量 / 固定資産税評価額	単価 / 倍数	価額	取得した人の氏名	取得財産の価額
土地	宅地	自用地（居住用）	品川区○○ 1丁目3番5号	444.00㎡ 円	11・11の2表の付表1のとおり	57,600,000円	山川良子	57,600,000円
〃	〃	貸家建付地	品川区○○ 2丁目4番	200.00㎡	331,800	66,360,000	山川浩一	66,360,000
	（小計）					（123,960,000）		
〃	山林	普通山林	神奈川県三浦郡○○町○○123番地	10,000㎡ / 184,200	12	2,210,400	山川良子	2,210,400
	（小計）					（2,210,400）		
《計》						《126,170,400》		
家屋	家屋（木・瓦2・居宅）	自用家屋	品川区○○ 1丁目3番5号	180.00㎡ / 8,240,000	1.0	8,240,000	山川良子	8,240,000
〃	家屋（鉄コ3・居宅）	貸家	品川区○○ 2丁目4番	250.00㎡ / 10,336,000	0.7	7,235,200	山川浩一	7,235,200
《計》						《15,475,200》		
有価証券	株式	○○電気(株)	○○証券 品川支店	10,000株	621（東証）	6,210,000	中島知子	6,210,000
〃	〃	○○工業(株)	〃	5,000株	512（東証）	2,560,000	〃	2,560,000
〃	〃	○○ホテル(株)	〃	5,000株	724（東証）	3,620,000	〃	3,620,000
	（小計）					（12,390,000）		
								35,000,000
								12,720,000
								5,000,000
〃	その他	未収金（○年分所得税還付金）				82,500	山川良子	82,500
〃	〃	未収家賃	品川区○○ 2丁目4番			574,800	山川浩一	574,800
	（小計）					（657,300）		
《計》						《38,377,300》		
【合計】						【236,865,022】		

合計表		（各人の合計）					
財産を取得した人の氏名		（各人の合計）	山川良子	山川浩一	中島知子		
分割財産の価額	①	236,865,022円	107,128,969円	76,172,500円	53,563,553円	円	円
未分割財産の価額	②						
各人の取得財産の価額（①＋②）	③	236,865,022	107,128,969	76,172,500	53,563,553		

（注）1　「合計表」の各人の③欄の金額を第1表のその人の「取得財産の価額①」欄に移記します。
2　「財産の明細」の「価額」欄は、財産の細目、種類ごとに小計及び計を付し、最後に合計を付して、それらの金額を第15表の①から㉘までの該当欄に移記します。

○相続時精算課税適用財産の明細については、この表によらず第11の2表に記載します。

（資4－20－12－1－A4統一）

遺産分割の状況に応じて該当する番号に○を付け、分割の日を記入する

財産の細目、種類ごとに「小計」と「計」を付け、最後に「合計」を付けて、これらの金額を第15表に転記する

財産の取得者ごとに取得財産の価額を集計。これらの金額を第1表に転記する

債務及び葬式費用の明細書（第13表）

第13表は、被相続人の債務や葬式費用について、その明細と負担する人の氏名、金額を記入する

債務及び葬式費用の明細書

被相続人 山川芳郎　　第13表

1 債務の明細（この表は、被相続人の債務について、その明細と負担する人の氏名及び金額を記入します。）

種類	細目	債権者 氏名又は名称	債権者 住所又は所在地	発生年月日 弁済期限	金額	負担する人の氏名	負担する金額
公租公課	○年分固定資産税	品川都税事務所		○・1・1 ・・	553,400円	山川良子	553,400円
〃	〃	○○町役場		○・1・1 ・・	2,500	〃	2,500
〃	○年分住民税	品川区役所		○・1・1 ・・	624,200	〃	624,200
未払金	医療費	○○病院	港区○○ xx-○	○・1・20 ・・	121,400	〃	121,400
借入金	証書借入	○○銀行xx支店	品川区○○ △-○-X	x・6・15 △・2・15	15,662,340	山川浩一	15,662,340
				・・ ・・			
合計					16,963,840		

公租公課（税金など）については、「氏名又は名称」の欄に税務署名や市区町村名などを記入する

2 葬式費用の明細（この表は、被相続人の葬式に要した費用について、その明細と負担する人の氏名及び金額を記入します。）

支払先 氏名又は名称	支払先 住所又は所在地	支払年月日	金額	負担する人の氏名	負担する金額
○○寺	品川区○○ xx-○	○・2・8	1,500,000円	山川良子	1,500,000円
○○葬儀社	品川区○○ △-X	○・2・10	2,800,000	〃	2,800,000
○○タクシー	品川区○○ x-△-X	○・2・8	164,200	〃	164,200
○○寿司	品川区○○ △△-X	○・2・8	364,600	〃	364,600
その他	（別紙のとおり）	・・	173,900	〃	173,900
		・・			
合計			5,002,700		

3 債務及び葬式費用の合計額

債務などを承継した人の氏名			(各人の合計)	山川良子	山川浩一		
債務	負担することが確定した債務	①	16,963,840円	1,301,500円	15,662,340円	円	円
	負担することが確定していない債務	②					
	計（①+②）	③	16,963,840	1,301,500	15,662,340		
葬式費用	負担することが確定した葬式費用	④	5,002,700	5,002,700			
	負担することが確定していない葬式費用	⑤					
	計（④+⑤）	⑥	5,002,700	5,002,700			
合計（③+⑥）		⑦	21,966,540	6,304,200	15,662,340		

（注）1 各人の⑦欄の金額を第1表のその人の「債務及び葬式費用の金額③」欄に移記します。
2 ③、⑥及び⑦欄の金額を第15表の㉝、㉞及び㉟欄にそれぞれ移記します。

（資4－20－14－A4統一）

債務などの承継者ごとに負担する債務などの金額を集計。これらの金額を第15表に転記する。また合計金額を第1表に転記する

承継者が確定していない債務などがあるときは、各人が法定相続分に応じて負担する場合の金額を記入する

相続財産の種類別価額表（第15表）

第15表は、第11表から第14表までの記載にもとづいて記入する

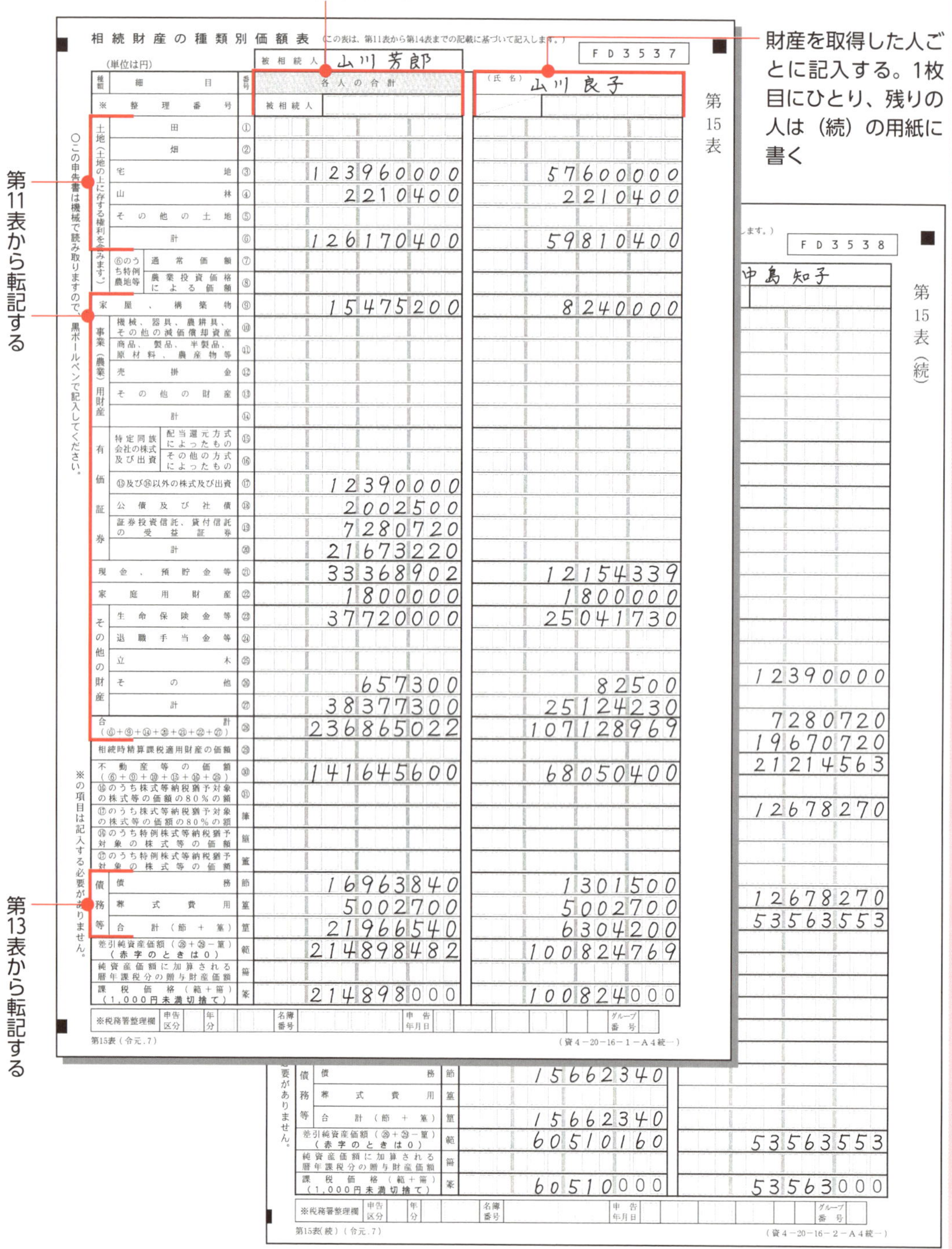
各人の合計額を記入する
財産を取得した人ごとに記入する。1枚目にひとり、残りの人は（続）の用紙に書く
第11表から転記する
第11表から転記する
第13表から転記する

相続財産の種類別価額表（この表は、第11表から第14表までの記載に基づいて記入します。）　F D 3 5 3 7

（単位は円）　被相続人　山川芳郎

種類	細目	番号	各人の合計	（氏名）山川良子
※	整理番号		被相続人	
土地（土地の上に存する権利を含みます。）	田	①		
	畑	②		
	宅地	③	123960000	57600000
	山林	④	2210400	2210400
	その他の土地	⑤		
	計	⑥	126170400	59810400
	⑥のうち特例農地等　通常価額	⑦		
	⑥のうち特例農地等　農業投資価格による価額	⑧		
家屋、構築物		⑨	15475200	8240000
事業（農業）用財産	機械、器具、農耕具、その他の減価償却資産	⑩		
	商品、製品、半製品、原材料、農産物等	⑪		
	売掛金	⑫		
	その他の財産	⑬		
	計	⑭		
有価証券	特定同族会社の株式及び出資　配当還元方式によったもの	⑮		
	特定同族会社の株式及び出資　その他の方式によったもの	⑯		
	⑮及び⑯以外の株式及び出資	⑰	12390000	
	公債及び社債	⑱	2002500	
	証券投資信託、貸付信託の受益証券	⑲	7280720	
	計	⑳	21673220	
現金、預貯金等		㉑	33368902	12154339
家庭用財産		㉒	1800000	1800000
その他の財産	生命保険金等	㉓	37720000	25041730
	退職手当金等	㉔		
	立木	㉕		
	その他	㉖	657300	82500
	計	㉗	38377300	25124230
合計（⑥＋⑨＋⑭＋⑳＋㉑＋㉒＋㉗）		㉘	236865022	107128969
相続時精算課税適用財産の価額		㉙		
不動産等の価額（⑥＋⑨＋⑩＋⑮＋⑯＋㉕）		㉚	141645600	68050400
⑯のうち株式等納税猶予対象の株式等の価額の80％の額		㉛		
⑰のうち株式等納税猶予対象の株式等の価額の80％の額		㉜		
⑯のうち特例株式等納税猶予対象の株式等の価額		㉝		
⑰のうち特例株式等納税猶予対象の株式等の価額		㉞		
債務等	債務	㉟	16963840	1301500
	葬式費用	㊱	5002700	5002700
	合計（㉟＋㊱）	㊲	21966540	6304200
差引純資産価額（㉘＋㉙－㊲）（赤字のときは0）		㊳	214898482	100824769
純資産価額に加算される暦年課税分の贈与財産価額		㊴		
課税価格（㊳＋㊴）（1,000円未満切捨て）		㊵	214898000	100824000

○この申告書は機械で読み取りますので、黒ボールペンで記入してください。

※の項目は記入する必要がありません。

※税務署整理欄　申告区分　年分　名簿番号　申告年月日　グループ番号

第15表（令元.7）　（資4－20－16－1－A4統一）

第15表

相続財産の種類別価額表（続）　F D 3 5 3 8　中島知子

		12390000
		7280720
		19670720
		21214563
		12678270
		12678270
		53563553
債務	15662340	
葬式費用		
合計（㉟＋㊱）	15662340	
差引純資産価額（㉘＋㉙－㊲）（赤字のときは0）	60510160	53563553
純資産価額に加算される暦年課税分の贈与財産価額		
課税価格（㊳＋㊴）（1,000円未満切捨て）	60510000	53563000

※税務署整理欄　申告区分　年分　名簿番号　申告年月日　グループ番号

第15表（続）（令元.7）　（資4－20－16－2－A4統一）

第15表（続）

生命保険金などの明細書（第9表）

みなし相続財産として課税される生命保険金などの受取りがあるときは、この第9表に記入する

生命保険金などの明細書

第9表

被相続人　山川 芳郎

1 相続や遺贈によって取得したものとみなされる保険金など

この表は、相続人やその他の人が被相続人から相続や遺贈によって取得したものとみなされる生命保険金、損害保険契約の死亡保険金及び特定の生命共済金などを受け取った場合に、その受取金額などを記入します。

保険会社等の所在地	保険会社等の名称	受取年月日	受取金額	受取人の氏名
中央区○○1丁目2番3号	○○生命保険(相)	○・3・10	35,000,000円	山川良子
〃	〃	○・3・10	12,720,000	中島知子
新宿区○○123番4	△△郵便局	○・3・2	5,000,000	〃
		・・		
		・・		

（注）1 相続人（相続の放棄をした人を除きます。以下同じです。）が受け取った保険金などのうち一定の金額は非課税となりますので、その人は、次の2の該当欄に非課税となる金額と課税される金額とを記入します。
2 相続人以外の人が受け取った保険金などについては、非課税となる金額はありませんので、その人は、その受け取った金額そのままを第11表の「財産の明細」の「価額」の欄に移記します。
3 相続時精算課税適用財産は含まれません。

2 課税される金額の計算

この表は、被相続人の死亡によって相続人が生命保険金などを受け取った場合に、記入します。

保険金の非課税限度額	（500万円×〔第2表のⒶの法定相続人の数〕3人 により計算した金額を右のⒶに記入します。）	Ⓐ 15,000,000円

保険金などを受け取った相続人の氏名	① 受け取った保険金などの金額	② 非課税金額（Ⓐ × 各人の① / Ⓑ）	③ 課税金額（①－②）
山川良子	35,000,000円	9,958,270円	25,041,730円
中島知子	17,720,000	5,041,730	12,678,270
合計	Ⓑ 52,720,000	15,000,000	37,720,000

（注）1 Ⓑの金額がⒶの金額より少ないときは、各相続人の①欄の金額がそのまま②欄の非課税金額となりますので、③欄の課税金額は0となります。
2 ③欄の金額を第11表の「財産の明細」の「価額」欄に移記します。

（資4－20－10－A4統一）

非課税限度額を計算して記入する

保険金を受け取った相続人ごとに、その課税金額を計算して記入する。相続を放棄した人など、相続人でない人については記入しない

これらの課税金額を第11表に転記する

小規模宅地等についての課税価格の計算明細書（第11・11の2表の付表1）

小規模宅地等の特例の適用を受ける場合はこの表に記入する。ケースにより別表などの記入も必要

■ 小規模宅地等についての課税価格の計算明細書

被相続人　山川芳郎

第11・11の2表の付表1

この表は、小規模宅地等の特例（租税特別措置法第69条の4第1項）の適用を受ける場合に記入します。

なお、被相続人から、相続、遺贈又は相続時精算課税に係る贈与により取得した財産のうちに、「特定計画山林の特例」の対象となり得る財産又は「個人の事業用資産についての相続税の納税猶予及び免除」の対象となり得る宅地等がある場合には、第11・11の2表の付表2を、「特定事業用資産の特例」の対象となり得る財産がある場合には、第11・11の2表の付表2の2を作成します（第11・11の2表の付表2又は付表2の2を作成する場合には、この表の「1 特例の適用にあたっての同意」欄の記入を要しません。）。
（注）この表の1又は2の各欄に記入しきれない場合には、第11・11の2表の付表1(続）を使用します。

1 特例の適用にあたっての同意
この欄は、小規模宅地等の特例の対象となり得る宅地等を取得した全ての人が次の内容に同意する場合に、その宅地等を取得した全ての人の氏名を記入します。

私(私たち)は、「2 小規模宅地等の明細」の①欄の取得者が、小規模宅地等の特例の適用を受けるものとして選択した宅地等又はその一部(「2 小規模宅地等の明細」の⑤欄で選択した宅地等)の全てが限度面積要件を満たすものであることを確認の上、その取得者が小規模宅地等の特例の適用を受けることに同意します。

氏名	山川良子	山川浩一	

（注）小規模宅地等の特例の対象となり得る宅地等を取得した全ての人の同意がなければ、この特例の適用を受けることはできません。

特例の適用を受けない人を含め、対象となり得る宅地を取得したすべての人の氏名を記入する。全員が内容に同意していること

2 小規模宅地等の明細
この欄は、小規模宅地等の特例の対象となり得る宅地等を取得した人のうち、その特例の適用を受ける人が選択した小規模宅地等の明細等を記載し、相続税の課税価格に算入する価額を計算します。

「小規模宅地等の種類」欄は、選択した小規模宅地等の種類に応じて次の1～4の番号を記入します。

小規模宅地等の種類：1 特定居住用宅地等、2 特定事業用宅地等、3 特定同族会社事業用宅地等、4 貸付事業用宅地等

選択した小規模宅地等	小規模宅地等の種類（1～4の番号を記入します。）	①特例の適用を受ける取得者の氏名〔事業内容〕 ②所在地番 ③取得者の持分に応ずる宅地等の面積 ④取得者の持分に応ずる宅地等の価額	⑤③のうち小規模宅地等(「限度面積要件」を満たす宅地等)の面積 ⑥④のうち小規模宅地等(④×⑤/③)の価額 ⑦課税価格の計算に当たって減額される金額(⑥×⑨) ⑧課税価格に算入する価額(④－⑦)
	1	① 山川良子	⑤ 330 ㎡
		② 品川区〇〇1丁目3番5号	⑥ 105600000 円
		③ 444 ㎡	⑦ 84480000 円
		④ 142080000 円	⑧ 57600000 円
		①	⑤ ㎡
		②	⑥ 円
		③ ㎡	⑦ 円
		④ 円	⑧ 円
		①	⑤ ㎡
		②	⑥ 円
		③ ㎡	⑦ 円
		④ 円	⑧ 円

特例を適用する宅地について種類、面積、価額などを記入する

（注）1 ①欄の〔　〕は、選択した小規模宅地等が被相続人等の事業用宅地等(2、3又は4)である場合に、相続開始の直前にその宅地等の上で行われていた被相続人等の事業について、例えば、飲食サービス業、法律事務所、貸家などのように具体的に記入します。
2 小規模宅地等を選択する一の宅地等が共有である場合又は一の宅地等が貸家建付地である場合において、その評価額の計算上「賃貸割合」が1でないときには、第11・11の2表の付表1（別表1）を作成します。
3 ⑧欄の金額を第11表の「財産の明細」の「価額」欄に転記します。

○「限度面積要件」の判定
上記「2 小規模宅地等の明細」の⑤欄で選択した宅地等の全てが限度面積要件を満たすものであることを、この表の各欄を記入することにより判定します。

小規模宅地等の区分	被相続人等の居住用宅地等	被相続人等の事業用宅地等		
小規模宅地等の種類	1 特定居住用宅地等	2 特定事業用宅地等	3 特定同族会社事業用宅地等	4 貸付事業用宅地等
⑨減額割合	80/100	80/100	80/100	50/100
⑩⑤の小規模宅地等の面積の合計	330 ㎡	㎡	㎡	㎡
⑪限度面積 イ 小規模宅地等のうちに4貸付事業用宅地等がない場合	〔1の⑩の面積〕 330 ≦330㎡	〔2の⑩及び3の⑩の面積の合計〕 ㎡ ≦ 400㎡		
⑪限度面積 ロ 小規模宅地等のうちに4貸付事業用宅地等がある場合	〔1の⑩の面積〕 ㎡×200/330 ＋	〔2の⑩及び3の⑩の面積の合計〕 ㎡×200/400 ＋	〔4の⑩の面積〕 ㎡ ≦ 200㎡	

（注）限度面積は、小規模宅地等の種類(「4 貸付事業用宅地等」の選択の有無)に応じて、⑪欄(イ又はロ)により判定を行います。「限度面積要件」を満たす場合に限り、この特例の適用を受けることができます。

※税務署整理欄	年分		名簿番号		申告年月日		一連番号		グループ番号		補完	

○この申告書は機械で読み取りますので、黒ボールペンで記入してください。

※の項目は記入する必要がありません。

第11・11の2表の付表1（令元.7）　（資4－20－12－3－1－A4統一）

限度面積の要件を満たしているか、ここで確認

配偶者の税額軽減額の計算書（第5表）

配偶者の税額軽減の適用を受ける場合は、この第5表に記入する

配偶者の税額軽減額の計算書

被相続人	山川 芳郎

第5表

私は、相続税法第19条の2第1項の規定による配偶者の税額軽減の適用を受けます。

1 一般の場合（この表は、①被相続人から相続、遺贈や相続時精算課税に係る贈与によって財産を取得した人のうちに農業相続人がいない場合又は②配偶者が農業相続人である場合に記入します。）

課税価格の合計額のうち配偶者の法定相続分相当額	（第1表のⒶの金額）〔配偶者の法定相続分〕 214,897,000円 × 1/2 = 107,448,500円 上記の金額が16,000万円に満たない場合には、16,000万円	㋑※ 160,000,000 円

配偶者の税額軽減額を計算する場合の課税価格	① 分割財産の価額（第11表の配偶者の①の金額）	② 債務及び葬式費用の金額（第1表の配偶者の③の金額）	③ 未分割財産の価額（第11表の配偶者の②の金額）	④ （②－③）の金額（③の金額が②の金額より大きいときは0）	⑤ 純資産価額に加算される暦年課税分の贈与財産価額（第1表の配偶者の⑤の金額）	⑥ （①－④＋⑤）の金額（⑤の金額より小さいときは⑤の金額）（1,000円未満切捨て）
		分割財産の価額から控除する債務及び葬式費用の金額				
	107,128,969 円	6,304,200 円	円	6,304,200 円	円	※ 100,824,000 円

⑦ 相続税の総額（第1表の⑦の金額）	⑧ ㋑の金額と⑥の金額のうちいずれか少ない方の金額	⑨ 課税価格の合計額（第1表のⒶの金額）	⑩ 配偶者の税額軽減の基となる金額（⑦×⑧÷⑨）
30,724,000 円	100,824,000 円	214,897,000 円	14,414,889 円

配偶者の税額軽減の限度額	（第1表の配偶者の⑨又は⑩の金額）（第1表の配偶者の⑫の金額）（14,133,040円 － 円）	㋺ 14,133,040 円
配偶者の税額軽減額	（⑩の金額と㋺の金額のうちいずれか少ない方の金額）	㋩ 14,133,040 円

（注）㋩の金額を第1表の配偶者の「配偶者の税額軽減額⑬」欄に転記します。

2 配偶者以外の人が農業相続人である場合（この表は、被相続人から相続、遺贈や相続時精算課税に係る贈与によって財産を取得した人のうちに農業相続人がいる場合で、かつ、その農業相続人が配偶者以外の場合に記入します。）

課税価格の合計額のうち配偶者の法定相続分相当額	（第3表のⒶの金額）〔配偶者の法定相続分〕 ,000円 × ― = 円 上記の金額が16,000万円に満たない場合には、16,000万円	㊁※ 円

配偶者の税額軽減額を計算する場合の課税価格	⑪ 分割財産の価額（第11表の配偶者の①の金額）	⑫ 債務及び葬式費用の金額（第1表の配偶者の③の金額）	⑬ 未分割財産の価額（第11表の配偶者の②の金額）	⑭ （⑫－⑬）の金額（⑬の金額が⑫の金額より大きいときは0）	⑮ 純資産価額に加算される暦年課税分の贈与財産価額（第1表の配偶者の⑤の金額）	⑯ （⑪－⑭＋⑮）の金額（⑮の金額より小さいときは⑮の金額）（1,000円未満切捨て）
		分割財産の価額から控除する債務及び葬式費用の金額				
	円	円	円	円	円	※ ,000 円

⑰ 相続税の総額（第3表の⑦の金額）	⑱ ㊁の金額と⑯の金額のうちいずれか少ない方の金額	⑲ 課税価格の合計額（第3表のⒶの金額）	⑳ 配偶者の税額軽減の基となる金額（⑰×⑱÷⑲）
00 円	円	,000 円	円

配偶者の税額軽減の限度額	（第1表の配偶者の⑩の金額）（第1表の配偶者の⑫の金額）（ 円 － 円）	㋭ 円
配偶者の税額軽減額	（⑳の金額と㋭の金額のうちいずれか少ない方の金額）	㋬ 円

（注）㋬の金額を第1表の配偶者の「配偶者の税額軽減額⑬」欄に転記します。

※ 相続税法第19条の2第5項（隠蔽又は仮装があった場合の配偶者の相続税額の軽減の不適用）の規定の適用があるときには、「課税価格の合計額のうち配偶者の法定相続分相当額」の（第1表のⒶの金額）、⑥、⑦、⑨、「課税価格の合計額のうち配偶者の法定相続分相当額」の（第3表のⒶの金額）、⑯、⑰及び⑲の各欄は、第5表の付表で計算した金額を転記します。

第5表（令5.7）　（資4－20－6－1－A4統一）

(A) 手順にしたがい数字を記入し、配偶者の税額軽減額を算出する

(B) 配偶者の相続税額から暦年課税分の贈与税額控除額を差し引いた金額。これが配偶者の税額軽減の限度額となる

(A)と(B)のいずれか少ないほうの金額が控除できる軽減額。第1表に転記する

相続税の計算

納付

相続税の納付と延納の方法

ここが大切！

納期限は申告期限と同じ。原則として現金で一度に納める

一度に納めることがむずかしい場合は**延納**できることもある

金銭での一括納付が原則

相続税は、原則として納期限までに金銭で納めることになっています。納期限は申告期限と同じ日です。ただし修正申告分については、修正申告書の提出日が納期限になります。

申告は相続人などが共同で行えますが、納付は各人で行います。銀行などの金融機関または所轄税務署に用意されている納付書に必要事項を記入し、金銭を添えて納付します。期限に遅れた場合は延滞税がかかりますので、注意しましょう。

一度に納められないときは分割による納付もできる

相続税は金銭による一括納付が原則ですが、税額が大きいと一度に納めるのはたいへんです。

そこで、一定の要件を満たす場合には、分割で納付する延納という方法が認められています。要件は左上図の4つがあり、これらのすべてを満たしていることが必要です。

延納期間は、原則として5年以内となっています。ただし、その人が取得した財産の価額のうち不動産等の価額が占める割合が50％以上の場合には、最長で20年までの延納が可能です。

また、延納期間中は利息に相当する利子税がかかります。利子税の税率は延納の期間や財産の内容により、左下表のように決められています。

なお、個人事業継承にともなう相続税・贈与税について納付猶予が行われた場合（➡P113）でも、事業を廃止したり、譲渡したりした場合は、猶予された全額だけでなく、利子税もあ

こんなときは

延納期間中に税金を納められなくなった

延納の許可を受けた人が、その後、延納中の相続税を納めることが困難になった場合には、申告期限から10年以内に限り、延納から物納（➡P164）への変更を行うことができます。

ただし、物納への切替えができるのは、分納期限が未到来の税額部分に限られます。また、物納財産を納付するまでの期間に応じ、当初の延納条件による利子税がかかります。

これは2006年度の税制改正で創設された特定物納という制度で、2006年4月1日以後の相続開始分から適用されます。

わせて納めなければなりません。

延納の申請は納期限までに行う

延納を希望する人は、納期限までに納税地の所轄税務署に延納申請書を提出しなければなりません。担保の提供が必要なケースでは、その担保提供関係書類もあわせて提出します。

税務署では申請にもとづいて内容を審査し、要件を満たしていれば延納が許可されます。反対に、要件を満たしていなければ却下されたり、担保の変更を求められることもあります。

この決定は、延納申請期限から原則として3か月以内に行われることになっています。

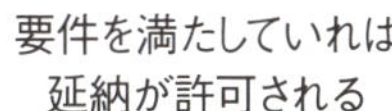

要件を満たしていれば延納が許可される

■延納の４つの要件

1. 相続税額が10万円を超えていること
2. 金銭で一括納付することが困難であり、その金額を限度とすること
3. 納期限までに延納申請書を提出すること
4. 延納税額に相当する担保を提供すること*

担保として認められるもの

- 国債および地方債
- 社債、その他の有価証券で税務署長が確実と認めるもの
- 土地
- 建物、立木、船舶など
- 鉄道財団などの財団
- 税務署長が確実と認める保証人の保証

*延納税額が100万円以下かつ延納期間が３年以内の場合は担保は不要

●延納期間と利子税

区分		延納期間（最高）	利子税（年割合）	特例割合
不動産等の割合が50％未満の場合	立木以外の財産に対応する税額	5年	6.0％	本則の利子税の割合 × 延納特例基準割合* / 7.3 ％ *延納特例基準割合とは、各分納期間の開始日の属する年の前々年の10月から前年の９月までにおける銀行の貸出約定平均金利として財務大臣が告示する割合に１％を加算した割合
	立木の価額に対応する税額		4.8％	
不動産等の割合が50％以上75％未満の場合	不動産等の価額に対応する税額	15年	3.6％	
	不動産等以外の価額に対応する税額	10年	5.4％	
不動産等の割合が75％以上の場合	不動産等の価額に対応する税額	20年	3.6％	
	不動産等以外の価額に対応する税額	10年	5.4％	

不動産等とは、不動産、不動産の上に存する権利、立木、事業用減価償却資産および一定の同族会社株式を指す
利子税の割合は、延納特例基準割合が年7.3％に満たない場合には特例割合が適用される

相続税の計算

納付

物納の要件と申請手続き

税金を物で納める特別な制度

延納によっても金銭での納付がむずかしい場合には、**物納**が認められることがあります。物納とは、金銭に代えて土地や建物などの現物で税金を納めることをいいます。

ただし、物納はあくまでも最後の手段であり、下図の要件にあるように延納によっても金銭納付が困難と認められる金額を限度とします。また、物納できる財産には一定の決まりがあり、自分のいらない財産を好き勝手に物納するというわけにはいきません。

物納できる財産、できない財産

物納が認められる財産は、その人の課税価格の計算の基礎となった相続財産のうち次のもので、日本国内にあるものに限られます。

①国債、地方債、不動産、船舶、上場株式等

②非上場の社債・株式・証券投資信託または貸付信託の受益証券

③動産

優先順位もこの順で、先順位の財産に適当な価額のものがない場合や特別の事情がある場合に限り、後順位の財産をあてることができます。

ただし、特定登録美術品はこの順位にかかわらず物納にあてることができます。特定登録美術品とは「美術品の美術館における公開の促進に関する法律」にもとづき、相続開始時にすでに登録を受けている美術品をいいます。

注意が必要なのは、物納の対象となる種類の財産であっても、税務署が管理や処分に難があると認定する財産

ここが大切！

物納が認められるのは、延納によっても金銭納付がむずかしい場合のみ

物納できる財産には細かい決まりがある

■物納の４つの要件

1	延納によっても金銭で納付することが困難であり、その金額を限度とすること
2	申請財産が一定の種類および順位の財産であること
3	申請財産が管理処分不適格財産に該当しないこと
4	納期限までに物納申請書を提出すること

物納できる財産とその順位

第1順位
国債、地方債、不動産、船舶、上場株式等

第2順位
非上場株式等
(社債、株式、証券投資信託の受益証券など)

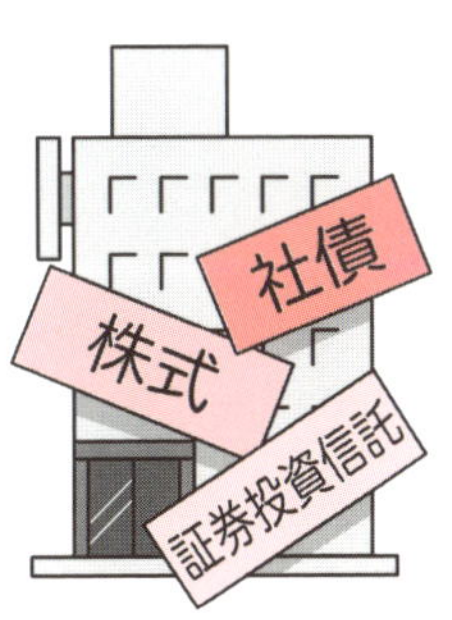

第3順位
動産

特定登録美術品

順位に関係なく物納できる

こんな財産は認められない(管理処分不適格財産の一例)

- 担保権の目的となっている財産
- 権利の帰属について争いのある財産
- 境界が明らかでない土地
- 複数の者の共有になっている財産(共有者全員が持分の全部を物納する場合を除く)
- 耐用年数を経過している建物(通常の使用ができるものを除く)
- 譲渡制限のある株式
- 管理や処分に過大な費用がかかると見込まれる財産

(管理処分不適格財産)は認められないことです。たとえば、抵当権が付いている財産や、境界が明らかでない土地などは不適格とされます。

申請財産の変更は1回限り

物納を申請する人は、納期限までに物納申請書に物納手続関係書類(登記事項証明書など申請財産に関する書類)を添付して提出します。提出を受けた税務署は調査を行い、原則として申請期限から3か月以内に許可または却下をすることになっています。

申請財産が管理処分不適格と判断されたときは申請が却下されますが、その場合はほかの財産に代えて再申請を行うことが可能です。ただし、再申請ができるのはその財産につき1回限りで、再び却下された場合には再々申請を行うことはできません。

また、延納により金銭で納付することが困難とはいえないとの理由で却下された場合に限り、物納から延納への変更が認められています。

なお、物納財産を納付するまでの期間に応じ、利子税の納付が必要です。

Column コラム

物納の賢い活用法

物納候補地を決め、生前から準備を

遺産のほとんどが不動産といった場合、物納は有効な納税手段となります。早めに準備にとりかかり、上手に利用しましょう。

●物納候補地の選定

いくつか土地がある場合、物納するのは立地や土地の形状などから市場の需要が低く、物納の収納価額（相続税評価額）が実勢価格を上回る土地や、収益性の低い土地などが有利といえます。

そして物納候補地については、その適格性を必ず調査してください。隣地との境界が不明確だったり争いがある土地は許可されませんので、早めに対策を講じておくことが必要です。

●底地の物納を認めてもらうには

貸宅地など、借地権の底地の物納も可能です。貸宅地は利用に制限があるうえ一般的に収益性も低いことから、物納には比較的適した財産といえます。

しかし借地の境界が不明確、実測面積と契約面積が一致しない、契約書すら存在しないというケースも少なくありません。いずれも物納の不適格要素ですので、借地人と交渉し、きちんとした賃貸借契約書を作成しておくことです。相安すぎる地代も問題ですので、相場並みに上げておきましょう。これらの実現には借地人の協力が不可欠ですから、日頃から良好な関係を築いておく努力も大切です。

物納に詳しい専門家と相談しながら要件を整えておこう

物納財産の共有は要注意

相続開始後の注意点を2つあげておきましょう。

●物納にあてる予定の財産を共有で相続する場合

共有財産は共有者全員が物納申請をしなければなりませんが、その際、ひとりでも金銭で納付する資力があると認められると、全員の申請が却下されてしまいます。不動産などを共有分割する場合は、この点を十分考慮しましょう。

●小規模宅地等の特例の適用

複数の宅地がある場合、ふつうは1㎡あたりの評価額が高い土地から適用するのが有利です（➡P216）。しかし特例を受けた土地を物納する場合、収納価額は評価減後の価額となります。

したがって、基本的には物納を予定している土地には小規模宅地等の特例を適用しないほうがよいでしょう。

第5章

相続争いを防ぐ上手な遺言の残し方

相続争いを防ぐ唯一最大の方法が遺言ですが、その遺言がトラブルのもとになっては泣くに泣けません。遺言の基礎知識と上手な作成のしかたを解説します。

遺言の残し方

基礎知識

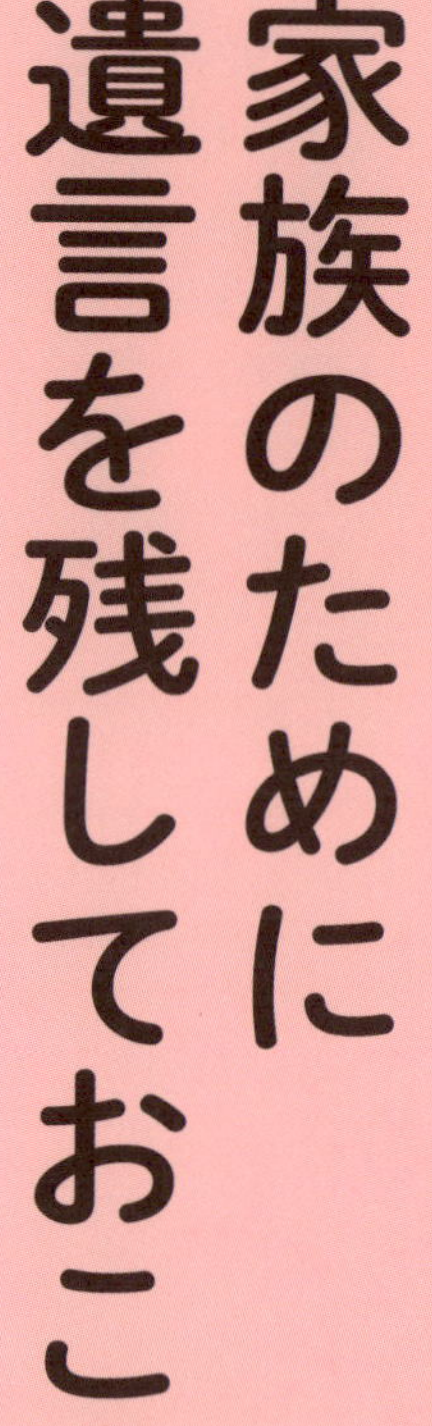

家族のために遺言を残しておこう

ここが大切！

家族を**相続トラブルから守る**ことが遺言の最大の目的

遺言で**できること、できないこと**がある

どうして遺言が必要なのか

まさかうちの家族に限って遺産争いなど起こるはずがない——。現に悲惨な相続争いを繰り広げている家族の被相続人も、生前はそう考えていたに違いありません。

どんなに仲のよかった家族でも、ちょっとした感情のもつれから相続トラブルは起こります。また、遺言を残しておかなかったばかりに、配偶者が住む家さえ失うこともあります。遺言の目的はいろいろですが、大切な家族を無用なトラブルから守ること、これが遺言の最大の意義です。

一般的に遺言が必要と思われるケースをP12で紹介しています。この機会にぜひ、検討してみてください。

遺産は法定相続分で分ければいい、と考えているなら、それを遺言に残しておきましょう。遺言は自分の意思を伝える最後のチャンスです。

遺言できる事項は決められている

遺言でできることは相続分や遺産分割の指定だけではありません。遺言に記載して法的効力を生じる事項を**遺言事項**といい、左下表にあるように多岐にわたっています。

逆の見方をすると、これ以外のことを遺言に書いても法的効力は生じないということです。

たとえば「葬儀は身内だけで」「大学病院に献体してほしい」といったことは、本人の希望を伝えるものとしては意味のあることですが、その実現については遺族の判断に委ねられることになります。

遺言執行者がいれば相続はよりスムーズに

せっかく遺言を残しても、相続人の利害が対立してスムーズに相続が進まないこともあります。遺言を適正かつ確実に実現させるためには、**遺言執行者**を指定しておくとよいでしょう。

遺言執行者には相続財産の管理や遺言の執行に必要な一切の行為をする権利が与えられ、同時にその義務を負います。また「認知」と「相続人の廃除と廃除の取消し」の執行は、遺言執行者しか行うことができません。

遺言執行者には法律の知識や経験が求められますので、弁護士や司法書士などに依頼すると安心です。

■遺言のメリット

遺産分割の方法を指定しておけば、家族を相続争いのトラブルから守ることができる

内縁の配偶者や息子の嫁、世話になった知人などに財産をあげることができる

とくに面倒をみてくれた子に多く財産を与えるなど、自分の意思を反映させることができる

●遺言でできること（おもな遺言事項）

区　分	項　目	内　容
相続および財産処分に関すること	相続分の指定およびその委託	法定相続分と異なる相続分を指定できる（➡P32）
	遺産分割の方法の指定およびその委託	だれにどの財産を相続させるかなどを指定できる
	遺産分割の禁止	死後５年以内の期間で遺産の分割を禁止できる
	共同相続人の間の担保責任の指定	ある相続人が取得した財産に欠陥があった場合、他の共同相続人はその損失を相続分の割合で分担しなければならないという民法の規定を変更できる
	相続人の廃除および廃除の取消し	相続人の廃除または廃除の取消しの意思を表示できる（➡P48）
	特別受益の持戻しの免除	生前贈与を相続分に反映させない旨の意思を表示できる（➡P40）
	遺贈	相続人または相続人以外の人に財産を遺贈できる（➡P34）
	遺贈侵害額請求方法の指定	配偶者居住権の設定も遺贈によってできる 遺留分を侵害する遺贈が複数ある場合に、侵害額請求の順序や割合などを指定できる（➡P38）
	寄付行為	財団法人の設立を目的とした寄付の意思を表示できる
	信託の設定	信託銀行などに財産を信託する旨の意思を表示できる
身分に関すること	子の認知	婚姻していない女性との間の子を認知することができる
	未成年後見人の指定、未成年後見監督人の指定	自分の死亡により親権者がいなくなる未成年の子について後見人を指定できる。また、その監督人を指定できる
その他	遺言執行者の指定およびその委託	遺言の内容を実行してもらうための遺言執行者を指定できる
	祭祀承継者の指定	先祖の墓や仏壇などの承継者を指定できる（➡P96）
	生命保険金の受取人の変更	被保険者の同意を得たうえで保険金受取人を変更できる*
	遺言の撤回および取消し	遺言の全部または一部を撤回できる

*保険法の制定により、2010年4月1日以後に結んだ保険契約に適用される

遺言の残し方

基礎知識

自分に適した方式で遺言を作成しよう

ここが大切！

一般的な遺言の方式には、**自筆証書遺言**と**公正証書遺言**がある
それぞれの**メリット・デメリット**をよく理解して選ぼう

遺言にはいろいろな方式がある

遺言の方法は民法で決められており、これにしたがったものでなければ効力がありません。

遺言の方式には、大きく分けて普通方式と特別方式があります。特別方式は遺言者に危難が迫っている場合など特殊な状況下でなされるものですから、通常は普通方式で作成されます。

普通方式のなかで一般的に用いられているのは、**自筆証書遺言**と**公正証書遺言**の2つです。

自筆証書遺言は、文字どおり、原則自分の手で書く遺言です。ほとんど費用がかからず、ひとりで手軽に作成できるのが最大のメリットですが、それだけにリスクも少なくありません。

まず、捺印もれなど些細(ささい)なミスで無効になってしまうおそれがあること。そして保管を自分で行うため、偽造・変造の危険があります。家庭裁判所の検認（➡P60）を受けなくてはならないこともデメリットのひとつです（除く、法務局保管）。

なお、自筆証書遺言を法務局が保管してくれる制度が創設され、2020年7月10日施行されます。遺言者自身が遺言書を法務局に提出し、法務局が保管すると、遺言書の裁判所での検認手続きは不要となります。

一方、公正証書遺言とは、遺言者が伝えた内容を公証人が文書にする遺言をいいます。プロが作成し、原本が公証役場に保管されるため、形式不備による無効や偽造・変造の心配がありません。それゆえ検認も不要です。

しかし2人以上の証人が必要で、ある程度の手間と費用がかかるのが難点。

遺言の方式

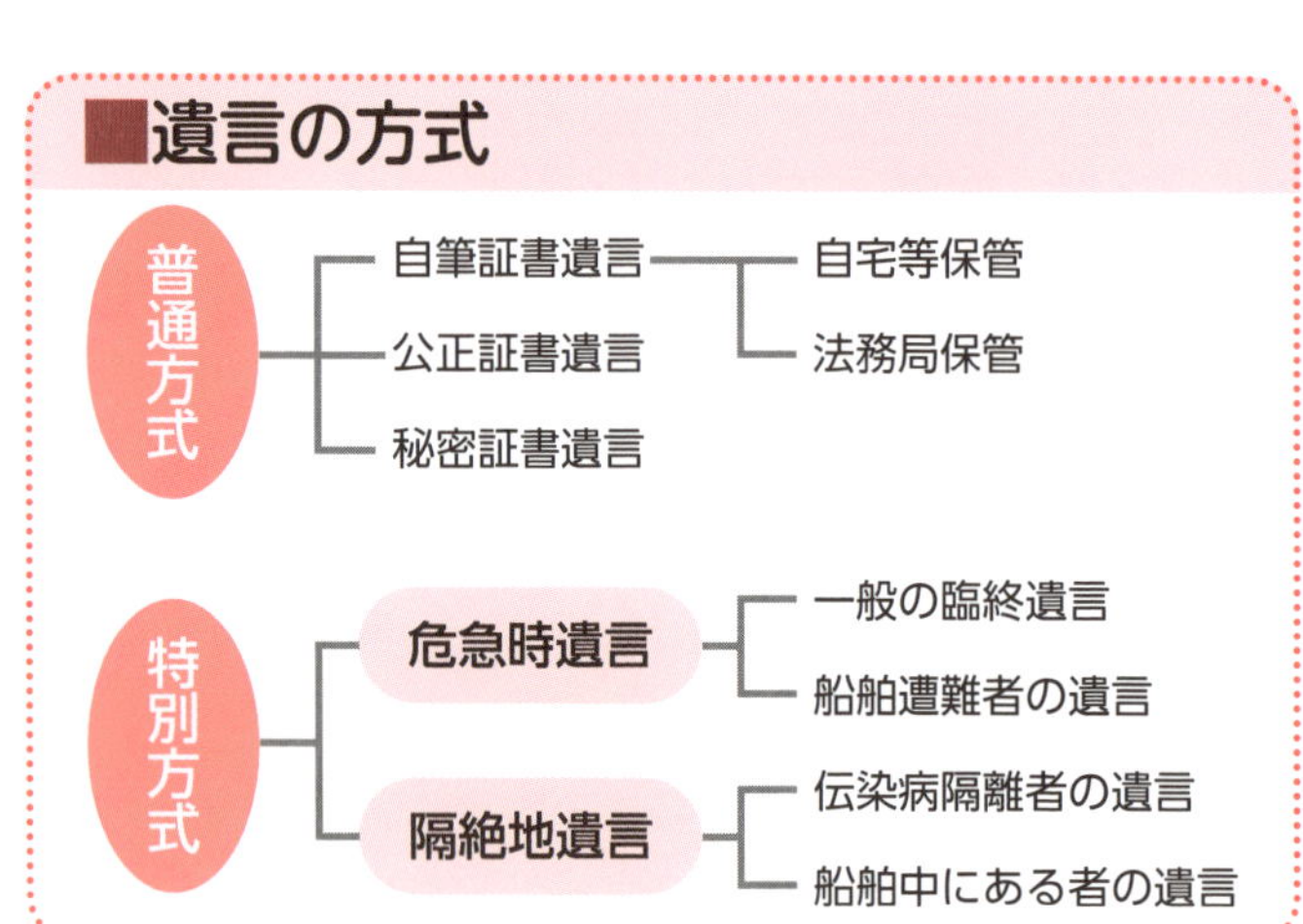

●自筆証書遺言と公正証書遺言の比較

項目	自筆証書遺言(自宅保管)	自筆証書遺言(法務局保管)	公正証書遺言
作成方法	遺言書の全文、日付、氏名を自筆で書く。パソコン等の使用は目録を除いて不可	本人が作成したものを法務局に持参し保管してもらう	本人が公証役場へ行き、口授したものを公証人が筆記
証人	不要	不要	2名必要
裁判所の検認	必要(遺言者の死後)	不要	不要
保管	本人など	管轄法務局に保管	原本は公証役場が保管
手続き	簡単	法務局に出向く必要がある	面倒
費用	かからない	手数料がかかる	手数料がかかる
メリット	●費用がかからない ●思い立ったらいつでもどこでも自由に作成できる ●遺言書の内容を他の人に知られない	●遺言書の内容は他人には知られない ●紛失や偽造の心配がない ●遺言者の死後、検認手続きがいらない	●形式や内容の不備により無効になるおそれがない ●偽造、変造、隠匿のおそれがない ●検証が不要で、相続人などがすぐに遺言を執行できる ●字の書けない人でも作成できる
デメリット	●形式の不備やあいまいな書き方により、無効になったり争いになったりすることがある ●紛失や、偽造されるおそれがある ●検認手続きが必要 ●遺言が発見されない可能性がある	●法務局に出向かなければならない ●費用がかかる	●証人とともに公証役場に出向くなどの手間がかかる ●ある程度の費用がかかる ●証人から遺言内容がもれるおそれがある

証人から遺言内容がもれてしまう可能性も否定できません。

なお、普通方式にはこのほかに**秘密証書遺言**という方式もあります。

これは自筆証書遺言と公正証書遺言の中間的な存在で、自分で書いて（代筆なども可）封印した遺言を公証役場に持っていき、公証人と証人にその存在を証明してもらうというものですが、ほとんど利用されていません。

安全確実でいくか、手軽さを優先するか

このように、遺言を作成する場合には、実質的に自筆証書遺言と公正証書遺言のどちらかを選択することになります。それぞれにメリット・デメリットがあり、両者のそれはまったくの裏返しといえます。

一般的には、安全で確実な公正証書遺言がすすめられますが、いちがいに自筆証書遺言が劣っているとはいえません。要は、安全・確実性、作成の簡便性、費用面、検認の要否などのうち何を重視するかです。遺言内容の複雑さなども勘案し、自分にふさわしい方式を選ぶとよいでしょう。

自筆証書遺言

自筆証書遺言の作成のしかた

自筆証書遺言なら作成も書き直しも簡単

「遺言」というと何やら仰々しい感じがしますが、必要以上に身構える必要はありません。

自筆証書遺言は、紙とペン、そして印鑑さえあれば、いつでも作成することができます。最初から最後まで他人が関与することはありませんので、内容はもちろん、その存在も秘密にしておけます。家族の状況や考え方などが変わったら、何度でも書き直せます。

作成のルールとポイント

自筆証書遺言を作成するうえでいちばん大切なのは、法律のルールにしたがうこと。形式に不備があると遺言そのものが無効になってしまいます。

といっても、むずかしいことを要求されているわけではなく、最低限守らなくてはいけないことは次の2つです。

①全文、日付、遺言者の氏名のすべてを自書すること

②遺言書に捺印すること

以下、そのほかのポイントも含めて詳しくみていきましょう。

●全文を自分で書く

自筆証書遺言は、全文を遺言者本人が手書きしなければなりません。パソコン文書や代筆したものは無効です。ただし、財産目録については、書面に署名・捺印があれば、通帳のコピーや登記事項証明書などのパソコンでの作成が認められています。

●日付を書く

遺言書作成の日付を、年月日が特定できるように記載します。日付は、遺言成立の時期を明らかにし、複数の遺言書の前後を判断する基準となるため非常に重要です。

「○年○月○日」というように記載するのが基本ですが、「○年元日」や「○歳の誕生日」なども年月日を特定できるため有効とされます。

●署名捺印する

本文と日付を書いたら、遺言者の氏名を自書し、捺印します。

氏名は、その内容から本人が書いたものであることが明らかなときは、氏または名だけ、あるいは雅号などでも有効とされますが、戸籍どおりにフルネームで書くのが無難でしょう。

捺印に用いる印鑑は、実印に限らず認め印（朱肉を使うもの）や拇印でも

遺言の**全文、日付、氏名を自書**し、**捺印**する

訂正は決められた方法で行う

だれにでもわかる**明確な表現**を心掛ける

■こんな自筆証書遺言は無効

音声や映像によるもの

ボイスレコーダーやビデオなどの音声や映像は無効。必ず書面にする

代筆してもらったもの

必ず本人が書く。パソコンで作成したものも無効（財産目録以外）

日付をスタンプで押したもの

日付にいたるまで、すべて手書きでなくてはならない

日付が特定できないもの

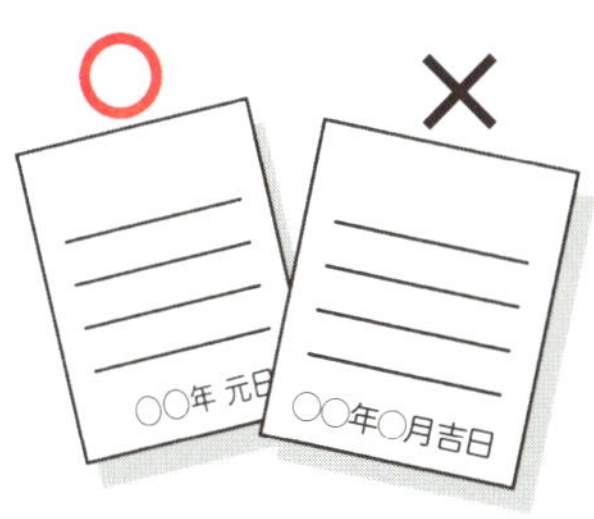

「○○年元日」は有効だが、「○○年○月吉日」は無効

署名・捺印がないもの

実印がベストだが、認め印でもよいので必ず捺印する

夫婦で一緒に書いたもの

共同遺言は認められていない。ひとりずつ作成する

かまいません。本人の印鑑であることを証明しやすいという意味では実印がベストです。

●用紙や筆記具、書式は自由

用紙や筆記具についての決まりはありません。ただし鉛筆は容易に改ざんされる危険がありますので、ペンや万年筆などを用いましょう。

書式も自由で、縦書き・横書きのどちらでもかまいません。

●訂正の方法には決まりがある

遺言内容に加筆や削除、その他の変更を加える場合の方法は厳格に決められていて、この方法にもとづかないものは変更の効力が生じません。

具体的な方法はP175のとおりです。変更箇所に押印したり、文章の末尾に「〇字削除」などと記載したりする点は一般の文書の訂正方法と同じですが、遺言書では、とくに署名が求められる点に注意してください。

なお、訂正があまりに多くなる場合は、はじめから書き直したほうがよいでしょう。

●封筒に入れ封印する

遺言が完成したら封筒に入れ、封印しましょう。そのままでも法律上は問題ありませんが、変造などを防ぐため封印することをおすすめします。

また、誤って捨てられたりすることのないよう、封筒には「遺言書」などと記載しておきましょう。

トラブルを防ぐよい遺言とは

作成した遺言をあえて家族に公表し、事前に理解を得ておくというのもひとつの考え方です。遺産相続について生前に家族で話し合いを持っておくことは理想的といえます。

しかし現実には、遺言者の死後はじめて家族が遺言を目にするケースが大半ですから、わかりやすく、かつ家族の理解が得られるような遺言とすることが大切です。遺言自体が争いの火種になっては元も子もありません。

そのためには、前述の形式のルールを守ることはもちろん、だれにでもわかる明確な書き方を心掛けることが大切です。財産が特定できなかったり、何とおりもの解釈ができるようなあいまいな表現はトラブルのもとです。

また、特定の相続人に極端に不利な内容にならないよう注意することも必要です。遺留分（➡P36）の侵害があった場合、侵害された人は減殺請求により侵害額を回復することはできますが、そのような負担を家族に強いるべきではありません。

相続人の間の取り分に差を付ける理由や事情がある場合は生前に話しておくのが理想ですが、それができなければ、遺言にその理由をあわせて記しておきましょう。このような心遣いが遺産争いの防止につながるのです。

遺言書をどこに保管するか

自筆証書遺言の場合、悩ましいのが遺言書の保管についてです。すぐに見つかる場所では変造や隠匿の心配がありますし、かといってだれにもわからない場所にしまいこみ、肝心なときに発見されなければ意味がありません。

そこで、普段は家族の目が届かないが、遺産整理の際には必ずチェックされるような場所を選ぶとよいでしょう。

また、2020年7月10日から、法務局において自筆証書による遺言に係る遺言書を保管する制度ができましたので、活用を検討してもよいでしょう。

こんな遺言はトラブルのもと

財産が特定できない	記載内容が不正確だったり、表現があいまいで人によって解釈が分かれる書き方は無用な紛争を招く
遺留分の侵害がある	遺留分を侵害した人と侵害された人との関係が険悪になるおそれがある
形式に不備がある	日付や署名押印が封筒にしかなかったり、訂正方法が不完全だと、有効・無効をめぐり裁判になることも

■自筆証書遺言の作成例

不動産は土地・家屋の別に、物件を特定できるよう具体的に記載する。登記簿どおりに書けば間違いない

署名のうえ必ず捺印する。印鑑は実印が望ましい

作成日を記入する

遺言書

遺言者田中信夫は、次のとおり遺言する。
一、妻田中恵子に次の財産を相続させる。
（一）東京都杉並区〇〇三丁目二番一号
　宅地　二四〇・五〇平方メートル
（二）同所同番地所在
　家屋番号〇〇番　木造瓦葺平屋建居宅
　床面積　八五・四五平方メートル
（三）右の家屋内にある動産一式
二、次男田中二郎に次の財産を相続させる。
（一）△△銀行〇〇支店　定期預金　口座番号1234
（二）株式会社〇〇~~産業~~の株式一万株（田中）
三、亡長男の妻田中良子に次の財産を遺贈する。
〇〇郵便局の定~~期~~額貯金（田中）　証書番号4321
右の遺言のため遺言者みずからこの証書の全文を書き、
日付および氏名を自書し捺印した。

〇年〇月〇日
東京都杉並区〇〇三丁目二番一号
遺言者　田中信夫（田中）

本遺言書十一行目「産業」の二字を削除した。
本遺言書十三行目「期」を「額」に訂正した。
田中信夫

訂正の方法

①削除・書き直しの場合は、変更箇所を二重線で消す
②変更箇所に捺印する（署名捺印に用いるものと同じ印鑑を使用）
③欄外や遺言書の末尾などに変更した場所と変更内容を付記し、署名する

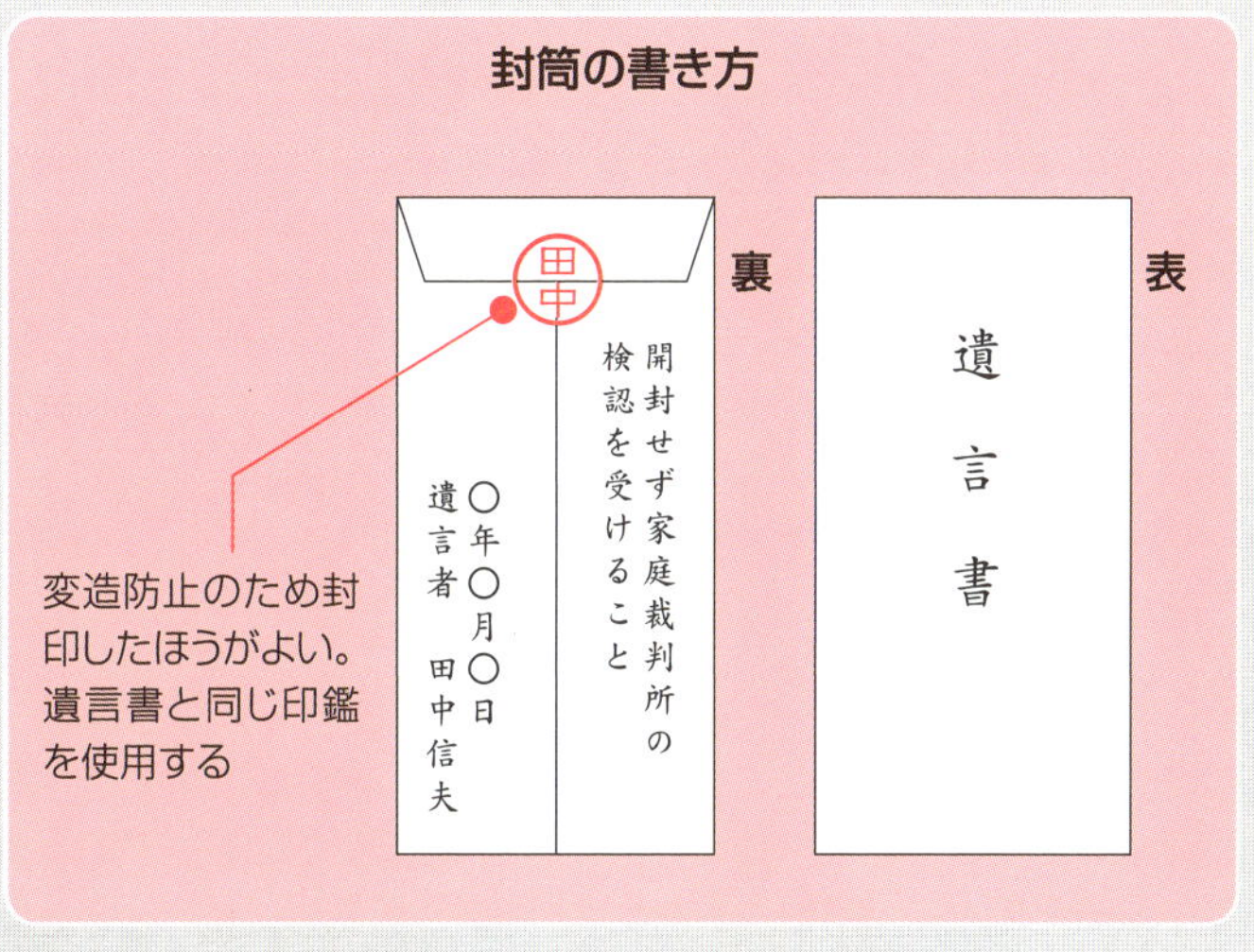
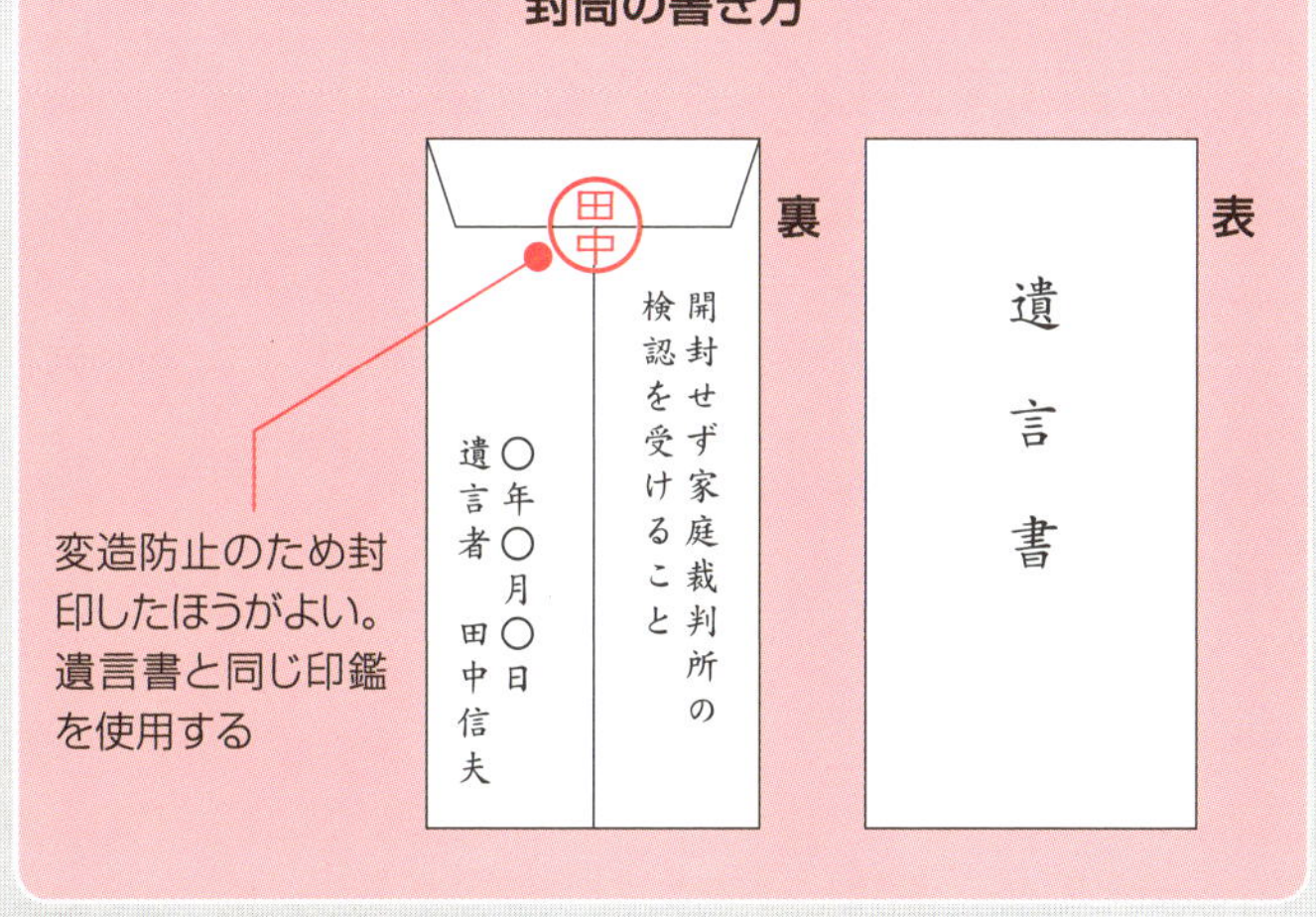

封筒の書き方
裏
表
田中
開封せず家庭裁判所の検認を受けること
〇年〇月〇日
遺言者　田中信夫
遺言書
変造防止のため封印したほうがよい。遺言書と同じ印鑑を使用する

ケース別 すぐに使える遺言文例

自筆証書遺言の基本フォーム

遺言書

遺言者 **氏名** は、次のとおり遺言する。

ここに本頁の文例を参考に主文を記入します。一、二、と番号を付して箇条書きにするとわかりやすくなります。

右の遺言のため遺言者みずからがこの証書の全文を書き、日付および氏名を自書し捺印した。

年 月 日

住所

遺言者 **氏名** 印

相続分を指定する

各相続人の相続分を次のように指定する。
長男 田中拓郎 三分の一
長女 田中和美 三分の二
右は、長女和美が病気がちな遺言者の看護と生活の世話に尽くしてくれたことを考慮したものである。

法定相続分と異なる相続分を指定するときは、その理由や心情を付記しておくとよいでしょう。

特別受益の持戻しを免除する

長男田中拓郎には住宅取得資金として五五〇〇万円を贈与しているが、この分は同人の相続分から控除しないものとする。

生前贈与の持戻し免除（⬇P40）の意思表示は口頭でもかまいませんが、遺言でするのが確実です。

相続人以外の人に遺贈する

遺言者の事実上の妻である由起子に全遺産の二分の一を遺贈する。

〇〇県〇〇市〇〇町〇番 ケアホームしらゆりに、現金二〇〇万円を遺贈する。

遺贈の方法には特定遺贈と包括遺贈があります（⬇P34）。包括遺贈の受遺者は遺産分割協議に参加することになるので、身内以外に遺贈をする場合は特定遺贈のほうがよいでしょう。

うまくアレンジして自分らしい遺言を作成しましょう。
遺言書

遺産分割の方法を指定する文例はP175を参照してください。

負担付きの遺贈をする

長男山本真一に、次の財産を遺贈する。ただし、妻幸子に毎月金五万円を支給すること。

長男山本真一に、現金一〇〇万円を遺贈する。ただし、遺言者の愛犬シロとモモの世話をすること。

負担付遺贈の受遺者は、遺贈された財産の価額を超えない範囲で、その負担を履行する義務を負います。受遺者が義務を果たさない場合には、相続人や遺言執行者は家庭裁判所に遺言の取消しを求めることができます。

祭祀財産の承継者を指定する

一、祖先の祭祀を主宰する者として長男田中拓郎を指定する。
二、祭祀の費用として、長男田中拓郎に〇〇を相続させる。

墓や位牌などの承継は相続とは無関係ですが、祭祀の主宰には物心両面の負担がかかることを考慮し、遺産を余分に与えるなどしてもかまいません。

遺言執行者を指定する

一、本遺言の執行者として次の者を指定する。
〇〇県〇〇市〇〇町〇番
弁護士　大東典子
二、右の指定についてはすでに同氏の承諾を得ているので、相続開始と同時に同氏に連絡をすること。
三、右執行者の報酬は金一〇〇万円とする。

遺言執行者に指定された人は辞退することもできるため、事前に承諾を得て、報酬額も決めておきましょう。

相続人を廃除する

次男小林浩は、長年にわたり遺言者と妻に暴力をふるい、また遺言者の金品を騙しとるなどの非行を重ねたので、推定相続人から廃除する。

相続人の廃除（➡P48）を遺言するときは、あわせて遺言執行者の指定が必要です。遺言執行者に事前に相談し、廃除の理由となる行状を詳しく伝えるなどの準備が必要になります。

子を認知する

生まれている子の場合

次の者は遺言者と中沢京子の間の子であるので認知する。
本籍　〇〇県〇〇市〇〇町〇番
住所　〇〇県〇〇市〇〇町〇番
氏名　中沢信一
〇〇年〇月〇日生

胎児の場合

次の者が懐胎している胎児は遺言者の子であるので認知する。
本籍　〇〇県〇〇市〇〇町〇番
住所　〇〇県〇〇市〇〇町〇番
氏名　中沢京子
〇〇年〇月〇日生

遺言で認知するときは、あわせて遺言執行者の指定が必要です。執行者が認知の届を行うことになりますが、子が成人の場合は本人の、子が胎児の場合は母親の承諾が必要になります。

認知された子にはほかの子と同様に相続権がありますが、紛争防止のため、特定の財産を遺贈する旨をあわせて遺言しておくほうがよいでしょう。

公正証書遺言

公正証書遺言はこうして作られる

このようにメリットの多い公正証書遺言ですが、難点はそれなりの費用がかかること（➡P180）。これを高いとみるか安いとみるかは、各人が個別に判断することになるでしょう。

公正証書遺言はもっとも**確実で安全**な方式

作成には**2人以上の証人**が必要

原本が公文書として**公証役場に保管**される

費用がかかるがメリットはたくさん

公正証書遺言は、法律のプロである**公証人**によって作成され、公文書として**公証役場**に保管される、もっとも確実で安全な遺言の方式です。遺言者は遺言したい内容を公証人に伝えればよく、あとは公証人が法的にきちんと整理された遺言を作成してくれます。

証人とともに公証役場に出向くなど、自筆証書遺言に比べると作成には多少の手間がかかりますが、家庭裁判所の検認が不要なので、相続開始後の手続きは格段にスムーズです。

また、体力が弱ったり病気などで字が書けない人でも、公正証書遺言なら遺言をすることができます。公証人に自宅や病院まで出張してもらい、病床で作成することも可能です。

公正証書遺言を作成するには

公正証書遺言を作成したい人は公証役場に出向くことになりますが、その前に、遺言したい内容を整理してメモにまとめておきましょう。公証人は遺言者の希望に沿った遺言となるよう法的な見地からアドバイスをしてくれますが、その骨格となる方針は遺言者自身が決めなくてはなりません。

また、遺言の作成には**2人以上の証人の立会い**が必要ですので、適任者に打診しておきましょう。ただし、次の人は証人になることができません。

①未成年者
②推定相続人、受遺者、これらの配偶者および直系血族
③公証人の配偶者、4親等内の親族、公証役場の書記や使用人

文書の作成は公証人におまかせ

■公正証書遺言の作成例

番号が付される

令和○年　第○○○○号

遺言公正証書

本公証人は、遺言者佐藤義郎の嘱託により、証人北川和夫、同南田真二の立会いのもとに、遺言者の口述を筆記して、この証書を作成する。

1　遺言者は、長男佐藤一郎に○○銀行○○支店の遺言者名義定期預金全部を相続させる。
2　遺言者は、妻佐藤智子に1を除く残余の遺産の全部を相続させる。
3　この遺言の執行者として東京都千代田区○○一丁目二番三号　弁護士大東典子を指定する。

本旨外要件

東京都港区○○二丁目三番四号
無職
遺言者　佐藤義郎
昭和○○年○月○日生

上記は、印鑑登録により人違いでないことを証明させた。

神奈川県横浜市青葉区○○三丁目二番一号
会社役員
証人　北川和夫
昭和○○年○月○日生

東京都品川区○○一五三番地四
無職
証人　南田真二
昭和○○年○月○日生

上記のとおり、遺言者および証人に読み聞かせたところ、各自筆記の正確なことを承認し、それぞれ署名捺印する。

佐　藤　義　郎　（佐藤）
北　川　和　夫　（北川）
南　田　真　二　（南田）

遺言者、証人がそれぞれ署名捺印する

この証書は、民法第九六九条第一号ないし第四号の方式に従って作成し、同条第五号に基づき本公証人が下に署名捺印する。

令和○○年○月○日
本職役場において
東京都○○区○○三丁目四番五号
東京法務局所属

公証人　江　藤　祐　介 

証人には遺言の内容が知られることになりますので、信頼のおける人物に依頼することが大切です。もし知り合いに適当な人物がいない場合には、弁護士や司法書士、行政書士などの専門家に依頼する方法もあります。また公証役場で紹介してもらうこともできます（いずれも有料）。

●公正証書遺言の作成にかかる費用

種　類	区　分	金　額
証書の作成手数料	（財産の価額）	
	100万円以下	5,000円
	100万円超　200万円以下	7,000円
	200万円超　500万円以下	1万1,000円
	500万円超　1,000万円以下	1万7,000円
	1,000万円超　3,000万円以下	2万3,000円
	3,000万円超　5,000万円以下	2万9,000円
	5,000万円超　1億円以下	4万3,000円
	1億円超3億円以下の部分	5,000万円ごとに1万3,000円を加算
	3億円超10億円以下の部分	5,000万円ごとに1万1,000円を加算
	10億円超の部分	5,000万円ごとに8,000円を加算
遺言加算手数料	全体の財産が1億円以下の場合	1万1,000円を加算
遺言を取り消す証書の作成手数料	——	1万1,000円（財産の価額に応じた手数料額の半額が1万1,000円を下回るときは、その額）
役場外執務	病床執務手数料	**通常の作成手数料の2分の1を加算**
	日当	**1日2万円（4時間以内1万円）**
	旅費	実費
証書の手数料加算	証書（原本）が4枚を超える場合	超過1枚ごとに250円
正本・謄本の交付	——	1枚につき250円

〈手数料の例〉 3人の相続人の相続額をそれぞれ4,000万円、2,000万円、2,000万円とする遺言の場合

作成手数料2万9,000円＋2万3,000円＋2万3,000円 ＋ **遺言手数料1万1,000円** ＝ **8万6,000円**

ほかに正本・謄本の交付手数料などがかかる

遺言内容の方針が決まったら最寄りの公証役場に行き、公証人との打ち合わせに入ります。どこの公証役場でもかまいませんが、自宅などに出張してもらう場合は管轄区域が決まっていますので、事前に確認しましょう。

打ち合わせは、遺言の内容により数回にわたるのがふつうです。必ずしも公証役場に毎回足を運ぶ必要はなく、電話やファックスなどでやりとりしながら話をつめていくことになります。

通常、遺言の文案はこの段階で作成されます。形式不備の心配は無用ですが、内容については連絡ミスなどから食い違いがないとも限りませんので、十分にチェックしましょう。

文案のチェックが済んだら、あとは公証人と決めた遺言当日を待つばかりです。証人にはその日にはじめて同行してもらうことになります。

当日は形式的な手順を踏むかたちですので、さほど時間はかかりません。公証人が筆記内容を読み上げ、遺言者と証人がその内容を確認して署名捺印します。そして、最後に公証人が署名捺印すれば遺言書が完成します。

■公正証書遺言の作成の流れ

事前の準備

遺言の原案を考える
- どのような内容の遺言にしたいのかを考え、メモに整理しておく

↓

証人を決める
- 証人になってくれる人2人以上に依頼し、了承を得ておく

↓

公証役場に出向いて依頼、打ち合わせ

打ち合わせは遺言内容により数回

打ち合わせ時に必要な書類
- 遺言者の印鑑証明書
- 遺言者と相続人との続柄がわかる戸籍謄本
- 相続人以外の人に遺贈する場合は、その人の住民票
- 財産に不動産がある場合は、登記事項証明書と固定資産評価証明書
- 証人予定者の氏名、住所、生年月日、職業を記載したメモ
- その他、公証人から指定されたもの

↓

証書（遺言書）文案のチェック
- 通常は遺言当日前に証書の文案が作成されるので、内容をチェックしておく

↓

遺言当日

証人とともに公証役場に出向く
- 遺言者は実印、証人は認め印を持参する

↓

証書の作成

1. 遺言者が遺言内容を口述し、公証人が筆記する*
2. 公証人が証書の内容を遺言者と証人に読み聞かせる
3. 遺言者と証人が署名捺印する
4. 公証人が署名捺印する

*実務上は事前に作成されたものが使用される

↓

証書の完成
- 原本が公証役場に保管され、遺言者本人に正本（希望により謄本も）が交付される

Column コラム

遺言を取り消したいときは？

遺言は遺言で取り消すのが原則

遺言をしたものの、家族や財産の状況などに変化が生じたり、あるいは遺言者の気が変わったりすることもあるでしょう。遺言は、遺言者の生存中であれば、いつでも自由に撤回したり変更したりすることができます。

遺言の取消しは、遺言の方式で行うことになっています。つまり、遺言を取り消す旨を記載した遺言書を作成するのが原則ですが、もっと簡単な方法もあります。おもな方法を紹介しましょう。

●遺言書を破棄する

遺言の全部を取り消したいのなら、遺言書を破り捨ててしまえばOKです。一部を取り消す場合は、その部分の文字を判読できないように塗りつぶすことで、取消しの意思とみなされます。

ただし公正証書遺言の場合は要注意。原本が公証役場にありますので、手もとの正本を破棄しても撤回したことにはなりません。

●内容が矛盾する遺言をする

複数の遺言が存在する場合は、日付のいちばん新しいものが優先されます。したがって、とくに撤回の表示をしなくても、元の遺言と内容が矛盾する遺言を新たにすれば、あとの遺言で前の遺言を取り消したことになります。前後の遺言で内容が抵触しない部分については、そのまま効力があります。

なお、前とあとの遺言は同じ方式による必要はなく、たとえば公正証書遺言の一部を自筆証書遺言で取り消してもかまいません。

●目的の財産を処分する

ある人に遺贈することにしていた財産を、遺言者が生前に売却したような場合には、遺贈の遺言を撤回したものとみなされます。遺言者がその財産を故意に壊したような場合も同様です。

さて、以上は民法に規定された撤回の方法ですが、法的には有効でも、現実に行うとなると疑問符の付くものもなかにはあります。

知らぬが仏ではありませんが、元の遺言内容がわかる場合、撤回後の内容が不利になっている相続人の心中は穏やかではないでしょう。費用負担のない自筆証書遺言であれば、はじめから書き直すほうが無難のようです。

遺言はいつでも取り消すことができる

第6章

財産を守る賢い節税&納税資金対策

税金の世界では「知っている人だけ得をする」ことがたくさんあります。
ここでは、比較的無理なく行える節税テクニックと納税対策を紹介します。

節税と資金対策

基礎知識

税金対策の考え方と成功のポイント

ここが大切！

まずは**現状を把握**して、どのような対策が必要なのか見極める

生前対策は**リスク**を認識したうえで実行する

自分に合った方法で無理のない計画を

相続対策には、P14でみたように**遺産分割対策、節税対策、納税資金対策**の3つがあります。このうちあとの2つが税金関係で、相続税が発生するケースでは、一般的には何らかの対策を講じておくことが必要になります。

具体的な方法についてはP190以降で詳しく説明していますが、節税の基本的な手法は左上図のとおりです。

いろいろな方法がありますが、まずは現時点でどのような財産があり、いくらで評価されるのか、それに対する相続税額はいくらか、また納税資金は足りているのかをしっかり把握することが大切です。そのうえで、それぞれの現状に合った適切な方法を選ぶことがポイントになります。

相続税対策は、早く始めるほどよいとされています。たしかに早くに着手すれば選択の幅も広がりますし、少額贈与（➡P198）などは長いスパンで行ってこそ効果が上がります。

しかし、生前対策はいずれも机上の計算にすぎません。将来の、いつ起こるかわからない「相続」を相手にするのですから、多かれ少なかれリスクがともなうことを忘れないでください。過剰な対策は、あてが外れた場合のダメージも大きいものです。

また、税法や関連法規の知識も不可欠ですので、必ず税理士やファイナンシャルプランナー、不動産コンサルタントなどの専門家と相談しながら行うようにしましょう。相続後に行える対策もありますので（➡P214）、それらも視野に入れ、無理のない計画を立てるようにしてください。

■生前対策にともなうリスク

- 税制改正や経済情勢の変化
- 被相続人の財政の変化
- 税法の誤解・知識の不足
- 家族関係の物理的（死亡、離縁など）・感情的変化
- アパート経営などにともなうリスク

■節税対策の基本的な手法

相続財産を減らしておく

- 相続人などへの少額贈与（➡P198）
- 配偶者への自宅の贈与（➡P200）
- 収益物件の贈与（➡P202）
- 生命保険の加入による非課税枠の活用、保険料の贈与（➡P204）
- 墓地などの購入（➡P212）

財産の評価額を下げる

- 貸家建築などによる遊休地の有効活用（➡P208）
- 宅地の利用区分の変更（➡P210）
- 小規模宅地等の特例の活用（➡P216）

その他

- 教育資金の贈与（➡P190）
- 結婚・子育て資金の贈与（➡P194）
- 孫への一代飛び越し贈与（➡P212）
- 嫁や孫との養子縁組による法定相続人の増加（➡P213）
- 配偶者の税額軽減の活用（➡P214）
- 非上場株式等についての相続税・贈与税の納税猶予の特例の活用（➡P126）

■おもな納税資金対策

生命保険の活用

生命保険金で納税資金の不足額を補う（➡P204）

金融資産を増やす

財産が不動産ばかりという場合は、売却して金融商品で運用することも検討

現金収入を得る

土地の有効活用などにより現金収入を増やし、支払能力を高める（➡P208）

物納の準備

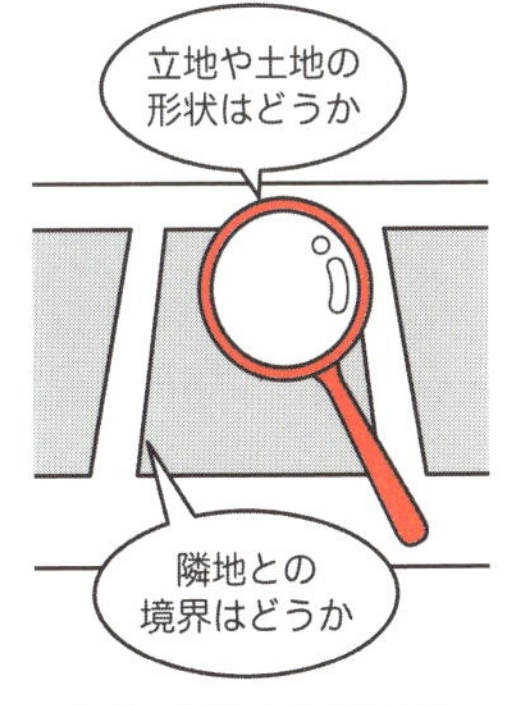

物納候補地の選定や、物納しやすい環境の整備など（➡P166）

節税と資金対策

基礎知識

贈与税のしくみをおさえておこう

ここが大切！

贈与税には**暦年課税**と**相続時精算課税**の2つの課税方式がある

暦年課税の場合、**年間110万円**までは贈与税がかからない

相続時精算課税を選択した贈与財産は**相続税の課税対象**になる

相続税より負担が大きい

相続税対策を講じるうえで、贈与税の知識は不可欠です。なぜなら贈与税は相続税を補完する税であり、両者には密接な関わりがあるからです。

もし贈与税がなかったら、子などに好きなだけ生前贈与して、相続税を逃れることができます。このような相続税回避を牽制する意味で、贈与には相続税より高い税率で贈与税が課税されるのです（後述の暦年課税の場合）。

贈与とは贈与者と受贈者の合意のもとに財産を無償で与えることをいいます。このうち贈与税が課税されるのは個人から個人への贈与についてで、受贈者が納税義務を負います。

また、形式上は贈与でなくても、贈与と同等の経済的利益を受けた場合には、みなし贈与として贈与税がかかります。たとえば、保険料を負担していない生命保険金を受け取った場合や、借金を免除してもらったり肩代わりしてもらったりした場合です。

贈与税の計算のもとになる贈与財産の価額は**課税時期の時価**で評価します（➡P106〜134）。この場合の課税時期とは贈与のあった日です。

一定の親子間の贈与は課税方式を選べる

贈与税には、**暦年課税**と**相続時精算課税**の2つの課税方式があります。

暦年課税は贈与税の従来の課税方式で、その人が1年間（1月1日〜12月31日）に贈与された財産の価額をもとに、10%から55%の税率で課税されます。ただし**110万円の基礎控除**があり、贈与財産が110万円以下なら贈与税はかかりません。申告も不要です。

暦年課税の贈与税の計算方法は左下図のとおりです。2024年1月1日の贈与分より、相続財産への加算期間が「3年以内」から「7年以内」に延長されたので、注意が必要です。（➡P189）

一方、相続時精算課税は贈与税と相続税を一体化した課税方式です。

この方式では、贈与時に**特別控除額の2,500万円**を超える金額に対し、**一律20%**の贈与税が課税されます。

●暦年課税と相続時精算課税の比較

（2024年１月１日以降）

	暦年課税	相続時精算課税
贈与者	だれでも	60歳以上の父母・祖父母
受贈者	だれでも	20歳以上の子（代襲相続人を含む）・孫
控除額	基礎控除額　年間110万円	特別控除額　通算で2,500万円（超過分は毎年110万円までの非課税枠がある）
税　率	10〜55%の累進税率	一律20%
適用手続き	不要	最初に贈与した年の翌年２月１日〜３月15日に「相続時精算課税選択届出書」を提出
申告期限	贈与の年の翌年２月１日〜３月15日	贈与の年の翌年２月１日〜３月15日
贈与財産の相続時の課税	相続開始前７年以内の贈与財産に限り、相続税の課税対象（2024年１月１日以降の贈与）	相続時精算課税の適用を受けた贈与財産の全部が相続税の課税対象
メリット	●基本的に贈与した財産の分だけ相続財産を減少させることができる	●一度にまとまった財産を贈与できる ●最適な時期を選んで高額財産を贈与できるため、財産の有効活用が図れる
デメリット	●税負担が大きいため、一度に多額の財産を贈与することがむずかしい	●生前贈与をしても直接的には相続財産の減少につながらない ●一度選択すると撤回できない

■暦年課税の贈与税額の計算

贈与された財産が特例贈与財産の場合は特例税率、それ以外は一般税率を適用

（1年間の贈与財産の合計額 − 基礎控除額110万円）× 速算表の税率 − 速算表の控除額 ＝ 贈与税額

贈与税の速算表

（2015年以降）

基礎控除後の課税価格	一般贈与財産（一般税率）		特例贈与財産（特例税率）	
	税率	控除額	税率	控除額
200万円以下	10%	——	10%	——
200万円超　300万円以下	15%	10万円	15%	10万円
300万円超　400万円以下	20%	25万円		
400万円超　600万円以下	30%	65万円	20%	30万円
600万円超　1,000万円以下	40%	125万円	30%	90万円
1,000万円超　1,500万円以下	45%	175万円	40%	190万円
1,500万円超　3,000万円以下	50%	250万円	45%	265万円
3,000万円超　4,500万円以下	55%	400万円	50%	415万円
4,500万円超			55%	640万円

［特例贈与財産とは］
父母・祖父母など直系尊属から18歳以上の者へ贈与された財産を「特例贈与財産」とし、それ以外の「一般贈与財産」より税率が軽減される。受贈者の年齢は贈与の年の1月1日現在で判定

◆1年間の贈与財産(C)に一般贈与財産(A)と特例贈与財産(B)がある場合は、次のように計算する

贈与税額＝㈰＋㈪
㈰(Cの基礎控除後の額×一般税率−控除額)×A／C
㈪(Cの基礎控除後の額×特例税率−控除額)×B／C

　そして相続時には、相続財産に贈与財産を加算して相続税額を計算し、そこから納付済みの贈与税額を控除します。控除後の金額が納付税額です。控除後の金額が赤字の場合は、その金額が還付されます。贈与時に納める税金はいわば相続税の前払いであり、それを相続時に精算するわけです。

　相続時精算課税の対象になるのは、**60歳以上の父母・祖父母から20歳（2022年4月1日以降は18歳）以上の推定相続人である子・孫への贈与**（年齢はいずれも贈与の年の1月1日現在）に限られています。従来の暦年課税を適用するか、相続時精算課税を選択するかは受贈者である子や孫が決め、各人が贈与者ごとに選択できます。

相続時精算課税なら2,500万円まで非課税

　相続時精算課税の最大のメリットは2,500万円まで無税で贈与することが可能なことです。また控除額を超えて贈与税を納めた場合でも、相続時に相続税がかからなければその全額が戻ってきます。この特別控除は累積で2,500万円になるまで複数年にわたって適用され、また、毎年110万円まで非課税の贈与が認められます。

　なお、通常の贈与と違い、相続時精算課税の相続財産と合算する贈与財産の価額は、贈与時点での価額とされていますので、賃貸不動産であれば、贈与後の賃料は受贈者のものとなり、値上がりの期待できる不動産の場合も節税効果が期待でき、さらに、贈与を受けた土地・建物が災害により被害を受けた場合、再計算の特例もあります。

いったん選択すると暦年課税には戻れない

　このように利点の多い相続時精算課税ですが注意すべき点もあります。

　まず、相続時精算課税の適用を受けた贈与財産は、相続財産に取り込まれるということ。暦年課税の場合のように生前贈与した分だけ相続財産が減ることにはなりませんので、相続税がかかるケースでは要注意です。

　また、相続時精算課税をいったん選択すると、その贈与者（特定贈与者という）が亡くなるときまで適用が継続され、再び暦年課税に戻ることはできません。暦年課税の基礎控除は受けられませんが、別途毎年110万円までは非課税の特例があります。

2023年の税制改正で贈与税・相続税が変わる!

(1) 相続時精算課税制度

①贈与された財産に対する贈与税の控除額と相続税への加算額が変わります。

　適用者に対して、2024年1月1日以後に特定贈与者が贈与した財産のうち、**年間110万円**が、その年の贈与税の課税価格から控除されるようになります。なお、現行の総額2,500万円の基礎控除は存続されます。

　さらに、特定贈与者が死亡した場合、これまでは、相続時精算課税選択後の贈与額の全額が相続財産に加算されていましたが、新制度では、**年間110万円**を控除した残額だけが加算されます。

②土地や建物の課税価格も変わります。もし、贈与された土地や建物が災害にあうと、価値は下がってしまいます。そのような場合でも、相続税の算出をする際の土地や建物の課税価格は、贈与時の価額で計算されてきました。

　今回の法改正では、贈与された日から相続税の申告書の提出期限までの間

に、贈与された土地や建物が災害によって被害を受けた場合（2024年1月1日以後の災害被害に限る）、災害によって被害を受けた額が、相続税の課税価格から控除されるようになります。

⑵暦年課税

これまで、暦年課税を選択した場合、相続税の計算の際に贈与財産が加算されるのは、相続前の3年分だけでした。

今回の改正では、**相続前7年以内**の贈与財産が加算されるようになります。ただし、該当する贈与財産のうち、相続開始から3年よりも前のものについては、贈与財産の価額の合計額から**総額100万円**を控除した残額が相続税の課税価格に加算されます。この改正は、2024年1月1日以後に贈与される財産から適用されます。2027年1月1日までは現行通り3年間が限度となるため、最長の7年間となるのは、実際には2031年1月1日以降の相続からとなります。

⑶その他

教育資金、結婚・子育て資金の一括贈与への非課税措置は、適用期限が延長されました（教育**3年**、結婚・子育て**2年**）。

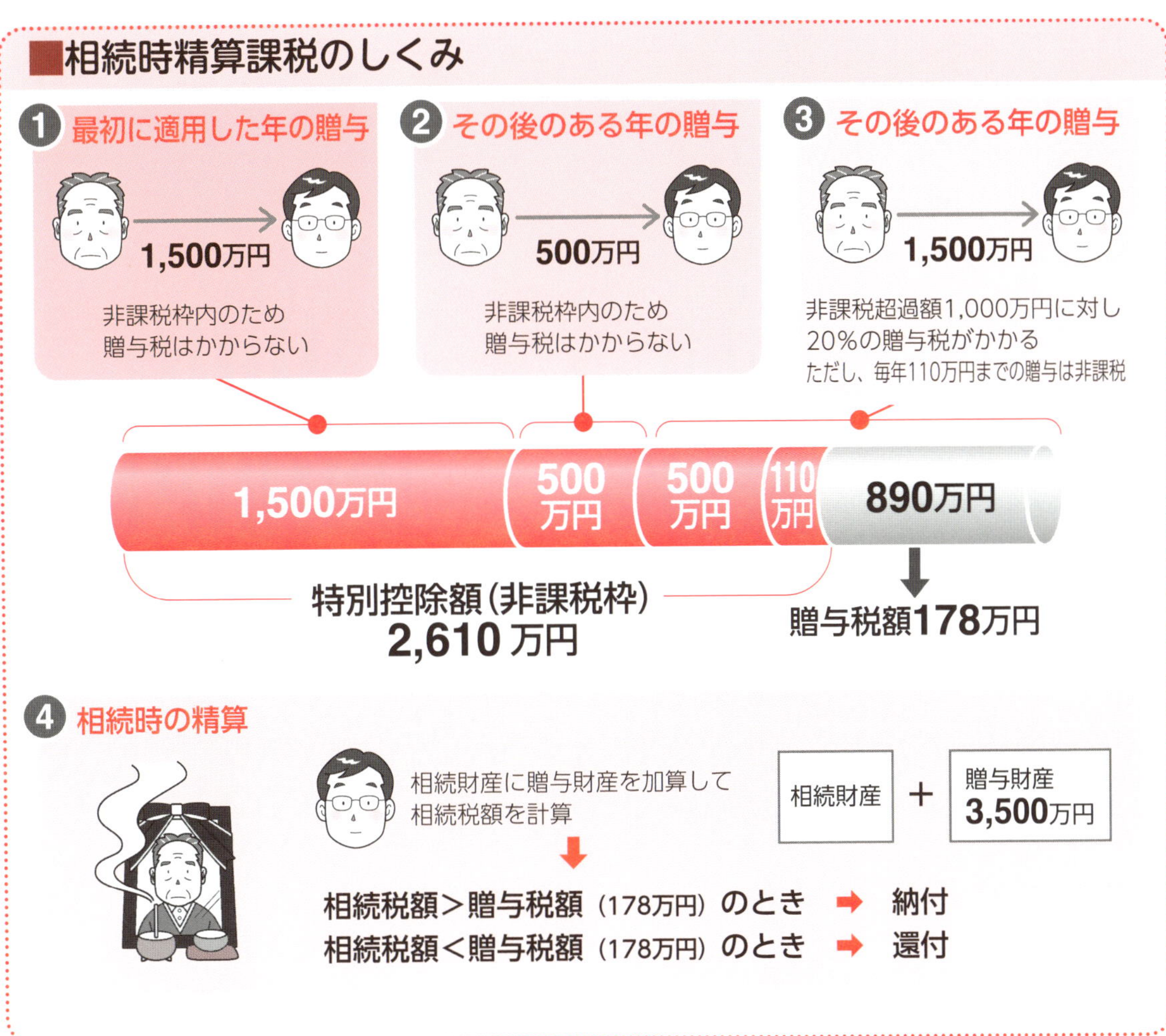
■相続時精算課税のしくみ
❶最初に適用した年の贈与
1,500万円
非課税枠内のため
贈与税はかからない
❷その後のある年の贈与
500万円
非課税枠内のため
贈与税はかからない
❸その後のある年の贈与
1,500万円
非課税超過額1,000万円に対し
20%の贈与税がかかる
ただし、毎年110万円までの贈与は非課税
1,500万円
500万円
500万円
110万円
890万円
特別控除額（非課税枠）
2,610万円
贈与税額178万円
❹相続時の精算
相続財産に贈与財産を加算して
相続税額を計算
相続財産
＋
贈与財産
3,500万円
相続税額＞贈与税額（178万円）のとき ➡ 納付
相続税額＜贈与税額（178万円）のとき ➡ 還付

節税と資金対策

生前対策

教育資金の贈与税を非課税にする

無償の財産の移転には贈与税がかかる

個人から個人に無償で財産を移転すると、原則として贈与税がかかります。

しかし、親などの扶養義務者が、子どもなど扶養される者（被扶養者）に対して、食費や被服費など、日常生活に必要な生活費や、学校の学費や教材費など、教育に必要な教育費を与えた場合は、贈与税はかかりません。

非課税とされる生活費や教育費は、必要な都度に直接与えられたものに限られます。大学の入学金や授業料として、多額の支払いを親がしたとしても、必要な時に支払っているため、贈与税はかかりません。

ただし、生活費や教育費の名目で贈与された資金を預貯金にしたり、株式や不動産などの買入資金にあてたりすると、贈与税の対象とされてきました。

教育資金の一括贈与時の非課税制度

2013年、まとまった金額を教育資金として一括贈与しても、一定金額までは贈与税が課されない制度が発足しました。その結果、祖父母から孫への教育資金の生前贈与が、以前よりややすくなりました。

対象者は、2013年4月1日から2023年3月31日までの期間に、30歳未満で信託契約前年の所得が1、000万円以下の人(以下「受贈者」)です。

教育資金を贈与できるのは、受贈者の直系尊属（親、祖父母など）に限られています。受贈者は、贈与された教育資金を金融機関等に預け、教育資金管理契約を結ぶ必要があります。

預ける金融機関としては、

①信託会社（信託受益権を付与）、

②銀行（書面により贈与された金銭を預貯金する）

③証券会社（書面により贈与された金銭等で有価証券を購入）があります。

非課税とされるのは、信託受益権または金銭等の価額のうち1、500万円までで、複数人からの贈与であっても、この額が限度となっています。

教育資金とは？

教育資金には、入学金、授業料など、学校等に直接支払われる費用のほか、塾や習い事の月謝なども含まれます。

教育資金の一覧表（➡P192）を参照してください。

ここが大切！

通常の生活費・教育費は、原則**非課税**

直系尊属からの贈与は、**1、500万円まで非課税**にすることができる

●教育資金一括贈与非課税制度の概要

受贈者	教育資金管理契約締結日に**30歳未満**で、契約前年の所得が1,000万円以下の者
贈与する者	受贈者の**直系尊属**（父母や祖父母など）
期間	2013年４月１日から2023年３月31日まで
非課税となる場合	①直系尊属から信託会社等の契約に基づいた信託受益権を取得した場合
	②直系尊属から書面による贈与により取得した金銭を銀行等に預け入れた場合
	③直系尊属から書面による贈与により取得した金銭で証券会社において有価証券を購入した場合
非課税額	①～③の金額のうち、受贈者１人**1,500万円**までで、受贈者が複数であれば、受贈者の人数×1,500万円が非課税となる ※一人の受贈者が、複数人から贈与されても1,500万円が限度で、かつ、学校以外（塾や習い事など）への支払いは500万円まで

■教育資金の非課税の特例のイメージ（概要）

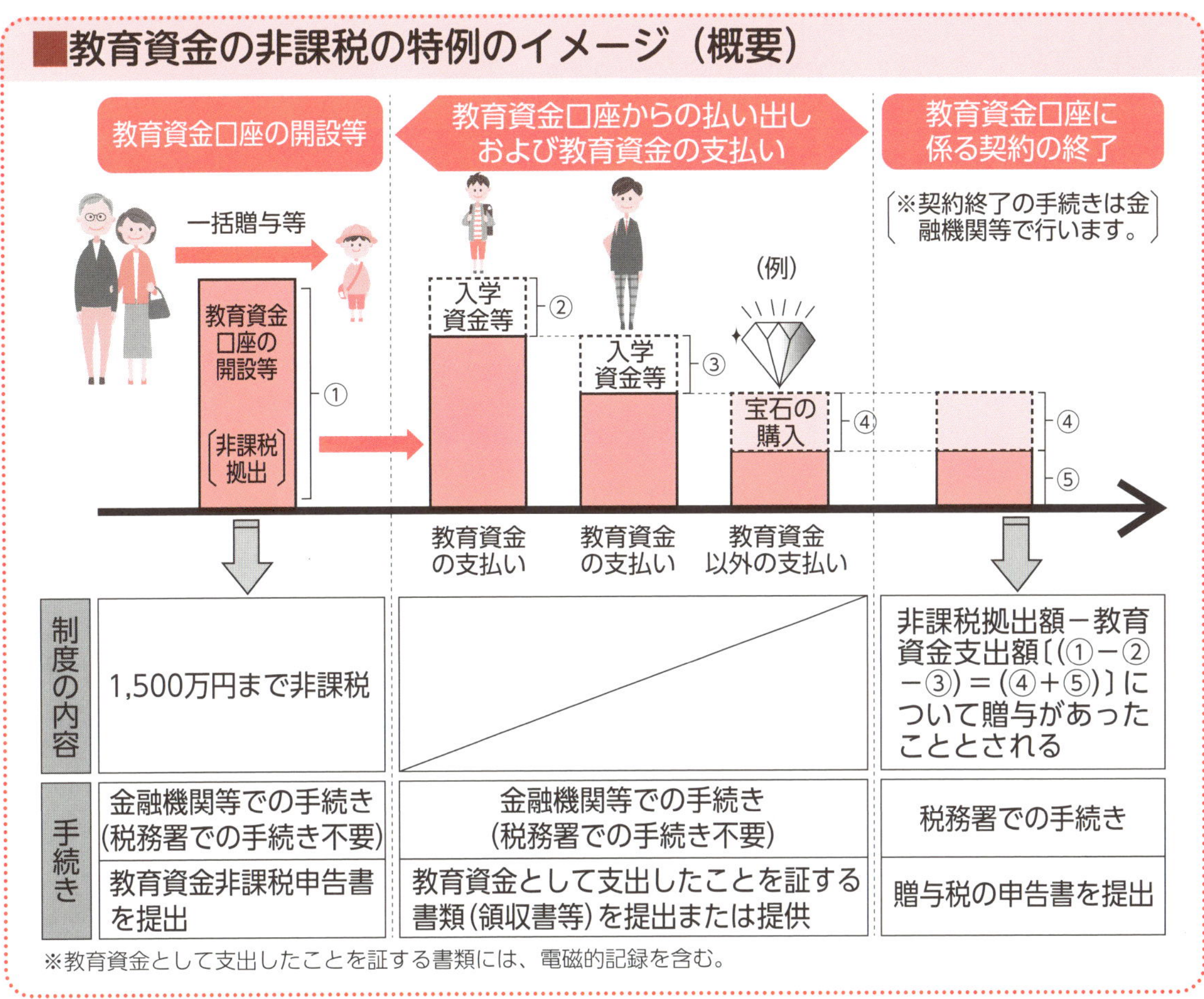

※教育資金として支出したことを証する書類には、電磁的記録を含む。

一括贈与時に非課税の適用を受けるための申告手続き

非課税とするための申し出は、**教育資金非課税申告書**を、金融機関等の営業所等を経由して、受贈者の**納税先の税務署長**に提出します。受贈者が直接税務署に出向く必要はありません。

取扱金融機関等に申告書が受理されたその日が提出日とされます。

提出する日は、
①信託会社で、信託がされる日
②銀行で、預貯金の預け入れをする日
③証券会社で、有価証券を購入する日
までとなっています。

非課税特例の適用は、限度額の範囲内であれば、追加申告もできます。

●教育資金の一覧表

	教育資金	上限額
1 学校等	①入学金、授業料、入園料や保育料、施設設備費	1500万円
	②入学または入園のための受験料	
	③在学証明、成績証明その他学生等の記録の作成・発行に必要な手数料	
	④学用品の購入費、修学旅行費、学校給食費など、学校等での教育に必要な費用にあてるための金銭	
2 学校等以外（塾や習い事など）	①塾の授業料など、教育に関する役務の提供の対価	(500万円) 1500万円に含まれる
	②施設の使用料	
	③スポーツや文化芸術活動などの指導料（習い事の月謝など）	
	④①の勉強や③の指導で使用する物品の代金で、指導者に直接支払うもの	
	⑤１の④の金銭（学用品購入費など）で、学生等の全部または大部分が支払うべきと学校等が定めたもの	
	⑥通学定期代	
	⑦留学時の渡航費、または国内の学校等への就学時の引っ越しで、公共交通機関に支払う交通費（いずれも1回につきい往復分のみ）	

※教育資金および学校等の範囲については、文部科学省ホームページ【www.mext.go.jp】に掲載されている教育資金および学校等の範囲に関するQ&Aなどをご覧ください。

■教育資金の動き

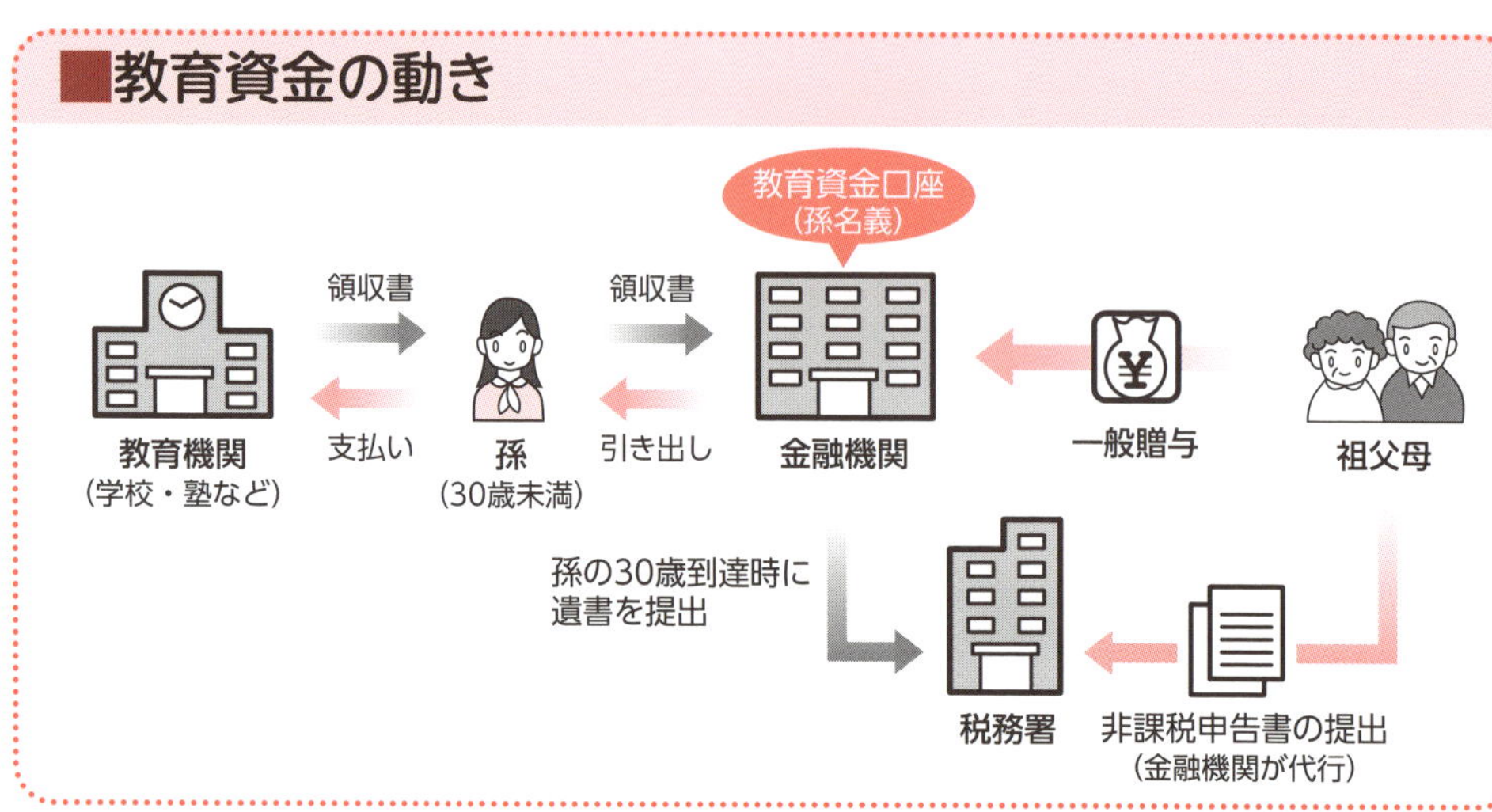

教育資金の払い出しおよび教育資金の支払い

受贈者は、教育資金の支払いがあった場合、**領収書**、または、**その支払いの事実を証明するその他の書類**（電磁的記録を含む）を、取扱金融機関の営業所等に提出しなければなりません。

領収書等の**提出期限**は、受贈者が選択した払い出しの方法によって異なり、次の2通りがあります。

①教育資金を支払った後に、実際に支払った金額を口座から払い出す方法を選択した場合

●領収書等にある**支払年月日から1年**を経過する日

②①以外の方法を口座の払出方法として選択した場合

●領収書等に記載または記録された支払年月日の**翌年3月15日**

①か②いずれかの選択をした場合には、その後に選択の変更はできません。

なお、2016年1月以降、領収書等に記載された支払金額が1万円以下で、かつ、その年中の合計支払金額が24万円未満の支払いは、教育資金の内訳などを記載した**明細書**を領収書代わりに提出できるようになりました。

教育資金支出額の算出に関する注意点

領収書等から支払事実が確認されて記録された金額を「**教育資金支出金額**」といい、この金額が非課税の対象となります（1500万円が限度）。

前述した①、②いずれの払出方法でも、学校等と学校等以外の両方に資金が支払われた場合は、学校等への支払いが優先され、かつ、学校等以外への支払いは、500万円が限度となります。

なお、②の方法を選択した場合、口座から払い出した合計金額が、教育資金支出金額を下回るときは、**払い出した金額が限度額**となります。

さらに、②の方法の場合で、払出年と領収書等の支払年が同じ年にならないときは、教育資金支出額として記録されません。払出年と支払年が食い違わないよう、十分注意しましょう。

契約の終了

教育資金管理契約は、次の①～③の事態となった日のいずれか早い日に終了します。

①受贈者が**30歳**に達した日

②受贈者が**死亡**した日

③信託していた財産の価値がゼロとなった場合、または、預貯金残高がゼロになった場合、または、保管されている有価証券の価額がゼロになった場合で、かつ、当事者間で、その口座を取り消す合意があった日

教育資金管理契約が終了したとき、1500万円を限度とする**非課税拠出額**（申告書に、この制度の適用を受けるものとして記載された金額の合計額）から、それまでに支払われた**教育資金支出額の合計額**（学校等以外に支払う金銭については、500万円が限度）を差し引いて残額があるときは、契約終了時に贈与があったと見なされ、贈与税の申告が必要になります。

ただし、受贈者死亡の場合は、贈与税の課税価額には含まれません。

また、契約期間内に贈与者が死亡した場合は、贈与税は非課税ですが、受贈者が30歳になった後、3年以内に贈与者が死亡した場合は、非課税拠出額と教育資金支出額の差額に対して贈与税がかかります。

生前対策

結婚・子育て資金の贈与税を非課税にする

●結婚・子育て資金の範囲（一例）

	費目	非課税となる費目	非課税とならない費目
結婚資金	婚礼	●会場費、衣装代、写真代、引き出物代　など	●結納式（婚約式）、婚約指輪・結婚指輪の購入費用、エステ費用、交通費、新婚旅行代　など
	家賃等	●結婚を機に、新たに賃貸する際に要した賃料、敷金、共益費、礼金、仲介手数料、契約更新料　など	●受贈者以外が賃貸契約を締結したもの ●駐車場代、地代、光熱費、家具・家電などの購入費 ●単身赴任先の家賃等
	引越	●結婚を機に、新たな物件に転居するための引越費用	●配偶者の転居費用 ●不用品処分費
子育て資金	不妊治療	●人工授精、体外受精、顕微授精 ●不妊治療にかかる医薬品代* ●その他一般的な不妊治療	●不妊治療のための交通費や宿泊費（遠隔地） ●処方箋に基づかない医薬品代
	妊娠	●母子保健法に基づく妊婦健診に要する費用 ●妊娠に起因する疾患治療に要する費用・医薬品代*	●妊婦健診のための交通費や宿泊費（遠隔地） ●妊娠に起因する疾患治療とはいえないもの （外傷治療、美容外科治療、歯科矯正など） ●処方箋に基づかない医薬品代
	出産	●出産のための入院から退院までに要した費用 （分べん費、入院費、新生児管理保育料、検査・薬剤料など） ●母子保健法に基づく産後健診費用 ●出産に起因する疾患の治療費・医薬品代*	●出産や出産に起因する疾患治療のための交通費や宿泊費（遠隔地） ●出産に起因する疾患治療とはいえないもの （外傷治療、美容外科治療、歯科矯正など） ●処方箋に基づかない医薬品代
	産後ケア	●産後ケアに要した費用	●産後ケアのための交通費や宿泊費（遠隔地）
	子の医療費	●子に要した医療費	●処方箋に基づかない医薬品代
	子の育児	●保育料 ●ベビーシッター代　など	

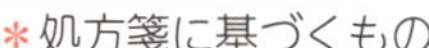

*処方箋に基づくもの

ここが大切！

直系尊属からの贈与は、一括贈与でも**1,000万円まで非課税**

結婚・子育て資金を一括して贈与しても非課税にできる

教育資金と同様に（⇒P192）、届出により、結婚・子育て資金の贈与税が非課税となる制度があり、祖父母などの**直系尊属**が、**20歳**（**2022年4月1日以降は18歳**）**以上50歳未満**の者で信託契約の前年の所得が1,000万円以下の者（以下「**受贈者**」）に、結婚や子育てに使う資金を贈与するとき、**1,000万円**までは贈与税が非課税となります。

結婚・子育て資金の範囲は上記の表を参考にしてください。

届出の期間は、2015年4月1日から2025年3月31日です。

資金の贈与方法は、次の①～③のような方法があります。

■結婚・子育て資金一括贈与非課税制度のイメージ（祖父母から孫への場合）

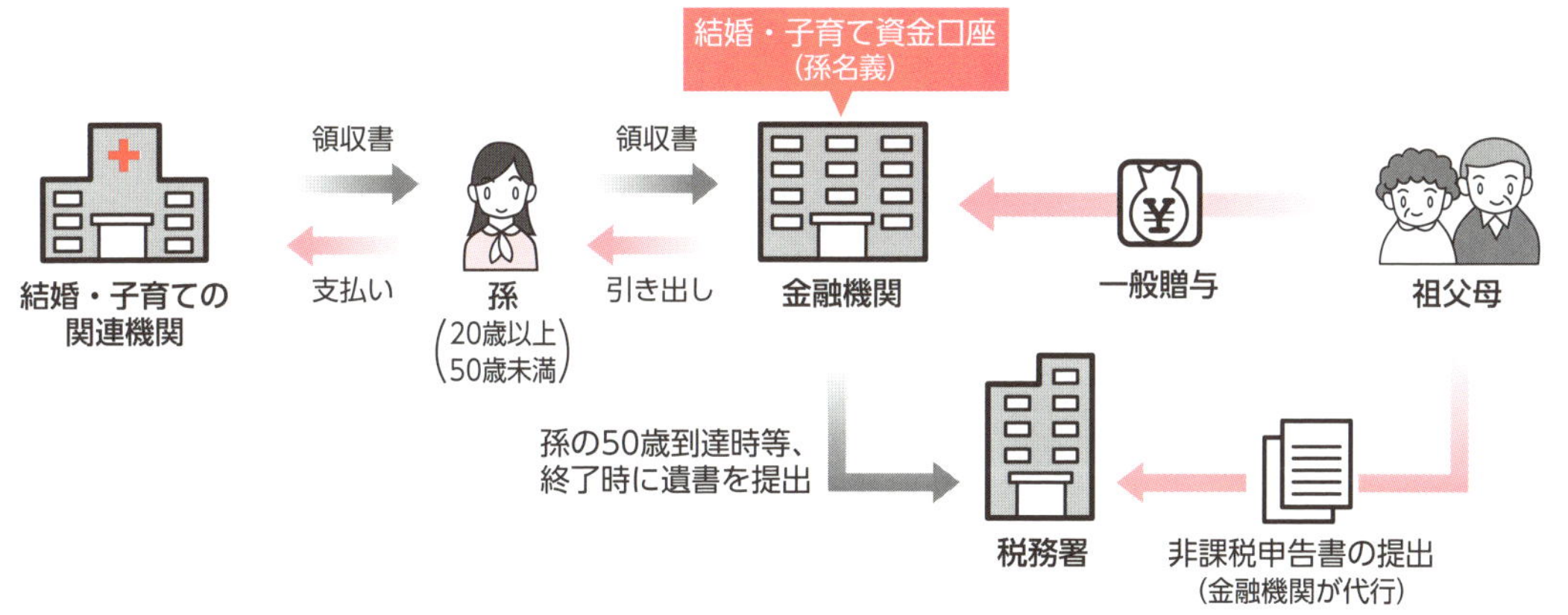

結婚・子育て資金口座（孫名義）

結婚・子育ての関連機関
領収書
支払い
孫（20歳以上50歳未満）
領収書
引き出し
金融機関
一般贈与
祖父母
孫の50歳到達時等、終了時に遺書を提出
税務署
非課税申告書の提出（金融機関が代行）

●結婚・子育て資金一括贈与非課税制度の概要

受贈者	結婚・子育て資金管理契約締結日に20歳（2022年４月１日以降は18歳）以上50歳未満で、契約前年の所得が1,000万円以下の者
贈与する者	受贈者の直系尊属（父母、祖父母など）
期間	2015年４月１日から2025年３月31日まで
非課税となる場合	①直系尊属から信託会社等との契約に基づいた信託受益権を取得した場合 ②直系尊属から書面による贈与で取得した金銭を銀行等に預け入れた場合 ③直系尊属から書面による贈与により取得した金銭で証券会社において有価証券を購入した場合
非課税額	①〜③の金額のうち、受贈者１人1,000万円まで ※複数人からの贈与でも1,000万円が限度で、かつ、結婚資金としての支払いは300万円まで

①信託会社に資金を預け、信託受益権を贈与する
②書面により贈与した金銭を、銀行等に預け入れる
③書面により贈与した金銭等を使って、証券会社で有価証券を購入する

税務署への「**結婚・子育て資金非課税申告書**」の提出が必要ですが、申告書は、「結婚・子育て資金口座」を開設した取扱金融機関に受理された日に、税務署長に提出されたものと見なされるため、受贈者が直接税務署に提出する必要はありません。提出する日は、信託がされる日、預貯金の預入日、有価証券の購入日までとなっています。

期限日までに申告書の提出がない場合は、非課税特例は適用されません。

なお、1、000万円の限度額内であれば、追加申請することができます。

結婚・子育て資金を支払ったときには

非課税特例を受ける受贈者は、結婚・子育て資金（以下資金）を支払ったとき、支払い金額を記した領収書等を、取扱金融機関の営業所等に提出しなければなりません。

領収書の提出期限は、教育資金と同様に、資金の払出方法（①、②）によって違います。

受贈者は、払出方法を選択できますが、選択後の変更はできません。

①資金を支払った後に、支払った金額を口座から払い出す場合

●領収書等に記載された支払年月日から**1年後**

②①以外の方法で払い出す場合

●領収書等に記載された支払年月日の**翌年3月15日**

結婚・子育て資金管理契約の終了時の課税

契約は、次の場合に終了します。

①受贈者が**50歳**に達した場合

②受贈者が**死亡**した場合

③契約に基づき管理されている信託財産や預貯金額、有価証券の価値がゼロとなり、当事者間で契約の終了が合意された場合

契約終了時の**非課税拠出額**（1000万円まで）から、**結婚・子育て資金支出額**（結婚費用については300万円が限度）を差し引いて**残額**がある場合、その残額については、①〜③に該当する日の属する年の**贈与税の課税価格に算入**されます。

非課税拠出額とは、申告書または追加申告書に「結婚・子育て資金の非課税の特例」の適用を受けるものとして記載された金額の合計額です。

結婚・子育て資金支出額とは、取扱金融機関の営業所等において、資金の支払いの事実が確認・記録された金額の合計額です。

契約の終了により、贈与税の申告義務が発生した場合は、発生した年の翌年の2月1日から3月15日までの間に贈与税の申告をする必要があります。

契約期間中に贈与者が死亡した場合

結婚・子育て資金の一括贈与で注意すべき点は、非課税になるのは祖父母などの直系専属が生存時に限るということです。

契約終了の日までの間に**贈与者が死亡**した場合には、その贈与者の死亡日における非課税拠出額から結婚・子育て資金支出額を差し引いた**残額**については、**相続税の課税価格に加算**されます。受贈者が贈与者から、相続または遺贈により取得したものと見なされるのです。

一般に、被相続者の1親等以内の血族（被相続者の父母・子）と配偶者以外の者が相続を受けた場合は、相続税は2割増しとなります。

しかし、結婚・子育て資金非課税制度を利用していた場合は、2親等以上（祖父母と孫など）離れていても、残額に対する相続税額については、2割加算の対象とはなりません。

教育資金の一括贈与に係る贈与税非課税措置との併用

前述の教育資金の一括贈与に係る贈与税非課税措置と、結婚・子育て資金の一括贈与に係る贈与税の非課税措置の**併用は可能**です。

ただし、結婚・子育て資金の一括贈与に係る贈与税の非課税措置の特例を受けるために提出した領収書等は、教育資金の一括贈与に係る贈与税非課税措置には使用することはできません。

本措置において非課税対象となる費用については、教育資金の一括贈与に係る贈与税非課税措置と対象範囲が重複する部分がありますが、重複して払い出すことはできません。

●「教育資金の一括贈与」と「結婚・子育て資金の一括贈与」の特例制度の比較

	教育資金の一括贈与	結婚・子育て資金の一括贈与
制度の内容	**教育資金の一括贈与**を受けた場合の贈与税を非課税	**結婚・子育て資金の一括贈与**を受けた場合の贈与税を非課税
適用期間	2013年4月1日から2026年3月31日までの贈与	2015年4月1日から2025年3月31日までの贈与
非課税限度額	受贈者1人につき**1,500万円** (うち、学校等以外に支払う金銭は500万円まで)	受贈者1人につき**1,000万円** (うち、結婚に関して支払う金銭は300万円まで)
金融機関等で行う手続き	1．教育資金管理契約を締結	1．結婚・子育て資金管理契約を締結
	2．教育資金非課税申告書を金融機関を経由して**税務署**へ提出	2．結婚・子育て資金非課税申告書を金融機関を経由して**税務署**へ提出
贈与者の要件	受贈者の**直系尊属**であること	同左
受贈者の要件	教育資金管理契約を締結する日において、**30歳未満**で、契約前年の所得が1,000万円以下の者	結婚・子育て資金管理契約を締結する日において、**20歳（2022年4月1日以降は18歳）以上50歳未満**で、契約前年の所得が1,000万円以下の者
資金管理契約中の金融機等の管理等	1．受贈者は、払い出した金銭に係る**領収書等**を一定期間内に金融機関等に提出する。	1．同左
	2．金融機関等は、領収書等の確認および記録を行う。	2．同左
資金管理契約終了事由	1．受贈者が**30歳**に達した場合	1．受贈者が**50歳**に達した場合
	2．受贈者が死亡した場合	2．同左
	3．金銭・信託財産等の残高が0となり、契約終了が合意された場合	3．同左
資金管理契約終了時の残額の取り扱い	契約終了時の**資金残額**が、贈与税の**課税対象**となる（受贈者が死亡した場合は贈与税は非課税)。	同左
贈与者が死亡した場合の取り扱い	契約期間中に贈与者が死亡した場合は、課税されない。ただし、受贈者が30歳になった後、3年以内に贈与者が死亡した場合は、資金残額に贈与税が課税される。	資金残額は、贈与税の課税対象となる。ただし、1親等と配偶者以外への贈与であっても、2割加算はされない。 資金残額以外に相続する財産が無い場合は、相続開始3年前の贈与に課せられる贈与加算は適用されない。

節税と資金対策

生前対策

贈与税の基礎控除を活用する

塵も積もれば山となる

相続人などに対する生前贈与は、節税対策の常套手段です。一度に多額の財産を贈与すると重い贈与税がかかりますが、暦年課税には**年間110万円の基礎控除**があります。つまり基礎控除以下の金額で長期にわたり贈与していけば、ある程度の財産を無税で移転することができるのです。

たとえば、3人の相続人に110万円ずつ10年間贈与すると、総額で3、300万円の財産減少につながります。これによる節税額は、対策前の相続財産が1・5億円の場合は約294万円、5億円では約701万円です（➡左上表のプラン①）。もちろん相続人以外への贈与も可能ですから、ときには孫なども加えるとより効果的です。

また、基礎控除を超えて贈与税がかかっても、その税率が相続税の適用税率より低ければ節税になりますので、金額を増やして移転のペースを早めたほうが有利な場合もあります。

たとえば、310万円までは最低税率10％での贈与が可能です。この場合の贈与税は20万円で、3人に10年間贈与すると600万円になりますが、その分を差し引いても、遺産額などの諸条件により節税額が増えるケースがあります（➡左上表のプラン②）。

贈与を実行するときはここに注意

このように、基礎控除を利用した生前贈与は比較的容易に行え、現預金や有価証券などの金融資産が多い人には有効な方法です。しかし、せっかく贈与をしても、それが税務署に認められなければ意味がありません。

贈与の事実は通帳の名義などではなく、実質で判断されます。親が勝手に子ども名義の口座を開いて入金していたような場合は、贈与とは認められません。贈与を行うときは必ず本人の了解を得て、贈与財産の管理も受贈者本人が行うことが大切です。

また、ここでは便宜上、毎年同じ金額を贈与するものとして事例を紹介しましたが、このような規則的な連年贈与は要注意。

最初の年に、たとえば110万円を10年間給付するという「定期金に関する権利」を贈与したものと判断され、多額の贈与税がかかるおそれがあります。贈与の時期や金額に変化をつけるなどの配慮が必要です。

ここが大切！

少しずつ、多くの人に、繰り返し贈与する

規則的な連年贈与は、各年の贈与と認められないこともあるので要注意

■連年贈与による節税効果

●相続人が妻と2人の子の場合

現在の相続財産（課税価格）		1.5億円	3億円	5億円
贈与を実行しなかった場合の相続税額*		748万円	2,860万円	6,555万円
プラン① 3人に110万円ずつ10年間贈与した場合	贈与税額	0円	0円	0円
	相続税額*	454万円	2,283万円	5,854万円
	節税額	294万円	577万円	701万円
プラン② 3人に310万円ずつ10年間贈与した場合	贈与税額	600万円	600万円	600万円
	相続税額*	45万円	1,438万円	4,733万円
	節税額	103万円	822万円	1,222万円

＊法定相続分で相続した場合の子の納付税額の合計（千円の位を四捨五入）。妻は配偶者の税額軽減により納付税額はゼロ

■基礎控除を利用した生前贈与のポイント

贈与を否認されないためのポイント

合意のもとに実質的に財産を移す

●受贈者が贈与を承諾していること
●受贈者本人が通帳や印鑑を管理する

証拠を残す

●金銭を贈与する場合は銀行振込にする
●株式などは必ず名義を書き換える
●あえて基礎控除額を上回る金額で贈与し、贈与税を納付する

定期金贈与とみなされないための対策

贈与日や金額を定めない

毎年の同じ時期に同じ金額を贈与するのは危険。なるべく不規則に行う

贈与する財産を変える

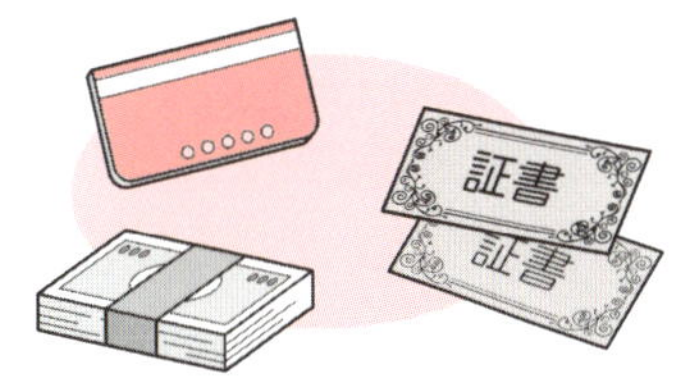

現金や預金だけでなく、有価証券などもおりまぜて贈与する

節税と資金対策

生前対策

配偶者控除を利用して自宅を贈与する

ここが大切！

婚姻期間20年以上の夫婦なら、自宅の贈与が**2、000万円まで非課税**になる

贈与税以外の税金や費用がかかることに注意

妻または夫への自宅贈与が2、000万円まで非課税

夫婦の婚姻期間が20年以上であれば、**贈与税の配偶者控除**が活用できます。

この特例は、婚姻期間20年以上の夫婦の間で、居住用不動産または居住用不動産を取得するための金銭を贈与した場合に**2、000万円まで**控除できるというもの。つまり、基礎控除を合わせると、最高2、110万円まで無税で贈与することができます。

たとえば夫から妻に自宅の一部（または全部）を贈与すれば、夫の課税財産の減少に効果があるとともに妻の老後の住居が確保されます。

特例の対象となる居住用不動産とは、自宅の家屋またはその敷地をいい、敷地には借地権も含まれます。

なお、2019年7月1日より、婚姻期間20年以上の夫婦の居住用不動産の贈与は持戻しの対象外になります。

相続税の節税効果という面に着目して、家屋と敷地どちらを贈与するかを検討する際には、次のようなポイントを考慮するとよいでしょう。

- 家屋の評価額は年々下がるのに対し、土地は値上がりする可能性がある
- 敷地は相続時に小規模宅地等の特例（➡P112）を適用できるため、配偶者が相続すれば評価額は圧縮される（つまり贈与による課税財産の減少効果も圧縮される）

なお、将来的に自宅を売却する可能性があるときは、敷地だけでなく家屋を贈与しておくのも一案です。居住用不動産には売却益から3、000万円を控除できる特例があり、家屋や家屋とともに敷地を譲渡した場合に適用されるからです。家屋を夫婦の共有にし

■配偶者控除の適用要件

1	夫婦の婚姻期間が20年以上であること
2	受贈者が住むための居住用不動産または居住用不動産を取得するための金銭の贈与であること
3	贈与の年の翌年3月15日までにその居住用不動産に受贈者が住み、その後も引き続き住む見込みであること
4	同じ夫婦間で同じ特例の適用を受けたことがないこと
5	一定の書類を添付して贈与税の申告書を提出すること

配偶者控除の利用例

夫所有の自宅敷地または家屋、あるいは両方を妻に贈与する

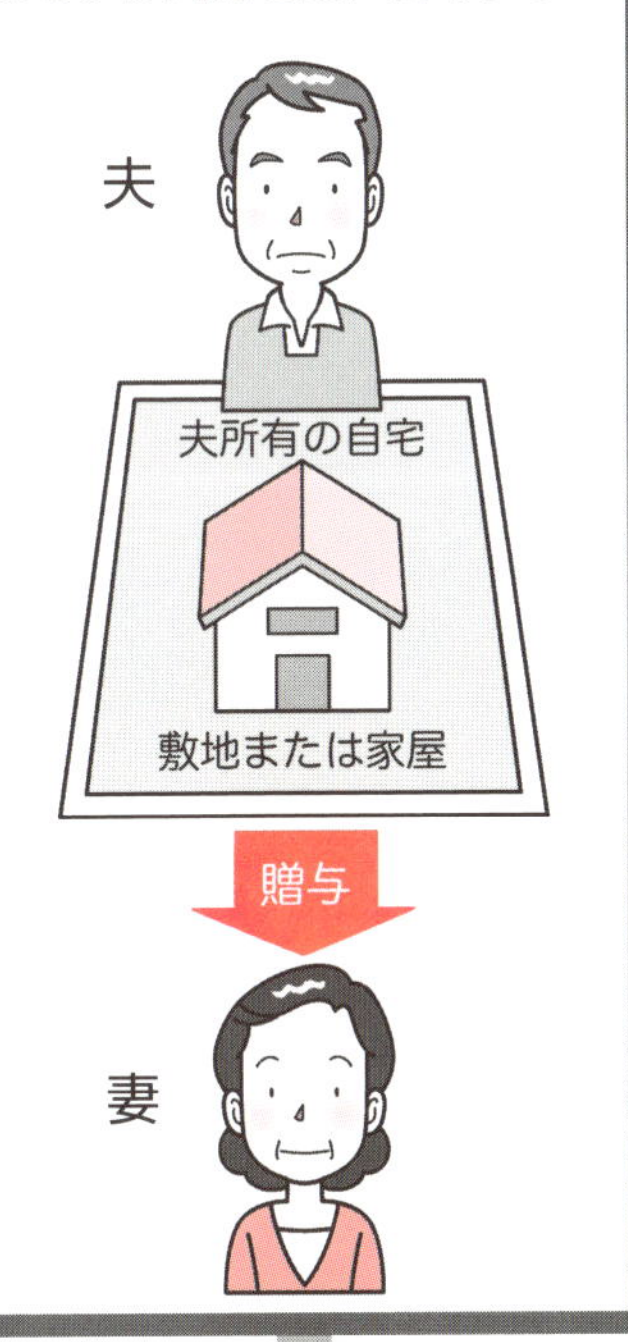

自宅の新築や買換えのための資金を夫が妻に贈与する

自宅敷地が借地権の場合で、地主から底地を買い取るための資金を夫が妻に贈与する

いずれも妻の所有権を単独または夫との共有で登記することができる

ておけば、それぞれが3,000万円控除の恩恵を受けられます。

相続前3年以内の贈与でも相続税の対象にならない

通常、相続開始前3年以内の贈与財産は、相続財産に取り込まれることになっています。たとえば、P198で紹介した連年贈与では、亡くなる年まで10年間の贈与を実行したとしても、最後の3年間の贈与財産は相続税の課税対象になります。

ところが、この贈与税の配偶者控除の特例の適用を受けた財産は相続前3年以内であっても相続財産に加算しなくてよく、控除額を超える部分だけが相続税の課税対象になります。

このような利点もある特例ですが、節税だけを目的に利用するときは要注意。不動産を取得すると、贈与税はかからなくても**不動産取得税**、登記の際の**登録免許税**、司法書士に依頼すればその**手数料**も発生します。これらの費用を差し引いてどれだけの節税効果があるのか必ず試算しましょう。

なお、特例の適用を受けるには納税額がなくても**贈与税の申告**が必要です。

節税と資金対策

生前対策

相続時精算課税を利用する

ここが大切！

収益物件や**値上がりしそうな財産**を贈与すれば相続財産を圧縮できる

アパートは敷金相当の現金を一緒に贈与すれば**負担付贈与**にならない

アパートなどの収益物件を贈与する

相続時精算課税の適用を選択した生前贈与は、将来、相続があったときに相続財産に加算されるため、相続財産の直接的な減少による節税効果はありません。しかし、高額物件の贈与が可能という相続時精算課税の特徴をいかした、節税効果のある贈与の方法もあります。

そのひとつは、アパートなどの**収益性の高い物件を贈与**することです。

このような収益物件を所有していると、家賃収入などにより親の財産は増えていきます。そこで、早い時期に子に贈与することで、事実上、相続時の財産を減らすことができるのです。

また、子は家賃収入で相続税の納税資金を準備できるというメリットもあります。

ところで、アパートとともに、そのローンの残債を子が引き受ける場合もあるでしょう。

このような債務をともなう贈与を**負担付贈与**といいます。

負担付贈与の場合の財産の価額は、相続税評価額から債務の額を差し引いて評価するのが原則です。しかし土地や家屋などの負担付贈与については、相続税評価額ではなく、通常の取引価格から債務の額を引いて評価することになっています。

また前述の例では、贈与者はローンの債務がなくなりますので、その債務の額を譲渡収入とした譲渡所得税が課税される点にも注意しましょう。

なお、アパートなどには敷金（債務）がつきものですから、アパートの贈与は常に負担付贈与に該当することになります。しかし、敷金と同額の現金を一緒に贈与する場合には、負担付贈与として取り扱われないことになっています。

値上がりしそうな財産を贈与する

相続時精算課税を利用した節税対策として、**将来値上がりしそうな財産を贈与**する方法もあります。

相続時に相続財産に加算する贈与財産の価額は、**贈与時における時価**となります。

したがって、開発地域にある土地や優良株式など値上がりが見込まれる財産を贈与すれば、相続税の課税価格の減少につながるのです。

■アパート贈与による効果と財産の評価例

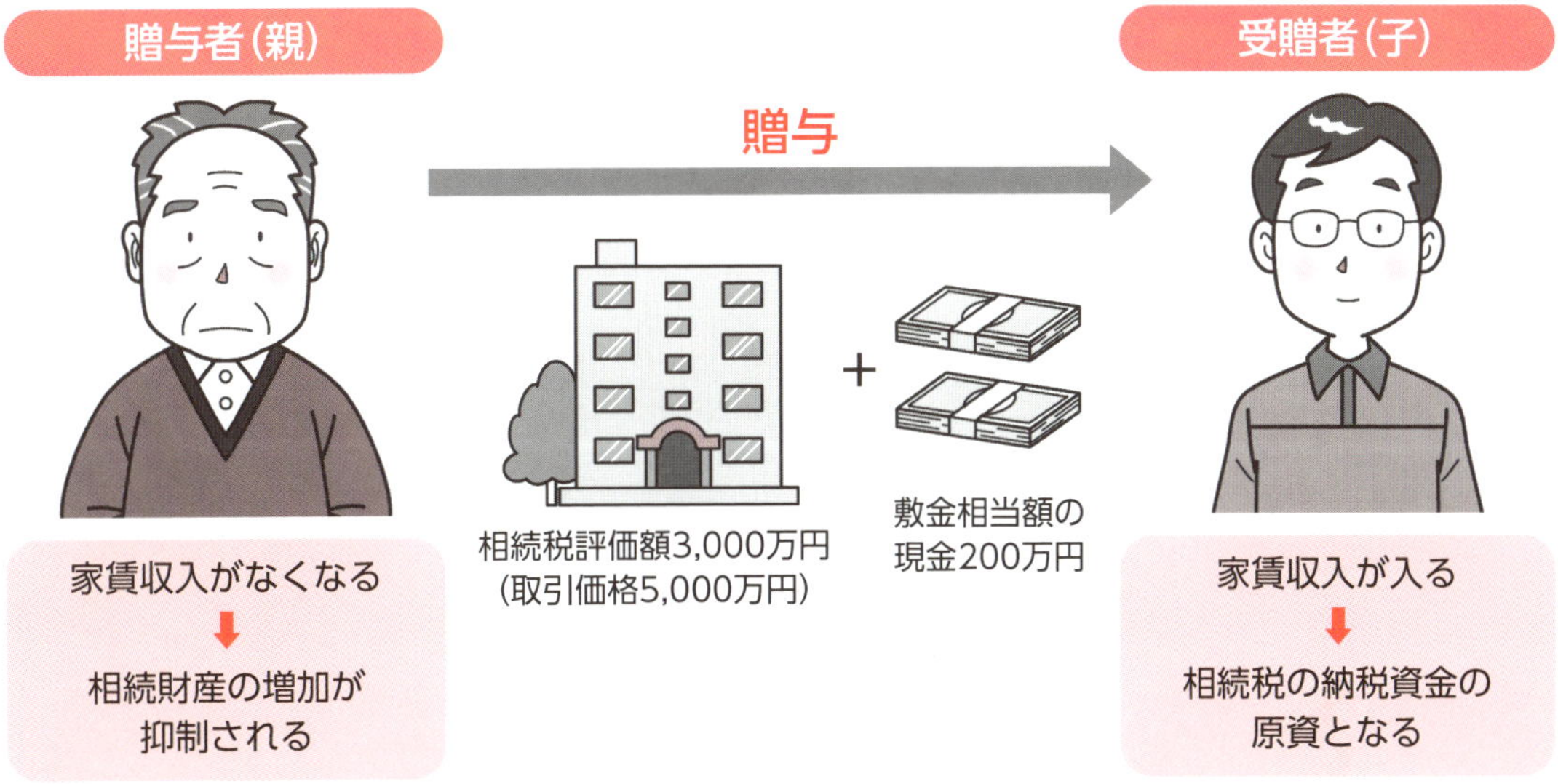

贈与者(親)

贈与

受贈者(子)

相続税評価額3,000万円
(取引価格5,000万円)

＋

敷金相当額の
現金200万円

家賃収入がなくなる
↓
相続財産の増加が
抑制される

家賃収入が入る
↓
相続税の納税資金の
原資となる

贈与財産の評価額はいくらになる？

●**上図のとおり敷金相当の現金をあわせて贈与した場合**（負担付贈与に該当しない）

3,000万円＋200万円＝3,200万円

↑相続税評価額

●**アパートのみ贈与した場合**
（負担付贈与に該当）

5,000万円－200万円＝4,800万円

↑取引価格　↑債　務

◆贈与者は200万円に譲渡所得税が課税される

事業承継対策に相続時精算課税を利用する

同族会社の事業承継策の一環として、相続時精算課税を利用して、自社株を後継者である子に移転するのもひとつの方法です。株式の評価の低い時期に、あるいは評価を下げる諸策を講じて贈与することにより、一定の節税効果を得ることができます。

また、事業承継対策では2017年度税制改正により相続時精算課税との併用が可能となった**非上場株式等についての贈与税の納税猶予の特例**（➡P126）が注目されます。

この特例は、先代経営者から後継者への自社株の贈与について贈与税全額の納税が猶予され、その後、先代経営者の死亡時などに免除されるというもの。大きなメリットの一方で、納税猶予期間中も雇用確保などの諸要件があり、納税猶予が取消しになった場合の高額な贈与税負担のリスクから利用が躊躇（ちゅうちょ）される面がありました。今回、相続時精算課税との併用でこうしたリスクが低減されることとなり、特例利用のハードルは格段に低くなったといえます。

節税と資金対策

生前対策

生命保険を効果的に活用する

ここが大切！

生命保険の利用法は多岐にわたるため、**加入目的**と**必要保障額**を整理する

商品の内容をよく理解したうえで契約する

非課税枠を利用して納税資金を準備する

生命保険は残された遺族の生活保障にとどまらず、相続対策としても有効に活用することができます。

生命保険の大きな特徴は、被保険者の死亡時に現金が支払われること。つまり、相続税の納税資金対策にうってつけというわけです。

さらに、生命保険金には**【500万円×法定相続人の数】の非課税枠**があります。この非課税枠を有効活用することにより、節税効果を得ることもできます。

非課税枠が適用されるのは、被相続人を契約者および被保険者、相続人を受取人とする契約形態の保険金です。この場合、受取保険金は相続税の対象になりますが、非課税枠内であれば相続財産に加算されません。したがって、払い込んだ保険料の分だけ相続財産が減少することになるのです。

保険料を贈与して子が契約する方法も

このように相続税の非課税枠が適用される保険の加入はメリットが大きいため、まずは非課税枠を最大限に利用することから検討するのが基本です。しかし、非課税限度額を超える保障が必要な場合、遺産が高額で相続税の適用税率が高いケースでは税負担が大きくなってしまいます。

そこで、非課税枠を超える保障については、相続税でなく所得税の課税対象となる保険契約でカバーすることを検討してみます。

たとえば、被相続人である父を被保険者、子を契約者および受取人にすると、受取保険金は子の一時所得となり、所得税と住民税が課税されます。一時所得の税負担は軽減されていて、受取保険金から払込保険料と特別控除額50万円を差し引き、さらに2分の1にし

生命保険は相続対策の切り札

■生命保険のメリットと効果

相続時に現金を受け取れる

被相続人を被保険者とする契約にすれば、相続時に保険金が支払われる

納税資金対策

受取保険金を納税資金にあてることができる

相続税の非課税枠がある

被相続人を契約者および被保険者、相続人を受取人とする保険金は一定額まで非課税になる

節税対策

受取保険金が非課税枠内であれば、実質的に払込保険料の分だけ課税財産が減少することになる

受取人を指定できる

特定の相続人に現金を残すことができる。また、相続を放棄した人でも保険金は受け取れる

遺産分割対策

子のひとりに自宅や事業用資産を相続させる代わりに、その代償金を保険金で用意するなど、遺産分割のバランスをとることができる

た額が課税対象になります。

相続税と所得税＋住民税のどちらが有利かは、遺産額や子の所得金額などにより変わってきますので、それぞれに試算してみることが必要です。

なお、子を契約者として加入する場合には、保険料相当額を毎年親が子に贈与すれば、相続財産の減少にもつながります。

その際の注意点はP198の連年贈与を実行する場合と同じです。税務署に贈与を否認されないよう、必ず実際に資金を子に移転させ、子が保険会社に支払うようにします。また、所得税の生命保険料控除の適用も子が受けるようにしましょう。

遺産分割対策にも利用価値大

生命保険は税金対策だけでなく、遺産分割対策にも威力を発揮します。

たとえば、おもな財産は4、000万円の自宅兼店舗で、相続人は長男と次男の2人、長男が家業を継ぐものとします。この場合、長男が自宅店舗を相続し、次男に2、000万円の代償金を支払えば丸く収まりますが、長男

■相続対策に適した生命保険の加入パターン

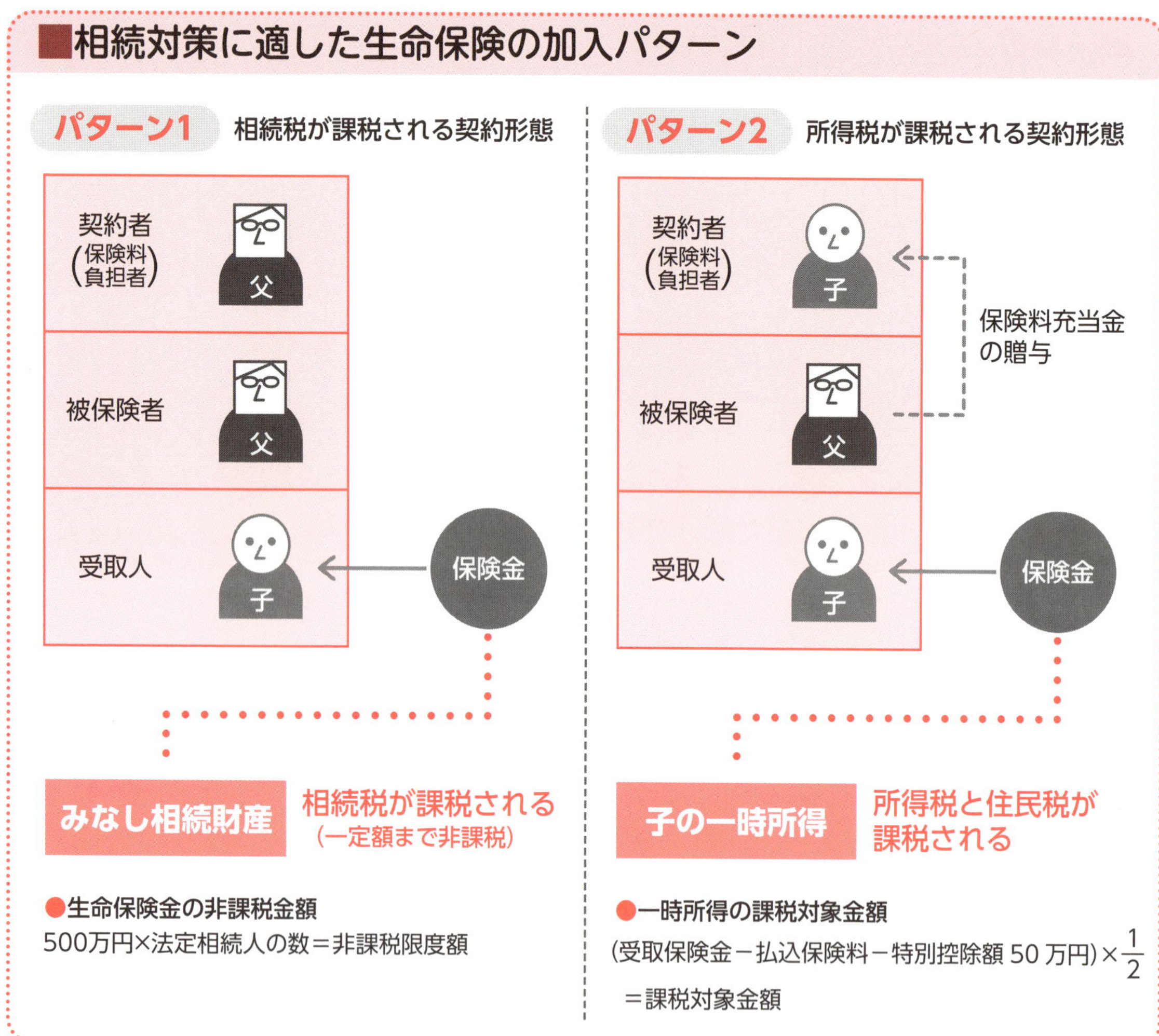

にその資力がなければ実現できません。

そこで役立つのが生命保険です。長男を受取人とする2、000万円の保険に加入すれば、長男はその保険金を代償金にあてることができます。

この場合は、生前に長男と次男を交えてよく話し合ったうえ、長男に自宅店舗を相続させる旨の遺言を残しておくことが大切です。

終身の死亡保障がある保険を選ぶ

このように、生命保険は納税資金対策、節税対策、遺産分割対策のすべてに活用できるスグレモノです。

しかし、ひとつの保険ですべてをカバーするのは無理がありますし、保険金の使途によって設定すべき受取人も違ってきます。保険の加入目的をきちんと整理して、必要な保障額を一つひとつ割り出すようにしましょう。

ところで、ひと口に生命保険といってもいろいろな種類があります。相続はいつ起こるか予測できませんので、相続対策には死亡保障が生涯続く保険が適しています。生涯の死亡保障がある保険には、**終身保険、定期付終身保**

■加入の際のチェックポイント

□ **一生涯の死亡保障があるか?**

➡相続対策の場合、主契約は終身の死亡保障(終身保険、終身型の変額保険など)とするのが基本。医療保障も必要な場合は特約の付加などで対応する

□ **受け取れる死亡保険金の額は適切か?**

➡保険金の使途(相続税の納税資金、遺産分割の代償金、葬儀費用、遺族の生活保障など)を明確にし、必要な金額をカバーしているか確認する

□ **生涯にわたり必要な死亡保険金を受け取れるか?**

➡定期付終身保険の場合は、定期期間満了後の死亡保障が足りているか確認する。また、無選択型の終身保険(告知や医師の審査なしで加入できる保険)は、加入から一定期間内に疾病で死亡した場合は死亡保険金が支払われないので要注意

□ **保険料の払込期間や払込金額は適切か?**

➡月払い保険料などは継続して支払っていける金額であるか検討する

□ **契約者・被保険者・受取人の設定は適切か?**

➡保険金の使途に応じて適切な受取人を設定する。また、契約形態により課税される税金の種類が異なるので注意する(➡P73、206)

険、**終身型の変額保険**があります。

変額保険は、運用実績により受け取れる保険金や解約返戻金の額が変動する保険で、満期金や解約返戻金が払込保険料を下回る場合もあります。

そのため、「変額保険は怖い」というイメージがあるかもしれませんが、死亡時の保険金については最低保障があり、運用実績にかかわらず基本保険金を受け取ることができます。保険料も終身保険に比べて割安ですので、中途解約しないという前提で終身型に加入するのであれば、相続対策として活用することができます。

すでに加入している保険をリフォームして利用するのもよいでしょう。

たとえば終身保険や定期付終身保険などで終身部分の保障額が足りなければ、**追加契約**により増額することが考えられます。また、**終身保険特約**を扱っている保険会社もありますし、加入中の保険を下取りに出してニーズに合った保険に入り直す**転換**という方法もあります。

いずれにしても生命保険は「高い買い物」ですから、商品の内容を十分に理解したうえで契約しましょう。

節税と資金対策

生前対策

空き地にアパートなどを建築する

ここが大切！

貸家建付地の評価減など、多くのメリットがある

空き室リスクや**借入金の返済計画**など慎重に検討する

アパート建築が相続税対策になる理由

地主の相続税対策として広く知られているものに、空き地に賃貸アパートや賃貸マンションなどを建築する方法があります。空き地に貸家を建築することで、次のような多くのメリットが生まれます。

①土地の評価が下がる

空き地は自用地（更地）として評価されますが、アパートなどを建てると貸家建付地となり、評価が下がります。たとえば借地権割合60％、借家権割合30％の地域なら、18％（借地権割合×借家権割合）の減額となります。

②貸家建築により相続財産が減少する

アパートなどの建築費として現金を支出すれば、それだけ相続財産が減少します。銀行から借金した場合も、債務控除として相続財産から控除されるので同じことです。

他方、家屋という財産が増えますが、家屋の新築時の固定資産税評価額は建築費のおおむね60～70％といわれ、さらに貸家はその70％で評価されます。したがって、建築費と貸家の評価額の差額分（建築費のおおむね50～60％）だけ相続財産が圧縮されることになります。

③小規模宅地等の特例を適用できる

アパートなどの敷地は貸付事業用宅地として、200㎡まで50％引きで評価することができます。

④家賃収入を得られる

現金収入により相続財産は増えることになりますが、たとえば生命保険の保険料にあてたり、納税資金として子に贈与するなど、積極的な相続税対策に活用できます。

こんなときは

貸駐車場を経営する

空き地を有効活用したいがアパート経営のリスクはとれない、という場合には、貸駐車場にするのもひとつの方法です。アパート建築ほどの節税効果は期待できませんが、貸駐車場なら設備投資も少なく、また将来的に用途変更したり売却することも比較的容易です。

貸駐車場の土地は小規模宅地等の特例の適用対象になります。ただし、アスファルト敷きや塀などの構築物があることが要件。地面をロープで区画割りしただけの青空駐車場は対象外ですので注意しましょう。

なお、貸駐車場の土地は、通常は「雑種地」の区分で自用地として評価します。

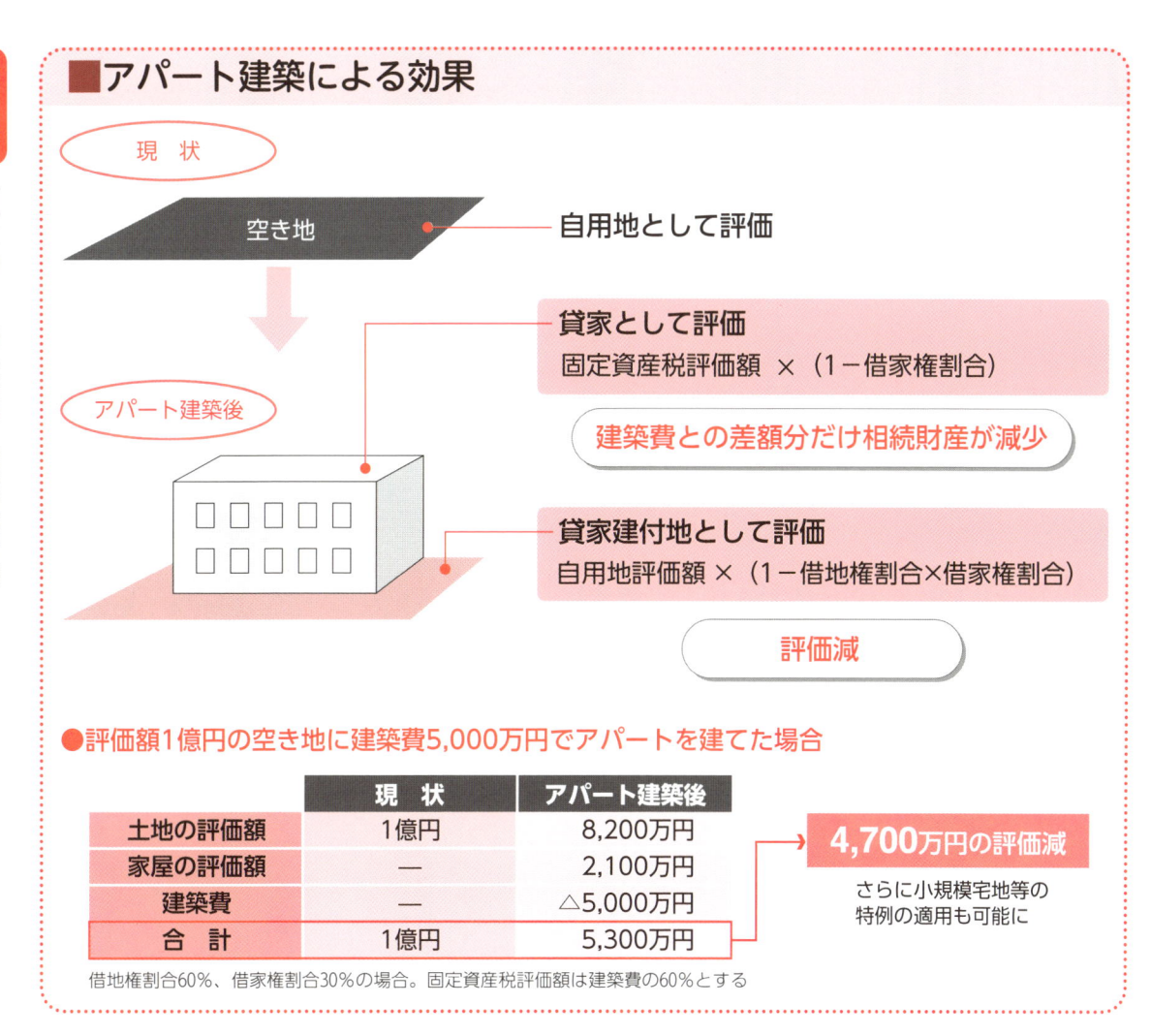

■アパート建築による効果

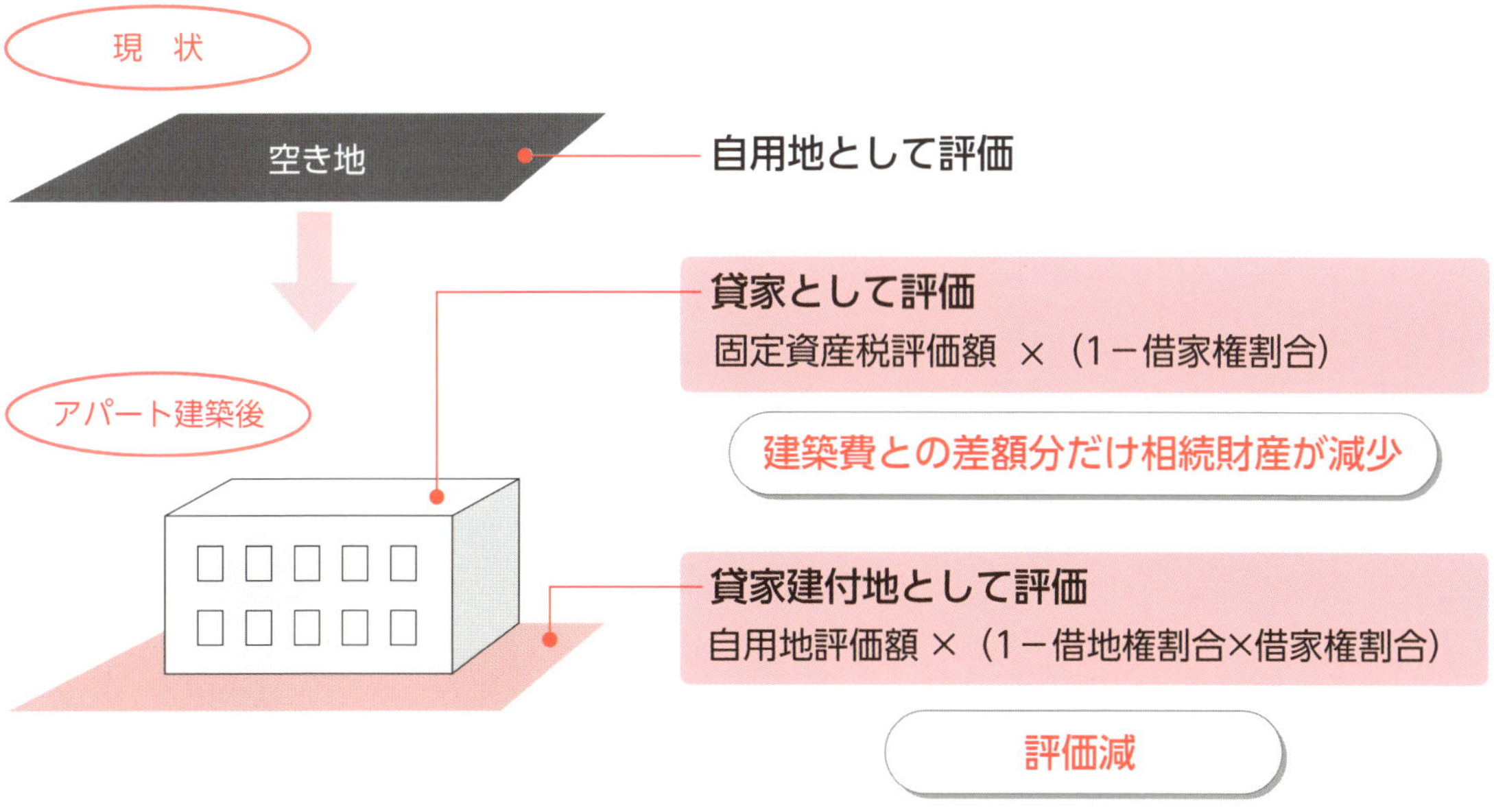

現　状

空き地 ― 自用地として評価

アパート建築後

貸家として評価
固定資産税評価額 ×（1－借家権割合）

建築費との差額分だけ相続財産が減少

貸家建付地として評価
自用地評価額 ×（1－借地権割合×借家権割合）

評価減

●評価額1億円の空き地に建築費5,000万円でアパートを建てた場合

	現　状	アパート建築後
土地の評価額	1億円	8,200万円
家屋の評価額	—	2,100万円
建築費	—	△5,000万円
合　計	1億円	5,300万円

→ **4,700万円の評価減**

さらに小規模宅地等の特例の適用も可能に

借地権割合60%、借家権割合30%の場合。固定資産税評価額は建築費の60%とする

アパート経営はリスクをともなう

このように、遊休地にアパートなどを建築することは、土地の有効活用にとどまらず相続税対策としても非常に効果的です。

しかし、アパート経営はあくまで事業であり、リスクと責任をともなうことを忘れてはいけません。地域の需要や採算性、管理の負担などを検討し、とくに銀行から借入れをする場合には返済計画を十分に立て、慎重に判断するようにしましょう。

経営が破綻すれば、相続税対策どころではなくなることも

節税と資金対策

生前対策

宅地の用途を分け、評価の区画を変える

ここが大切！

宅地は**用途の異なる区画**ごとに評価する

角地などは、評価の区画を変えることで評価額を下げられるケースがある

複数の道路に接する宅地は評価が高い

土地は、宅地、田、畑、山林、雑種地などの地目の別に評価することになっています。

また、宅地は1**画地**（かくち）を単位として評価します。1画地とは、自分で利用している土地（自用地）、貸している土地、貸家の敷地といった**利用の単位となっているひとつの区画**のことをいいます。

ところで、路線価地域にある宅地の場合、角地や二方に道路がある宅地は評価が高くなります（⬇P106）。このような宅地は、土地の一部の用途を変えることにより、評価額を抑えられるケースがあります。評価の区画が変わり、側方路線や二方路線の影響がなくなる場合があるからです。

たとえば、左図のように自宅敷地の余裕部分にアパートを建てると、自宅部分の土地は一方のみを道路に接することになり、評価が下がります。とくに路線価の高い幹線道路などから切り離される場合には、より効果的です。

あるいは、アパートでなく貸駐車場にする方法も考えられます。貸駐車場の土地は雑種地として、居住用の宅地とは別々に評価しますので、同様の効果を得ることができます。

なお、自宅敷地の一部に自分の事業に使用する建物を建築する場合は、ともに自用の宅地であるため評価の区画は変わりません。

また、使用貸借として貸し付ける土地（親の土地に子が家を建て、子が地代を払わずに使用している場合など）も自用地の扱いになりますので、全体を1画地として評価します。

小規模宅地等の特例の恩恵が減る場合も

この方法は土地の有効活用にもつながりますので、自宅の敷地にゆとりがある場合には検討してもよいでしょう。

ただし、アパートなどを建築する場合には、P208で述べたように経営にともなうリスクをしっかり認識することが大切です。

また、自宅の敷地は小規模宅地等の特例により330㎡まで80％の評価減を受けることができますが、区画変更によって自宅の敷地面積が減ることで、特例の効果が減少する場合があることに注意しましょう。

なお、個人事業を継承する場合の相続税・贈与税の納付猶予制度が新設されました（⬇P113）

■宅地の区画変更による効果

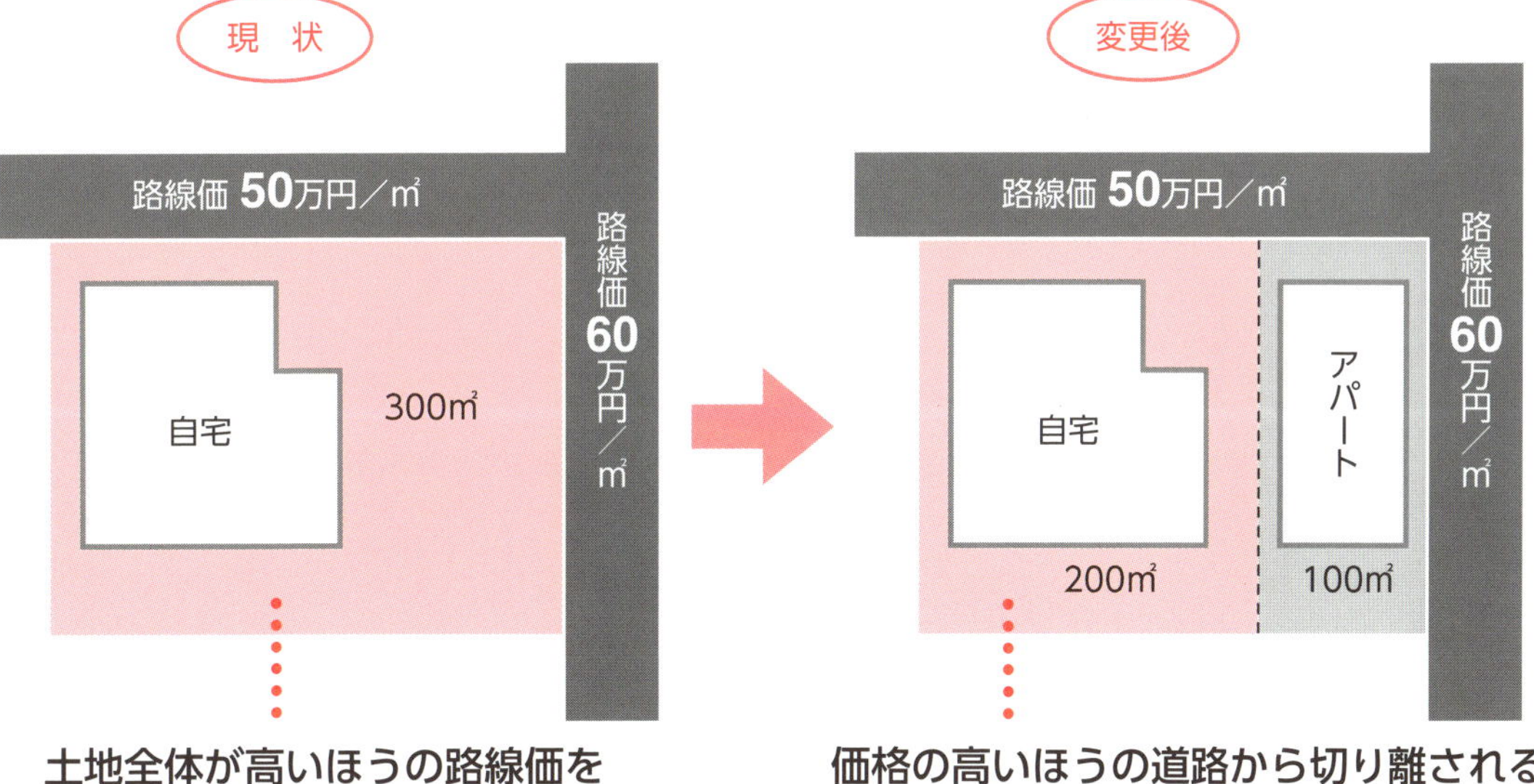

土地全体が高いほうの路線価をベースに角地として評価される

価格の高いほうの道路から切り離される
（アパートの敷地については、貸家建付地として評価が下がる）

	現 状	変更後
自宅部分の土地の評価額	60万円＋50万円×0.08＝64万円 正面路線価　側方路線影響加算 64万円×300㎡＝１億9,200万円	50万円×200㎡＝１億円 路線価
貸家部分の土地の評価額	――	60万円＋50万円×0.08＝64万円 正面路線価　側方路線影響加算 64万円×100㎡×（１－0.7×0.3） ＝5,056万円
合 計	１億9,200万円	１億5,056万円

- 側方路線影響加算率は普通商業・併用住宅地区の場合
- 奥行価格補正率は1.00として記載を省略した
- 借地権割合70%、借家権割合30%とする

土地だけで4,144万円の評価減

ほかに貸家建築による財産圧縮効果もある（➲P208）

節税と資金対策

生前対策

ほかにもある生前対策のいろいろ

墓地や仏壇を購入する

墓地や墓石、仏壇などの用意がまだなら、生前に購入するのが得策。墓地などの**祭祀財産は非課税**ですので、相続財産を圧縮することができます。

生前にお墓の話をするのは不吉……と思う方もいるかもしれませんが、相続開始後の購入では非課税になりません。また、相続後は葬儀の準備や諸手続きで慌ただしく、その意味でも生前に余裕をもって準備することをおすすめします。

なお、墓地などをローンで購入する場合、非課税財産についての債務は債務控除の対象になりません。返済中に亡くなった場合は財産圧縮効果が減少しますので、余裕資金がある場合は現金で購入するほうがよいでしょう。

一代飛び越して孫に贈与する

財産は通常、親から子、子から孫へと承継されるものですが、子を飛び越して孫に贈与することで、相続税の課税を1回免れることができます。相続時に孫に遺贈することでも同様の効果を得られますが、この場合は相続税が2割増しになるため、生前に贈与するほうが得策です。

また、生前贈与であれば相続財産の減少という効果もあります。しかも孫などの相続人でない者への贈与なら、相続開始前3年以内の贈与であっても相続財産に取り込まれません（孫が遺贈を受ける場合を除く）。

なお、贈与は当事者の契約にもとづいて行い、受贈者が贈与財産を管理する必要がありますが、幼児（未成年者）の場合には親権者が管理を行うことになります。

ここが大切！

- **墓地**は相続開始後の購入では非課税にならない
- 子だけでなく、**孫への生前贈与**も積極的に活用する
- **養子縁組**による法定相続人の増加は節税につながる

孫への生前贈与も効果大

■法定相続人の増加による効果

相続税の基礎控除額が増える

法定相続人がひとり増えるごとに、基礎控除額が600万円増える

❷ **生命保険金などの非課税限度額が増える**

法定相続人がひとり増えるごとに、生命保険金や死亡退職金の非課税限度額が500万円増える

❸ **適用税率の区分が変わることがある**

相続税の計算過程での「法定相続分に応じる取得金額」が少なくなるため、適用税率の区分が変わることがある

養子縁組による相続税額の減額

相続財産（課税価格）	❶ 法定相続人が妻と実子2人の場合（妻・実子・実子）		❷ ❶に養子ひとりが増えた場合（妻・実子・実子・養子）	
	相続税の総額	子1人あたり納付税額＊	相続税の総額	子1人あたり納付税額＊
1億円	630万円	158万円	525万円	87万円
3億円	5,720万円	1,430万円	5,080万円	847万円
5億円	1億3,110万円	3,278万円	1億1,925万円	1,987万円

＊法定相続分で相続した場合の子1人あたりの納付税額（千円の位を四捨五入）。妻は配偶者の税額軽減により納付税額はゼロ

嫁に財産をあげたいなら養子縁組も

親子同然に暮らしてきた嫁にも財産を残してあげたい、という場合には、嫁を養子にすることを検討してみるのもよいでしょう。遺贈の方法もありますが、嫁への遺贈は相続税が2割増しになります。嫁を養子にすれば2割加算の対象から外れるだけでなく、法定相続人が増えることにより基礎控除額が増えるなど、節税の面でも多くのメリットがあります（⬇上図）。

なお、孫を養子にするケースも多くみられますが、孫は養子でも2割加算の対象になる点に注意しましょう。

嫁を養子にするリスクとしては離婚があげられます。息子夫婦が離婚しても養子縁組は解消しませんし、嫁の財産はいずれ孫のものになる、という目論見も外れる場合があります。その意味でも、節税だけを目的とした養子縁組は好ましくありません。

また税務上も、明らかに租税回避と認められる養子縁組は、相続税計算上の法定相続人の数に含めない扱いになっています。

節税と資金対策

相続後対策

相続開始後でも対策はいろいろある

ここが大切！

財産評価や**遺産分割の方法**により相続税額は変わる

相続税は**二次相続**とのトータルで考える

同じ宅地でも分割方法で価額が変わる

相続が開始したら打つ手はない、と思われるかもしれませんが、そんなことはありません。左上表にあるように、財産をどう評価するか、どのように遺産分割を行うかによって相続税額は大きく違ってくるのです。

たとえば、宅地は相続人などが取得した宅地ごとに評価することになっています。そのため、左下図のような角地や二方路線の影響を受ける宅地は、ひとりが単独で相続するより、複数の人で分割して相続するほうが全体としての評価額を下げることができます。理屈はP210で紹介した宅地の区画変更の場合と同じです。

ただし、狭い土地を無理に分けるのは資産価値の面から好ましくありません。また、著しく不合理な分割であると税務署が認定したときは、分割前の画地で評価することになります。

配偶者の税額軽減をどこまで利用するか

配偶者の税額軽減の活用も大きなポイントです。配偶者が取得する財産は、**法定相続分**または**1億6,000万円**のいずれか大きい額までは相続税がかかりません。したがって、税額軽減額が最大になるように配偶者が財産を取得すれば、全体としての納税額を最小に抑えることができます。

ただし、配偶者の取得分を過大にすると、二次相続時（配偶者の相続時）の子の税負担が重くなります。結果、トータルでの納税額がかえって増えてしまう場合もありますので、二次相続を含めて検討することが大切です。

●配偶者の取得額による納付税額の違い

●相続財産が2億円、相続人が妻と子2人の場合

今回の相続で妻が取得する相続財産	①今回の相続の納付税額	②二次相続時の納付税額＊	①＋②
1億6,000万円	540万円	2,140万円	2,680万円
1億円	1,350万円	770万円	2,120万円
0円	2,700万円	0円	2,700万円

＊妻の相続時の子の納付税額の合計。二次相続時の相続財産は今回の相続で妻が取得した財産の価額とする

●おもな相続後対策

方　法	効　果	内容・ポイント
土地を適正に評価する	評価減	土地の評価しだいで税額は大きく変わるため、相続税の実務経験の豊富な税理士に依頼する。ケースにより不動産鑑定士に評価してもらう
小規模宅地等の特例を有効に活用する	評価減	できれば特例の適用要件を満たす人が対象宅地を取得する。また、評価減の額が最大になるように適用する宅地を選択する（➡P216）
宅地を分割して相続する	評価減	側方路線や二方路線の加算のある宅地は、加算を回避するように分割することで評価額を下げることができる（➡下図）
収益物件は子が相続する	二次相続対策	アパートなどの収益物件を配偶者が相続すると二次相続時の相続財産が増えるので、節税という観点では子が相続するほうがよい
公益法人などに寄付する	課税財産の減少	国や地方公共団体、特定の公益法人に寄付した財産は非課税になる。節税だけでなく社会貢献という面でも有意義
配偶者の税額軽減を有効に活用する	税額の軽減	配偶者の税額軽減を最大限に活用すれば納税額を大幅に抑えることができる。ただし二次相続を織り込んで検討すること（➡右表）

■宅地の分割方法による評価額の違い

パターン1

単独または共有で相続する

正面路線価30万円／㎡

側方路線価20万円／㎡

200㎡

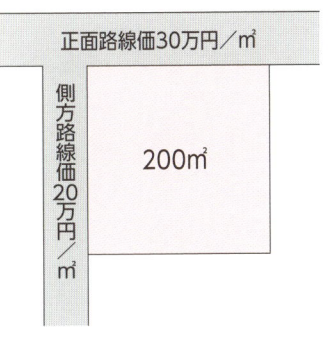

宅地の評価額　**6,120**万円

パターン2

双方が正面路線に接するように分割して相続する

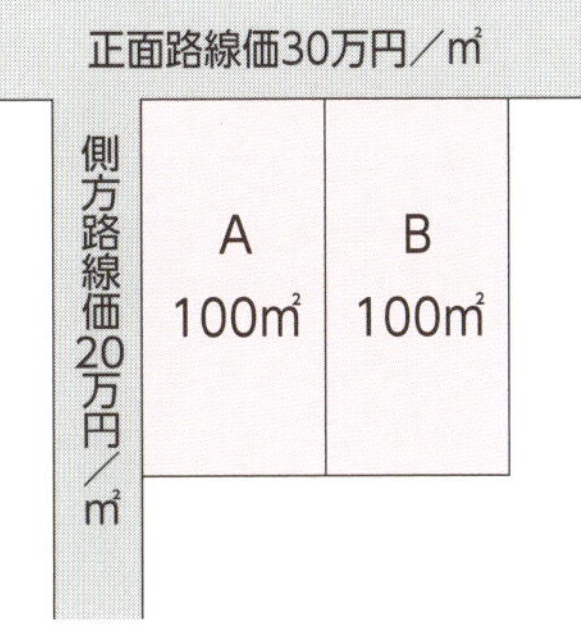

宅地Aの評価額　**3,060**万円
宅地Bの評価額　**3,000**万円

合計　**6,060**万円

パターン3

片方のみ正面路線に接するように分割して相続する

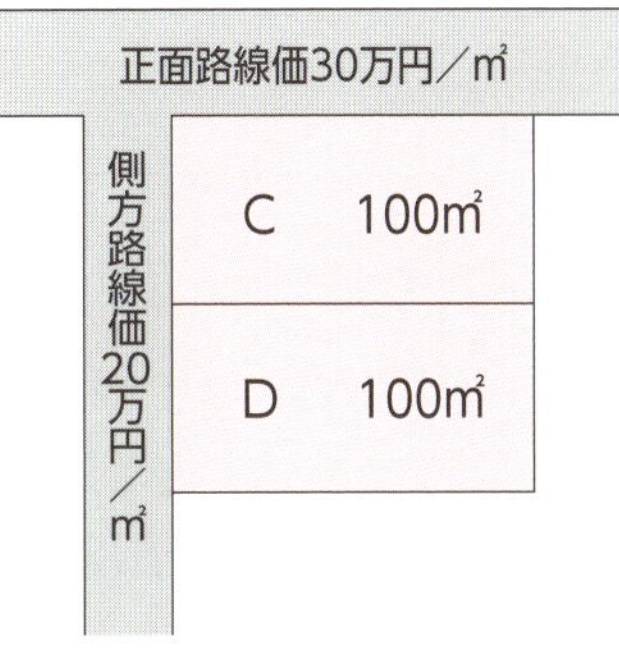

宅地Cの評価額　**3,060**万円
宅地Dの評価額　**2,000**万円

合計　**5,060**万円

奥行価格補正率は1.00、側方路線影響加算率は0.03（普通住宅地区）とする ※東京都は独自補正率を適用

節税と資金対策

相続後対策

小規模宅地等の特例を最大限に活用する

ここが大切！

特例の適用要件は**取得者ごと**に判定する

減額割合が同じなら**地価の高い宅地**への適用が有利

特例の活用しだいで相続税は大きく変わる

小規模宅地等の特例は、被相続人などの居住用や事業用の宅地の評価額が一定面積まで80％または50％減額されるという特例です（➡P112）。特例の適用の可否は、その宅地をだれが取得するかで決まりますので、この点を考慮して遺産の分割方法を検討することも大切です。

たとえば、被相続人と配偶者が住んでいた自宅の敷地を配偶者が相続すれば330㎡まで80％引きになります（➡左上図のパターン1）。他方、別居していた子が相続すると特例はありません（➡同パターン2）。当然、配偶者が相続するほうが税金面では有利です。しかし、諸々の事情により子が相続したいというケースもあるでしょう。

このような場合、以前は配偶者が宅地のほんの一部でも共有持分として取得すれば宅地全体が80％引きの対象になりました。しかし2010年度改正により、現行では、80％引きになるのは配偶者の持分に応じた部分だけです（➡同パターン3）。したがって、共有で相続する場合には持分の配分をよく検討することが大切です。

また、以前は別居の子が相続する場合でも50％引きになる措置がありましたが、改正でこれが廃止されました。そのため、一次相続で配偶者が自宅敷地の全部を取得した場合の、二次相続（配偶者の相続）における別居の子の税負担が非常に重くなっています。

したがって、いずれは実家を受け継いで住む予定があるのなら、一次相続を機に、ひとり親との同居を検討するのもひとつの方法です。同居していた子が相続して引き続き住む場合は80％引きの対象になります。

限度面積を複数の宅地に振り分けることも可能

特例の対象となる宅地が複数ある場合は、通常、地価の高い宅地から優先的に選択するのが有利です。

このとき、選択した宅地の面積が限度面積に満たない場合は、残りの面積枠をほかの宅地に適用することもできます。ただし、居住用の宅地が複数ある場合、特例の適用対象となるのは、主として居住用とされていたひとつの宅地だけです。

（A）特定事業用等宅地、（B）特定居住用宅地、（C）貸付事業用宅地という異なる宅地から複数選択する場合、限

■だれが、どれだけ取得するかで評価額はこんなに違う

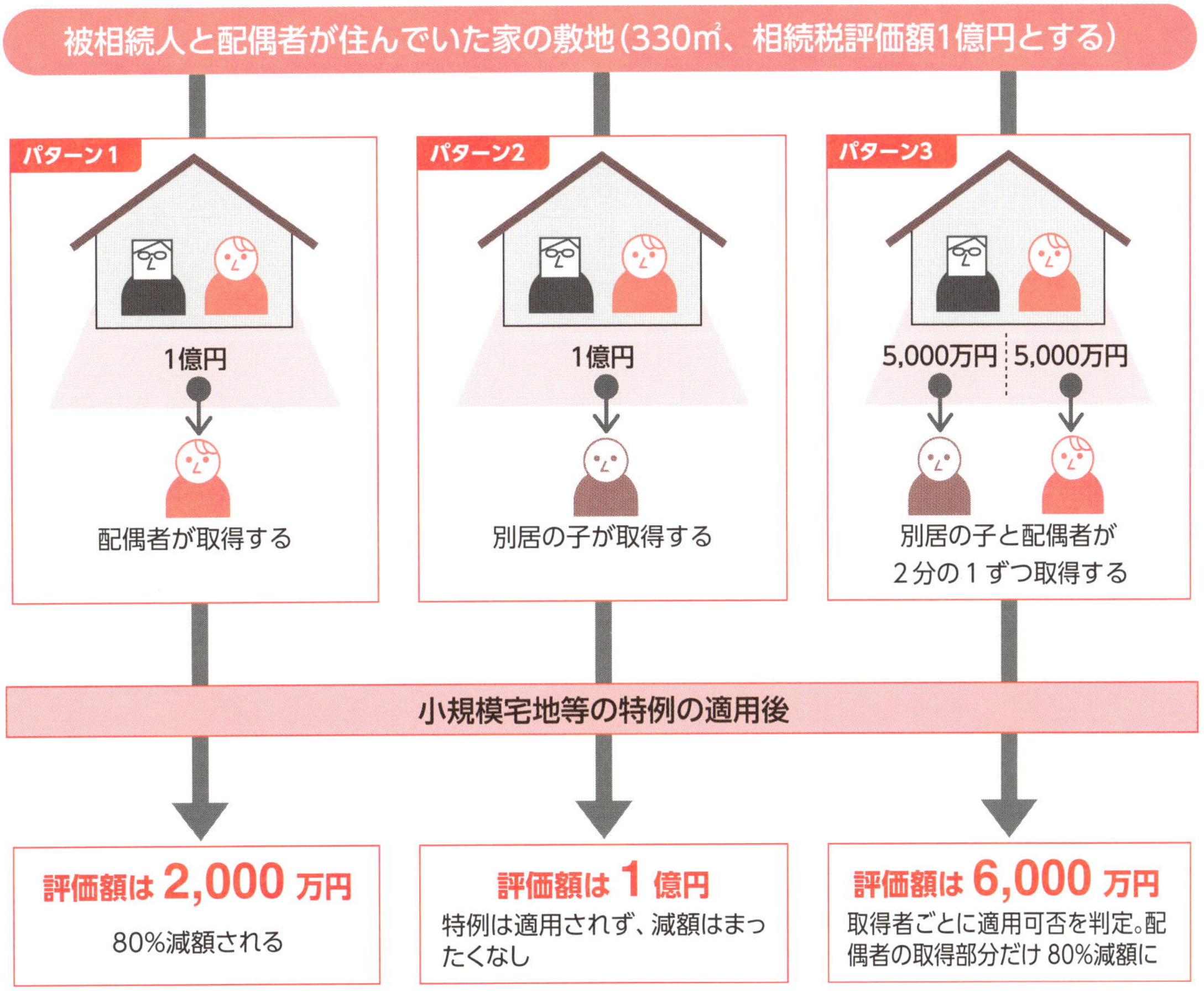

被相続人と配偶者が住んでいた家の敷地（330㎡、相続税評価額1億円とする）

パターン1	パターン2	パターン3
1億円	1億円	5,000万円 ┊ 5,000万円
配偶者が取得する	別居の子が取得する	別居の子と配偶者が2分の1ずつ取得する

小規模宅地等の特例の適用後

パターン1	パターン2	パターン3
評価額は 2,000 万円 80%減額される	**評価額は 1 億円** 特例は適用されず、減額はまったくなし	**評価額は 6,000 万円** 取得者ごとに適用可否を判定。配偶者の取得部分だけ 80%減額に

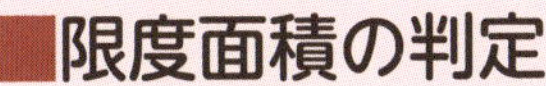

■限度面積の判定

A＝特定事業用宅地および特定同族会社事業用宅地の面積
B＝特定居住用宅地の面積
C＝貸付事業用宅地の面積

●貸付事業用宅地を選択しない場合

A ≦ 400㎡
B ≦ 330㎡
→ 併用可能（最大730㎡）

●貸付事業用宅地を選択する場合

$$A\times\frac{200}{400} + B\times\frac{200}{330} + C \leqq 200㎡$$

度面積をクリアしているかは左図のように判定します。2015年から(A)と(B)はそれぞれの限度面積まで併用可能となりましたが、(C)が含まれる場合には調整が必要です。

どの宅地をどの程度の面積で選択するかにより特例の効果が違ってきますので、税理士などの専門家とよく相談しましょう。

節税と資金対策

相続後対策

資産運用について知っておくべきこと

ここが**大切！**

相続した資産の**特性とリスクを知る**

有効な資産運用のポイントは**資産3分法**

自分に合っていること

各資産の特性とリスクを知る

相続した財産の種類には、現金・預貯金、株式・投資信託などの金融資産、不動産や貴金属等があります。

多額の資産をすぐに使わない場合、そのままの形で所有していると、せっかく相続した資産の価値を減少させてしまったり、その運用による利益を逃したりする場合があります。

各種の資産は、運用という視点から見ると、**「安定性」「換金性」「収益性」「リスク」**という特性を持っています。

一般的に、**「ハイリスク・ハイリターン」**という言葉があるように、収益性の高いものは安定性に欠けます。逆に安定性の高いものは、収益性が低くなります。

さらに、資産運用で利益が出れば、基本的には税金がかかります。税金もリスクのひとつと考えましょう。

相続した資産をうまく運用するためには、それぞれの資産の特性を知り、自分の今後の生き方にあった活用をする必要があります。

主な資産のそれぞれの特性を、次ページの表にまとめました。

資産3分法

それぞれの資産の特性を生かし、安定性や収益性などのバランスを保ちながら、堅実な運用をするための方法のひとつとして、**「資産3分法」**があります。

資産3分法とは、文字通り、資産を3つに分散して投資する方法です。

●換金性は高いが、収益性が低い「現金・預貯金」

●収益性や換金性は高いが、安定性が低い「有価証券」

●有価証券より安定で、収益性がやや低く、換金性が低い「不動産」

偏った資産投資をしていると、思わぬ経済的要因によって資産全体に大きな損失を出す場合があります。自分の持つ資産を、基本的に異なる性質の3種類の資産に分散投資すれば、リスクコントロールが図れるということです。

しかし、この方法もすべての人に当てはまるわけではありません。

自分にあった資産運用を

資産運用の目的と方法は、それぞれの人の性格、考え方、年齢、家族構成、

●主な投資資産の比較

	主な資産	期待される主な収益	安定性	換金性	収益性	主なリスク
現金・預貯金	現金	なし	○	●	×	インフレリスク
	預貯金	利子	○	●	△	インフレリスク
	外貨預金	利子、為替差益	○	●	△	インフレリスク 為替リスク
有価証券	債券、貸付信託	利子、売却益、償還差益	●	●	×	インフレリスク
	公社債投資信託	収益分配金、売却益	●	●	×	インフレリスク
	株式	配当、売却益	×	○	●	市場価格変動リスク
	株式投資信託	収益分配金、 売却益	△	○	○	市場価格変動リスク
	外国株式	配当、売却益、 為替差益	×	○	●	市場価格変動、 為替リスク
	外国債券	利子、 為替差益	○	△	△	為替リスク
不動産	アパート、 賃貸マンション	家賃収入、売却益	○	×	○	空室、 老朽化リスク

※それぞれの資産の安定性（リスクの低さ）、換金性（現金への換えやすさ）、収益性（収益の得やすさ）について比較しています。
●：高い　○：やや高い　△：やや低い　×：低い

●運用に関連する条件とリスク許容度の関係

条件	リスク許容度
年齢（時間）	若いほうが、資金が必要な時期までカバーする時間があるので、許容度は大きい
家族構成	家族が少ないほうが支出も少なく、投資できる金額が多くなるので、許容度は大きい
資産	資産が多いほど投資できる金額が多くなるので、許容度は大きい
年収	年収が多いほど投資できる金額が多くなるので、許容度は大きい
性格・経験	資産の目減りに抵抗感がなく、楽観視できるほうが許容度は大きい

保有資産の額等によって異なります。

また、大きな損失が出たときの実生活への影響の度合いや精神的に耐えられる強さを示す「**リスク許容度**」も、それぞれの人によって異なります。

安定を重視するか、収益を重視するか、それぞれの中間を重視するか、自分にあった資産運用を心がけましょう。

全国の家庭裁判所

	名 称	所在地	電話番号	支部・出張所
札幌高等裁判所管内	札幌家庭裁判所	〒060-0042 札幌市中央区大通西12丁目	011-221-7281	岩見沢支部、夕張出張所、滝川支部、室蘭支部、苫小牧支部、浦河支部、静内出張所、小樽支部、岩内支部
	函館家庭裁判所	〒040-8602 函館市上新川町1-8	0138-38-2350 (家事受付係)	江差支部、松前出張所、八雲出張所、寿都出張所
	旭川家庭裁判所	〒070-8641 旭川市花咲町4丁目	0166-51-6251	名寄支部、紋別支部、留萌支部、稚内支部、深川出張所、富良野出張所、中頓別出張所、天塩出張所
	釧路家庭裁判所	〒085-0824 釧路市柏木町4-7	0154-99-1209	帯広支部、網走支部、北見支部、根室支部、本別出張所、遠軽出張所、標津出張所
仙台高等裁判所管内	仙台家庭裁判所	〒980-8637 仙台市青葉区片平1-6-1	022-745-6230 (家裁受付センター)	大河原支部、古川支部、石巻支部、登米支部、気仙沼支部
	福島家庭裁判所	〒960-8512 福島市花園町5-38	024-534-2436	相馬支部、郡山支部、白河支部、棚倉出張所、会津若松支部、田島出張所、いわき支部
	山形家庭裁判所	〒990-8531 山形市旅篭町2-4-22	023-623-9511	新庄支部、米沢支部、鶴岡支部、酒田支部、赤湯出張所、長井出張所
	盛岡家庭裁判所	〒020-8520 盛岡市内丸9-1	019-622-3452 相続放棄は 019-622-3457	花巻支部、二戸支部、遠野支部、宮古支部、一関支部、水沢支部、久慈出張所、大船渡出張所
	秋田家庭裁判所	〒010-8504 秋田市山王7-1-1	018-824-3121	能代支部、本荘支部、大館支部、鹿角出張所、横手支部、大曲支部、角館出張所
	青森家庭裁判所	〒030-8523 青森市長島1-3-26	017-722-5732 (受付係)	弘前支部、八戸支部、五所川原支部、十和田支部、むつ出張所、野辺地出張所
東京高等裁判所管内	東京家庭裁判所	〒100-8956 千代田区霞が関1-1-2	03-3502-8331 遺産分割調停は 03-3502-5378	立川支部、八丈島出張所、伊豆大島出張所
	横浜家庭裁判所	〒231-8585 横浜市中区寿町1-2	045-345-3463 (家事訟廷事件係)	川崎支部、相模原支部、横須賀支部、小田原支部
	さいたま 家庭裁判所	〒330-0063 さいたま市浦和区高砂3-16-45	048-863-8844 (家事受付係)	越谷支部、川越支部、熊谷支部、秩父支部、久喜出張所、飯能出張所
	千葉家庭裁判所	〒260-0013 千葉市中央区中央4-11-27	043-333-5327 (家事訟廷事件係)	佐倉支部、一宮支部、松戸支部、木更津支部、館山支部、八日市場支部、佐原支部、市川出張所
	水戸家庭裁判所	〒310-0062 水戸市大町1-1-38	029-224-8175 (家事受付係)	日立支部、土浦支部、龍ケ崎支部、麻生支部、下妻支部
	宇都宮 家庭裁判所	〒320-8505 宇都宮市小幡1-1-38	028-621-4854 (訟廷事務室受付)	真岡支部、大田原支部、栃木支部、足利支部

	名 称	所在地	電話番号	支部・出張所
東京高等裁判所管内	前橋家庭裁判所	〒371-8531 前橋市大手町3-1-34	027-231-4275	高崎支部、桐生支部、太田支部、沼田支部、中之条出張所
	静岡家庭裁判所	〒420-8604 静岡市葵区城内町1-20	054-273-8768 (家事事件受付係)	沼津支部、富士支部、下田支部、浜松支部、掛川支部、熱海出張所、島田出張所
	甲府家庭裁判所	〒400-0032 甲府市中央1-10-7	055-213-2541 (家事係)	都留支部
	長野家庭裁判所	〒380-0846 長野市旭町1108	026-403-2038 (家事受付係)	飯山出張所、上田支部、佐久支部、松本支部、木曽福島出張所、大町出張所、諏訪支部、飯田支部、伊那支部
	新潟家庭裁判所	〒951-8513 新潟市中央区川岸町1-54-1	025-333-0131 (家事訟廷係)	三条支部、新発田支部、長岡支部、高田支部、佐渡支部、村上出張所、十日町出張所、柏崎出張所、南魚沼出張所、糸魚川出張所
名古屋高等裁判所管内	名古屋 家庭裁判所	〒460-0001 名古屋市中区三の丸1-7-1	052-223-3411	一宮支部、半田支部、岡崎支部、豊橋支部
	津家庭裁判所	〒514-8526 津市中央3-1	059-226-4711 (家事係)	松阪支部、伊賀支部、四日市支部、伊勢支部、熊野支部、尾鷲出張所
	岐阜家庭裁判所	〒500-8710 岐阜市美江寺町2-4-1	058-262-5346 (家事受付係)	大垣支部、高山支部、多治見支部、御嵩支部、郡上出張所、中津川出張所
	福井家庭裁判所	〒910-8524 福井市春山1-1-1	0776-91-5069 (家事受付係)	武生支部、敦賀支部、小浜出張所
	金沢家庭裁判所	〒920-8655 金沢市丸の内7-1	076-221-3111	小松支部、七尾支部、輪島支部、珠洲出張所
	富山家庭裁判所	〒939-8502 富山市西田地方町2-9-1	076-421-8154 (家裁受付)	高岡支部、魚津支部、砺波出張所
大阪高等裁判所管内	大阪家庭裁判所	〒540-0008 大阪市中央区大手前4-1-13	06-6943-5745 遺産分割調停は 06-6943-5973	堺支部、岸和田支部
	京都家庭裁判所	〒606-0801 京都市左京区下鴨宮河町1	075-722-7211	園部支部、宮津支部、舞鶴支部、福知山支部
	神戸家庭裁判所	〒652-0032 神戸市兵庫区荒田町3-46-1	078-521-5930 (家事申立受付係)	伊丹支部、尼崎支部、明石支部、柏原支部、姫路支部、社支部、龍野支部、豊岡支部、洲本支部、浜坂出張所
	奈良家庭裁判所	〒630-8213 奈良市登大路町35	0742-88-6521 (受付・手続案内係)	葛城支部、五條支部、吉野出張所
	大津家庭裁判所	〒520-0044 大津市京町3-1-2	077-503-8151 相続放棄は 077-503-8154	彦根支部、長浜支部、高島出張所
	和歌山 家庭裁判所	〒640-8143 和歌山市二番丁1番地	073-428-9959 (家事書記官室)	田辺支部、御坊支部、新宮支部、妙寺出張所

	名　称	所在地	電話番号	支部・出張所
広島高等裁判所管内	広島家庭裁判所	〒730-0012 広島市中区上八丁堀1-6	082-228-0494	呉支部、尾道支部、福山支部、三次支部
	山口家庭裁判所	〒753-0048 山口市駅通り1-6-1	083-922-9148 （家裁訟廷事務室）	周南支部、萩支部、岩国支部、下関支部、宇部支部、柳井出張所、船木出張所
	岡山家庭裁判所	〒700-0807 岡山市北区南方1-8-42	086-222-6771	倉敷支部、新見支部、津山支部、玉野出張所、児島出張所、玉島出張所、笠岡出張所
	鳥取家庭裁判所	〒680-0011 鳥取市東町2-223	0857-22-2171	倉吉支部、米子支部
	松江家庭裁判所	〒690-8523 松江市母衣町68	0852-35-5200 （受付センター）	出雲支部、浜田支部、益田支部、西郷支部、雲南出張所、川本出張所
高松高等裁判所管内	高松家庭裁判所	〒760-8585 高松市丸の内2-27	087-851-1942 （受付センター）	丸亀支部、観音寺支部、土庄出張所
	徳島家庭裁判所	〒770-8528 徳島市徳島町1-5-1	088-603-0140 （受付係）	阿南支部、美馬支部、牟岐出張所、池田出張所
	高知家庭裁判所	〒780-8558 高知市丸ノ内1-3-5	088-822-0441 （審判係）	須崎支部、安芸支部、中村支部
	松山家庭裁判所	〒790-0006 松山市南堀端町2-1	089-942-0077 （訟廷係）	大洲支部、西条支部、今治支部、宇和島支部、愛南出張所
福岡高等裁判所管内	福岡家庭裁判所	〒810-8652 福岡市中央区六本松4-2-4	092-981-9605 （家事受付係）	飯塚支部、直方支部、久留米支部、柳川支部、大牟田支部、八女支部、小倉支部、行橋支部、田川支部、甘木出張所
	佐賀家庭裁判所	〒840-0833 佐賀市中の小路3-22	0952-38-5637 （後見・財産管理係）	武雄支部、唐津支部、鹿島出張所
	長崎家庭裁判所	〒850-0033 長崎市万才町6-25	095-822-6151	大村支部、島原支部、佐世保支部、平戸支部、壱岐支部、五島支部、厳原支部、諫早出張所、新上五島出張所、上県出張所
	大分家庭裁判所	〒870-8564 大分市荷揚町7-15	097-532-7161	杵築支部、佐伯支部、竹田支部、中津支部、豊後高田出張所、日田支部
	熊本家庭裁判所	〒860-0001 熊本市中央区千葉城町3-31	096-206-3534 （家事事件受付係）	玉名支部、山鹿支部、阿蘇支部、八代支部、人吉支部、天草支部、高森出張所、御船出張所、水俣出張所、牛深出張所
	鹿児島 家庭裁判所	〒892-8501 鹿児島市山下町13-47	099-808-3722 （家裁書記官室）	名瀬支部、加治木支部、知覧支部、川内支部、鹿屋支部、種子島出張所、屋久島出張所、徳之島出張所、大口出張所、指宿出張所
	宮崎家庭裁判所	〒880-8543 宮崎市旭2-3-13	0985-68-5146 （家事受付係）	日南支部、都城支部、延岡支部、日向出張所、高千穂出張所
	那覇家庭裁判所	〒900-8603 那覇市樋川1-14-10	098-855-1273 （家事事件受付係）	沖縄支部、名護支部、平良支部、石垣支部

電話または裁判所ホームページ【http://www.courts.go.jp/】で管轄区域をご確認ください。なお、記載の所在地等は変更される場合がありますので事前にご確認ください。

全国の税理士会

名　称	所在地	電話番号	区　域
北海道税理士会	〒064-8639　札幌市中央区北3条西20丁目2-28　北海道税理士会館	011-621-7101	北海道
東北税理士会	〒984-0051　仙台市若林区新寺1-7-41	022-293-0503	宮城県、岩手県、福島県、秋田県、青森県、山形県
関東信越税理士会	〒330-0842　さいたま市大宮区浅間町2-7	048-643-1661	埼玉県、茨城県、栃木県、群馬県、長野県、新潟県
千葉県税理士会	〒260-0024　千葉市中央区中央港1-16-12　税理士会館3階	043-243-1201	千葉県
東京税理士会	〒151-8568　東京都渋谷区千駄ヶ谷5-10-6　東京税理士会館	03-3356-4461	東京都
東京地方税理士会	〒220-0022　横浜市西区花咲町4-106　税理士会館7階	045-243-0511	神奈川県、山梨県
名古屋税理士会	〒464-0841　名古屋市千種区覚王山通8-14　税理士会ビル4階	052-752-7711	愛知県のうち名古屋市、清須市、北名古屋市、長久手市、半田市、常滑市、東海市、大府市、知多市、豊明市、日進市、西春日井郡、愛知郡、知多郡／岐阜県
東海税理士会	〒450-0003　名古屋市中村区名駅南2-14-19　住友生命名古屋ビル22階	052-581-7508	愛知県（名古屋税理士会の区域を除く）、静岡県、三重県
北陸税理士会	〒920-0022　金沢市北安江3-4-6	076-223-1841	石川県、福井県、富山県
近畿税理士会	〒540-0012　大阪市中央区谷町1-5-4	06-6941-6886	大阪府、京都府、兵庫県、奈良県、和歌山県、滋賀県
中国税理士会	〒730-0036　広島市中区袋町4-15	082-246-0088	広島県、岡山県、山口県、鳥取県、島根県
四国税理士会	〒760-0017　高松市番町2-7-12	087-823-2515	香川県、愛媛県、徳島県、高知県
九州北部税理士会	〒812-0016　福岡市博多区博多駅南1-13-21	092-473-8761	福岡県、佐賀県、長崎県
南九州税理士会	〒862-0971　熊本市中央区大江5-17-5	096-372-1151	熊本県、大分県、鹿児島県、宮崎県
沖縄税理士会	〒901-0152　那覇市小禄1831-1　沖縄産業支援センター7階	098-859-6225	沖縄県

記載の所在地等は変更される場合がありますので事前にご確認ください。

著者 **野田 裕美**（のだ ゆみ）

編集者、ライター。都市銀行勤務後、出版業界に転身し、出版社、編集プロダクション勤務を経てフリーランスに。おもにビジネス書や実用書を中心に活動している。

イラスト	西田ヒロコ、はったあい、ホンマヨウヘイ
デザイン	(株)グラフト、(株)ウエイド、(株)ユニオンワークス
編集協力	山田猛司（司法書士）、栗原牧彦（税理士）、(株)エディット

※本書は、当社刊ロングセラー『一番よくわかる遺産相続と諸手続き』（2007年8月発行）を再編集・増ページし、書名等を変更したものです。

最新 一番よくわかる遺産相続と諸手続き

2018年10月15日発行　第1版
2025年 7月15日発行　第8版　第1刷

著　者	野田裕美
発行者	若松和紀
発行所	株式会社 西東社
	〒113-0034　東京都文京区湯島2-3-13
	https://www.seitosha.co.jp/
	電話　03-5800-3120（代）

※本書に記載のない内容のご質問や著者等の連絡先につきましては、お答えできかねます。

落丁・乱丁本は、小社「営業」宛にご送付ください。送料小社負担にてお取り替えいたします。

ISBN 978-4-7916-2673-1

相続税額の早見表

2015年以後の相続開始分用

（単位：万円）

課税価格 ＼ 法定相続人	配偶者と子				子のみ			
	子1人	子2人	子3人	子4人	子1人	子2人	子3人	子4人
5,000	40	10	0	0	160	80	20	0
6,000	90	60	30	0	310	180	120	60
7,000	160	113	80	50	480	320	220	160
8,000	235	175	138	100	680	470	330	260
9,000	310	240	200	163	920	620	480	360
10,000	385	315	263	225	1,220	770	630	490
15,000	920	748	665	588	2,860	1,840	1,440	1,240
20,000	1,670	1,350	1,218	1,125	4,860	3,340	2,460	2,120
25,000	2,460	1,985	1,800	1,688	6,930	4,920	3,960	3,120
30,000	3,460	2,860	2,540	2,350	9,180	6,920	5,460	4,580
35,000	4,460	3,735	3,290	3,100	11,500	8,920	6,980	6,080
40,000	5,460	4,610	4,155	3,850	14,000	10,920	8,980	7,580
45,000	6,480	5,493	5,030	4,600	16,500	12,960	10,980	9,080
50,000	7,605	6,555	5,963	5,500	19,000	15,210	12,980	11,040
55,000	8,730	7,618	6,900	6,438	21,500	17,460	14,980	13,040
60,000	9,855	8,680	7,838	7,375	24,000	19,710	16,980	15,040
65,000	11,000	9,745	8,775	8,313	26,570	22,000	18,990	17,040
70,000	12,250	10,870	9,885	9,300	29,320	24,500	21,240	19,040
75,000	13,500	11,995	11,010	10,300	32,070	27,000	23,490	21,040
80,000	14,750	13,120	12,135	11,300	34,820	29,500	25,740	23,040
85,000	16,000	14,248	13,260	12,300	37,570	32,000	27,990	25,040
90,000	17,250	15,435	14,385	13,400	40,320	34,500	30,240	27,270
95,000	18,500	16,623	15,510	14,525	43,070	37,000	32,500	29,520
100,000	19,750	17,810	16,635	15,650	45,820	39,500	35,000	31,770
110,000	22,250	20,185	18,885	17,900	51,320	44,500	40,000	36,270
120,000	24,750	22,560	21,135	20,150	56,820	49,500	45,000	40,770
130,000	27,395	25,065	23,500	22,450	62,320	54,790	50,000	45,500
140,000	30,145	27,690	26,000	24,825	67,820	60,290	55,000	50,500
150,000	32,895	30,315	28,500	27,200	73,320	65,790	60,000	55,500

この早見表の相続税額は、配偶者が法定相続分どおりに財産を取得した場合の、子の納付税額の合計額です（端数処理の関係で実際の納付税額とは異なる場合があります）。配偶者の税額軽減により、配偶者の納付税額は生じません。

・課税価格は、基礎控除前の正味財産額（相続財産の額－債務控除額）

・税額控除等は配偶者の税額軽減のみを適用